알기 쉬운 세법령 기초연구

한국조세재정연구원

2014년 10월 5일 1판 1쇄 인쇄
2014년 10월 5일 1판 1쇄 발행

지 은 이	김완석 · 김진수 / 한국조세재정연구원
발 행 인	이헌숙
표 지	김학용
발 행 처	생각쉼표 & 주)휴먼컬처아리랑
	서울특별시 영등포구 여의도동 45-13 코오롱포레스텔 309
전 화	070) 8866 - 2220 FAX • 02) 784-4111
등록번호	제 2009 - 000008호
등록일자	2009년 12월 29일

www.휴먼컬처아리랑.kr
ISBN 979-11-5565-033-2

알기 쉬운 세법령 기초연구

한국조세재정연구원

서 언

조세법은 여러 법 분야 가운데서 국민생활과 빈번하고 밀접한 관련이 있는 법영역이다. 그런데도 국민이 해석하고 이해하기에는 너무 어렵다는 비판이 끊임없이 제기되어 왔다.

조세법은 그 수범자인 납세의무자가 가장 잘 이해하고 받아들일 수 있도록 알기 쉽게 만드는 것이 바람직하다. 알기 쉬운 조세법은 국민의 경제활동에 법적 안정성과 예측 가능성을 보장하여 줄 뿐만 아니라 국민의 자발적인 납세순응도를 높이고, 국민의 납세순응비용과 과세관청의 조세행정비용을 현저하게 감소시킨다. 알기 쉬운 조세법으로 고쳐 쓰기 위한 노력은 우리나라만이 당면한 과제는 아니며, 외국에서도 알기 쉬운 조세법을 만들기 위한 작업이 조세법상의 중요한 과제로 자리하고 있다.

조세법은 실체적 내용 때문에 복잡하고 이해하기 어렵기도 하지만 조세법의 형식 및 체계의 잘못이나 표현의 어려움 때문에 복잡하고 이해하기 어려운 경우가 적지 않다. 그러므로 조세법을 알기 쉽게 고치기 위해서는 조세법의 실체적 내용을 쉽고 단순하게 고치는 방안과 조세법의 형식·체계 또는 표현 등을 쉽게 고치는 방안이 있다. 본 연구에서는 조세법의 형식·체계 또는 표현 등을 쉽게 고치는 알기 쉬운 조세법 고쳐 쓰기 방안에 그 초점을 맞추어 조세법 개편방안을 제시하였다.

복잡하고 어려운 세법을 알기 쉽게 고치는 작업은 국가의 백년대계를 위하여 초석을 놓는 것과 다를 바 없이 중요하고 꼭 필요한 과제이다. 본 연구가 복잡하고 어려운 조세법령을 알기 쉽게 고쳐 쓰는 작업을 수행하는 데에 계기를 제공할 뿐만 아니라 알기 쉬운 조세법 고쳐 쓰기 작업의 기초 지침서로 도움이 되길 바란다.

본 연구는 서울시립대학교 세무전문대학원의 김완석 교수가 본 연구원의 초빙연구위원으로 재직하면서 본 연구원의 김진수 박사와 공동연구한 결과물이다. 연구진은 본 연구를 위하여 자료수집·정리 및 편집에 수고해 준 김정아 주임연구원 및 마정화 연구원에게 감사하고 있다. 그리고 원내 세미나 및 보고서 검토과정에서 유익한 논평 및 의견을 제시하여 주신 익명의 심사자에게도 감사의 뜻을 표시하고 있다.

끝으로 본 연구의 내용은 전적으로 저자의 개인적인 견해이며 본 연구원의 공식적인 견해가 아님을 밝혀둔다.

2009년 12월

한국조세연구원
원장 **원 윤 희**

요약 및 정책시사점

　조세법은 여러 법 분야 가운데서 국민생활과 빈번하고 밀접한 관련이 있는 법영역이다. 모든 국민은 요람에서부터 무덤에 이르기까지 조세법의 규율을 받는다고 해도 과장이 아니다.
　그런데 이와 같이 국민생활과 밀접한 관련이 있는 조세법을 국민이 해석하고 이해하기에는 너무 어렵다는 비판이 끊임없이 제기되어 왔다. 난해한 법조문은 국민의 경제활동에 법적 안정성과 예측 가능성을 담보하기 어렵고, 또한 국민에게 불측의 손해를 끼치는 경우가 적지 않게 발생하고 있다. 또한 조세법이 어렵기 때문에 국민의 자발적인 납세순응도를 떨어뜨리고, 국민의 납세순응비용과 과세관청의 조세행정비용을 현저하게 증가시키는 요인이 되고 있다.
　그러므로 조세법은 국민이 쉽게 해석하고 이해할 수 있도록 체계적이며 알기 쉽게 고칠 필요가 있다. 알기 쉬운 조세법은 국민의 경제활동에 법적 안정성과 예측 가능성을 보장하여 줄 뿐만 아니라 국민의 자발적인 납세순응도를 높이고, 국민의 납세순응비용과 과세관청의 조세행정비용을 현저하게 감소시킨다.
　조세법은 그 실체적 내용 때문에 복잡하고 이해하기 어렵기도 하지만 조세법의 형식 및 체계의 잘못이나 표현의 어려움 때문에 복잡하고 이해하기 어려운 경우도 적지 않다.
　조세법의 실체적 내용이 어려운 것은 주로 개별적인 사안에 상응하는 과세 형평성의 확보, 조세회피행위의 규제, 정책수단으로서의 조세의 역할 증대, 경제의 성장에 따른 다양하고 복잡한 경제거래의 출현과 이에 따른 조세법상의 대응, 조세법의 기술성 등에 기인한다. 이와 같은 조세법의 실체적 내용의 어려움을 해결하기 위해서는 조세법의 실체적 내용을 고치는 방안(Tax Reform)을 제시할 수 있다. 그 구체적인 방안으로는 세목을 대폭 줄이면서 과세구조가 단순한 조세를 도입하는 방안과 현행 조세제도의 기본 골격은 그대로 유지하면서 복잡하고 어려운 과세요건 및 확정절차에 관한 규정을 단순화하는 방안이 제시되었다.

다음으로 조세법의 형식·체계 또는 표현 등에서의 어려움은 주로 조세법령체계의 복잡성, 법령의 통일성 및 법령체계의 일관성 결여, 조세법령 편제의 난잡성, 세법상의 문언 및 표현의 어려움, 법문의 지나친 축약성과 추상성 등에서 비롯한다. 이와 같은 조세법의 형식·체계 또는 표현 등의 어려움을 해결하기 위해서는 조세법령의 체계·편제 및 표현방식을 전면적으로 쉽게 고쳐야 한다. 즉 조세법의 실체적 내용을 변경함이 없이 종전의 법률체계를 개편함과 동시에 법문을 알기 쉽게 다시 고쳐 쓰는 방안(Tax Law Rewrite)이 그것이다. 이와 같은 알기 쉽게 다시 고쳐 쓰는 방안에 의한 세법의 개선은 최근 영국·오스트레일리아 등에서 이루어진 바 있다.

조세법을 알기 쉽게 고치기 위해서는 조세법의 실체적 내용의 어려움을 개선하기 위한 방안과 조세법의 형식·체계 또는 표현 등의 어려움을 해소하기 위한 방안이 병행하여 시행되지 않으면 안 된다. 그런데 조세법의 실체적 내용의 어려움을 개선하기 위한 방안, 즉 조세개혁은 조세법의 영역 밖인 국민경제·국가의 경제정책 및 사회정책·국가의 재정수지 등을 고려하여야 할 뿐만 아니라 개혁작업에 방대한 인력과 오랜 시간이 필요하다. 특히 조세정책의 수단과 시기의 선택을 둘러싼 논쟁은 알기 쉬운 세법 개편작업을 교착상태에 빠뜨릴 위험성이 매우 크다. 그러므로 본 연구에서는 조세법령의 통일성 및 법령체계의 일관성 확보, 법령편제의 재편, 세법상의 문언 및 표현의 개선, 법문의 축약성과 추상성 등의 지양 등과 같은 조세법의 형식·체제 및 표현에서 비롯된 세법의 어려움을 해소하는 방안, 즉 알기 쉬운 세법 다시 고쳐 쓰기 방안을 중심으로 하여 세법을 알기 쉽게 고치는 방안을 제시하고자 한다.

알기 쉬운 조세법으로 고쳐 쓰기 위한 노력은 우리나라만이 당면한 과제는 아니며, 외국에서도 알기 쉬운 조세법 만들기(tax simplification) 작업은 조세법상의 중요한 과제로 자리매김하고 있다.

한편 알기 쉬운 조세법으로 고치는 작업은 고도의 전문적 지식을 갖춘 전문인력이 장기간에 집중적으로 수행하여야 하는 방대한 과제일 뿐만 아니라 많은 예산이 소요되므로 정비작업의 특성상 사전에 체계적이고 치밀한 조세법 정비계획이 수립되지 않으면 안 된다.

알기 쉬운 조세법으로 고치기 위한 구체적인 방안을 제시하면 다음과 같다.

첫째, 알기 쉬운 조세법의 개편은 조세법의 실체적 내용은 바꾸지 않고 그대로 유지하면서 종전의 법률체계를 개편하고 법문을 알기 쉽게 다시 고쳐 쓰는 알기 쉬운 조세법 고쳐 쓰기(Tax Law Rewrite)의 방식으로 진행하여야 한다. 조세법을 알기 쉽게 고치기 위해서는 조세법의 실체적 내용을 쉽고 단순하게 고치는 방안과 조세법의 형식·체계 또는 표현 등을 쉽게 고치는 방안을 병행하여 추진하는 것이 가장 바람직하지만 두 방안을 동시에 수행하기에는 한계가 있기 때문에 조세법의 형식·체계 또는 표현 등을 쉽게 고치는 알기 쉬운 조세법 고쳐 쓰기 방안에 의하도록 한다.

둘째, 알기 쉬운 세법 고쳐 쓰기 작업을 수행하면서 모든 조세법의 개편작업을 동시에 진행하여 한꺼번에 개편작업을 마치는 일괄적 접근방안은 실행이 사실상 어렵다. 그러므로 알기 쉬운 세법 고쳐 쓰기 작업은 연차적인 계획에 따라 매년 법령의 일부를 단계적으로 고쳐 나가는 단계적 접근방안을 따라야 한다.

먼저 2010년부터 2011년까지 2년에 걸쳐 소득세법에 관하여 알기 쉬운 세법 고쳐 쓰기 작업을 시범적으로 시행한 후 그 경험과 성과를 바탕으로 하여 2012년부터 2016년까지 5년에 걸쳐 나머지 조세법령에 관하여 알기 쉬운 세법 고쳐 쓰기 작업을 속행하도록 하는 것이 바람직하다.

셋째, 알기 쉬운 세법 고쳐 쓰기 작업은 법령의 분량은 방대하지만 그 내용이 구체적이고 상세하여 의미가 분명한 법령을 만드는 데 초점을 맞추어야 한다. 법령을 지나치게 축약하여 간결하게 고쳐 쓰는 경우에는 법령의 해석을 어렵게 할 뿐만 아니라 법령의 공백을 초래함으로써 납세자의 예측가능성과 법적 안정성을 침해하기 때문이다.

넷째, 알기 쉬운 조세법 개편안의 기초연구를 수행할 추진기구로서 한국조세연구원에 알기 쉬운 조세법 개편연구단을 둔다. 알기 쉬운 조세법 개편연구단에는 알기 쉬운 조세법 개편 운영위원회와 알기 쉬운 조세법 개편 실무팀을 두되, 고도의 전문성을 갖춘 정책입안 공무원과 세무공무원, 조세법학자, 재정학자, 세무회계를 전공하는 학자, 변호사, 공인회계사, 세무사, 공인감정사, 관련 전문가 및 국어학자 등과 같은 전문 인력으로 구성하여야 한다.

다섯째, 알기 쉬운 세법 고쳐 쓰기 작업의 기초를 이루는 조세법 구조·편제의 개편지침과 알기 쉬운 조세법 고쳐 쓰기 지침을 구체적으로 마련할 필요가 있다. 이와 관련하여 조세법 구조·편제의 개편을 위한 법령편제의 구체적 기준, 개관규정의 도입, 조항 번호체계의 개선, 시행령 및 시행규칙 조항과 법률 조항의 연결, 정의규정의 정비, 위임입법의 한계와 그 정비에 관한 방안을 마련하였다. 그리고 알기 쉬운 조세법으로 고쳐 쓰기 위한 구체적인 기준으로 표현의 정확성과 명확성 확보, 쉬운 표현으로 고쳐 쓰기, 중복적인 예외규정의 지양과 준용규정의 정비, 법령의 해석과 이해를 돕기 위한 장치의 도입, 세법상 서식의 간소화와 정비 등을 제시하였다.

목 차

제1장 서 론 ···································· 17
Ⅰ. 연구목적 ···································· 17
Ⅱ. 연구 방법 및 범위 ···································· 20

제2장 알기 쉬운 조세법 개편 필요성과 개편사례 ········· 22
Ⅰ. 알기 쉬운 조세법으로의 개편 필요성 ···················· 22
  1. 조세법이 어려운 이유 ···································· 22
    가. 조세법의 내용상의 어려움 ···························· 23
    나. 조세법의 체계상·형식상의 어려움 ···················· 28
  2. 알기 쉬운 조세법으로의 개편 필요성 ······················ 35
    가. 자발적인 납세순응도의 제고 ·························· 36
    나. 법적 안정성과 예측 가능성의 보장 ···················· 38
    다. 납세순응비용 및 조세행정비용의 절약 ················ 39
    라. 조세제도 및 조세행정에 대한 신뢰의 확보 ············ 40
Ⅱ. 우리나라의 조세법 개편 노력 ···························· 41
  1. 기획재정부에 의한 알기 쉬운 조세법 개편 노력 ·········· 41
    가. 조세법령정비 5개년계획에 의한 법령정비작업 ········ 41
    나. 알기 쉬운 세법으로의 개편작업 ······················ 43
    다. 조세법체계의 개편작업의 평가 ························ 50

2. 법제처에 의한 알기 쉬운 법령 만들기 사업 ··············· 52
     가. 알기 쉬운 법령 만들기 사업의 개요 ··················· 52
     나. 알기 쉬운 법령 만들기 사업의 평가 ··················· 53

제3장 영국 및 오스트레일리아의 조세법 개편사례 ········· 55

Ⅰ. 영 국 ··· 55
  1. 추진배경과 목적 ··· 55
     가. 추진배경 ··· 55
     나. 목적 ·· 55
  2. 기구의 구성 ·· 57
     가. 프로젝트팀 ··· 57
     나. 운영위원회(Steering Committee) ································ 59
     다. 자문위원회(Consultative Committee) ·························· 59
  3. 조세법 개편을 위한 지침의 내용 ······································· 61
     가. Tax Law Rewrite: The Way Forward ······················· 61
     나. Tax Law Rewrite: Examples of rewritten legislation ··············· 74
  4. 조세법 개편의 실적과 주요 내용 ······································· 89
     가. 세법 다시 쓰기 작업의 실적 ······································· 89
     나. 세법 다시 쓰기 작업의 진행경과 ································ 95
     다. 다시 쓴 법률의 예시 - 2007년 소득세법 ················ 103

Ⅱ. 오스트레일리아 ·· 113
  1. 추진배경과 목적 ··· 113
     가. 배경 ·· 113
     나. 목적 ·· 115
  2. 기구의 구성 ·· 115

3. 조세법 개편을 위한 지침의 내용 ·· 116
　　　　가. 새로운 입법 구조 ··· 117
　　　　나. 새로운 조문번호 체계의 도입(A new numbering system) ····· 123
　　　　다. Guide와 Signposts 등의 도입 ·· 130
　　　　라. 쉬운 용어의 사용과 법조항의 축소 ······································· 135
　　4. 조세법 개편의 실적과 주요 내용 ·· 136
　　　　가. 1994년 세법개혁(입증조항)법안(Tax Law Improvement
　　　　　　(Substantiation) Bill) ·· 136
　　　　나. 1996년 소득과세법안(Income Tax Assessment Bill 1996) ······ 137
　　　　다. 1997년 세법개혁법안(The Tax Law Improvement Bill 1997) ·· 138
　　　　라. 1998년 세법개혁법안(The Tax Law Improvement Bill 1998) ·· 139
　　　　마. 1997년 소득과세법(Income tax assessment Act 1997) ··········· 140

Ⅲ. 시사점 ··· 140
　　1. 전담기구의 구성 ·· 140
　　2. 법령 구조의 변화 ·· 142
　　3. 개관규정의 활용 ·· 142
　　4. 정의규정의 활용 ·· 143
　　5. 산식, 흐름도, 도표 등의 활용 ··· 144
　　6. 참조조항의 활용 ·· 145
　　7. 조항의 번호체계 ·· 145
　　8. 쉬운 용어와 문장 길이의 축소 ·· 146

제4장 알기 쉬운 조세법 개편방안 ·················· 148

Ⅰ. 알기 쉬운 조세법으로의 개편을 위한 기본방향 ······························ 148
　　1. 조세개혁 또는 알기 쉬운 조세법으로 고쳐 쓰기

－알기 쉬운 조세법으로 고쳐 쓰기·················· 148
　2. 조세법 개편의 추진범위와 시행방법················ 150
　　가. 단계적 접근방안 또는 일괄적 접근방안
　　　－단계적 접근방안···························· 150
　　나. 알기 쉬운 세법 개편작업의 시행방법
　　　－연차계획에 따른 단계적 개편··················· 151
　3. 알기 쉬운 법령의 판단 기준과 법령의 수준－조세전문가·········· 152
　4. 조세법령 통폐합의 방향과 범위···················· 155
　　가. 내국세법·관세법 및 지방세법의 통합·············· 155
　　나. 내국세에 관한 법률의 통합···················· 158
　5. 간결성 또는 상세성－상세하면서도 의미가 명확한 세법············ 162

Ⅱ. 알기 쉬운 조세법 개편방안의 연구기구의 구성··············· 165
　1. 운영위원회································ 166
　　가. 임무································· 166
　　나. 구성································· 166
　2. 실무팀·································· 167
　　가. 임무································· 167
　　나. 구성································· 167

Ⅲ. 알기 쉬운 조세법 개편 지침························ 168
　1. 조세법 구조 및 편제의 개편 지침·················· 168
　　가. 조세법 구조 및 편제의 개편 기준················ 168
　　나. 조문 번호체계의 개선······················ 177
　　다. 시행령 및 시행규칙 조문의 법률 조문과의 연결··········· 180
　　라. 정의규정의 정비························· 184
　　마. 위임입법의 한계 준수 및 과다위임의 지양············· 186

2. 알기 쉬운 조세법 고쳐 쓰기 지침·························· 195
　　　가. 표현의 정확성과 명확성 확보······················· 196
　　　나. 쉬운 표현으로 고쳐 쓰기··························· 202
　　　다. 중복적인 예외규정의 지양과 준용규정의 정비········· 212
　　　라. 법령의 해석과 이해를 돕기 위한 장치의 도입········· 224
　　　마. 세법상 서식의 간소화와 정비······················· 233

제5장 요약 및 결론··· 235

참고문헌··· 238

부록 : 미국 Treasury Regulation에서의
　　　사례규정(Examples)의 예································· 246

표 목 차

〈표 3-1〉 프로젝트팀의 변천 ··· 58
〈표 3-2〉 자문위원의 유형과 역할 ·· 60
〈표 3-3〉 2008/09 자문위원회 위원 명단 ······························ 60
〈표 3-4〉 일괄 시행과 단계별 시행의 장단점 ······················ 74
〈표 3-5〉 기존 법령(TCGA 1992; sec. 165-169, Sch. 7)에 따른
         이월공제액 계산과정 ·· 77
〈표 3-6〉 다시 쓴 법령에 따른 이월공제액 계산과정 예시 ·········· 79
〈표 3-7〉 영국의 세법 다시 쓰기 작업 실적 ························ 90
〈표 3-8〉 다시 쓴 세법의 조문구조(영국) ···························· 94
〈표 3-9〉 법안별 투입비용 ·· 95
〈표 3-10〉 Chapter 신·구조문 대비표 ································ 125

〈표 4-1〉 소득세법 제89조 관련 소득세법시행령 및
         소득세법시행규칙의 조문 예시 ·························· 183

그림 목차

[그림 3-1] 1997년 소득과세법의 피라미드(Section 2-5 ITAA97) ····· 117
[그림 4-1] INCOME TAX ASSESSMENT ACT 197-Sec. 165-30 ········ 228
[그림 4-2] Diagram showing relationships among concepts in this
          Division ·· 229

제 1 장
서 론

Ⅰ. 연구목적

    조세법은 여러 법 분야 가운데서 국민생활과 빈번하고 밀접한 관련을 맺고 있는 법영역이다. 모든 국민은 요람에서부터 무덤에 이르기까지 조세법의 규율을 받는다고 하더라도 과장이 아니다.
    그런데 이와 같이 국민생활과 밀접한 관련이 있는 조세법을 국민이 해석하고 이해하기에는 너무 어렵다는 비판이 끊임없이 제기되어 왔다. 이러한 문제가 지속될 경우 국민의 경제활동에 법적 안정성과 예측 가능성을 담보하기 어렵고, 또한 국민에게 불측의 손해를 끼치는 경우가 적지 않게 발생하게 된다. 또한 조세법이 어렵기 때문에 국민의 자발적인 납세순응도를 떨어뜨리고, 국민의 납세순응비용과 과세관청의 조세행정비용을 현저하게 증가시키는 요인이 되고 있다.
    그러므로 조세법은 국민이 쉽게 해석하고 이해할 수 있도록 체계적이며 알기 쉽게 고칠 필요가 있다. 알기 쉬운 조세법은 국민의 경제활동에 법적 안정성과 예측 가능성을 보장하여 줄 뿐만 아니라 국민의 자발적인 납세순응도를 높이고, 국민의 납세순응비용과 과세관청의 조세행정비용을 현저하게 감소시킨다.
    조세법은 그 실체적 내용 때문에 복잡하고 이해하기 어렵기도 하지만 조세법의 형식 및 체계의 잘못이나 표현의 어려움 때문에 복잡하고 이해하기 어려운 경우도 적지 않다.

조세법의 실체적 내용이 어려운 것은 주로 개별적인 사안에 상응하는 과세 형평성의 확보, 조세회피행위의 규제, 정책수단으로의 조세의 역할 증대, 경제성장에 따른 다양하고 복잡한 경제거래의 출현과 이에 따른 조세법상의 대응, 조세법의 기술성 등에 기인한다. 이와 같은 조세법의 실체적 내용의 어려움을 해결하기 위해서는 조세법의 실체적 내용을 고치는 방안(Tax Reform)을 제시할 수 있다. 그 구체적인 방안으로는 세목을 대폭 줄이면서 과세구조가 단순한 조세를 도입하는 방안[1]과 현행 조세제도의 기본골격은 그대로 유지하면서 복잡하고 어려운 과세요건 및 확정절차에 관한 규정을 단순화하는 방안[2]이 제시되었다.

다음으로 조세법의 형식·체계 또는 표현 등에서의 어려움은 주로 조세법령체계의 복잡성, 조세법령과 다른 법령과의 통일성 결여, 조세법령 간의 통일성과 일관성 결여, 조세법령 편제의 난잡성, 세법상의 문언 및 표현의 어려움, 법문의 지나친 축약성과 추상성 등에서 비롯한다. 이와 같은 조세법의 형식·체계 또는 표현 등의 어려움을 해결하기 위해서는 조세법령의 체계·편제 및 표현방식을 전면적으로 쉽게 고쳐야 한다. 즉 조세법의 실체적 내용을 변경하지 않고 종전의 법률체계를 개편하면서 동시에 법문을 알기 쉽게 다시 고쳐 쓰는 방안(Tax Law Rewrite)이 그것이다. 이처럼 알기 쉽게 다시 고쳐 쓰는 방안에 의한 세법의 개선은 최근 영국과 오스트레일리아 등에서 이루어진 바 있다.

위에서 언급한 바와 같이 조세법을 알기 쉽게 고치기 위해서는 조세법의 실체적 내용의 어려움을 개선하기 위한 방안과 조세법의 형식·체계 또는

---

1) 예를 들면 1997년 Armey-Shelby법안(H.R. 1040: The Freedom and Fairness Restoration Act of 1997)에 의한 개혁이 이에 해당한다. Armey-Shelby법안에서는 현행의 개인소득세와 법인소득세를 폐지하고 단일세율(17%)의 개인근로소득세(Individual Wage Tax)와 사업세(Business Tax)를 신설할 것을 제안한 바 있으나, 의회에서 받아들이지 않았다.
2) 예를 들면 현행의 세목은 그대로 유지하면서 내용이 복잡한 소득세와 법인세의 최저한세 제도, 소득세의 금융소득종합과세에 따른 세액계산의 특례제도 등을 폐지하거나 단순화하는 방안 등이 이에 해당한다.

표현 등의 어려움을 해소하기 위한 방안이 병행되지 않으면 안 된다. 그런데 조세법의 실체적 내용의 어려움을 개선하기 위한 방안, 즉 조세개혁은 조세법의 영역 밖인 국민경제·국가의 경제정책 및 사회정책·국가의 재정수지 등을 고려하여야 할 뿐만 아니라 그 개혁작업에 방대한 인력과 오랜 시간이 필요하다. 특히 조세정책의 수단과 시기의 선택을 둘러싼 논쟁은 알기 쉬운 세법 개편작업을 교착상태에 빠뜨릴 우려가 매우 크다.

그러므로 본 연구에서는 조세법령의 통일성 및 법령체계의 일관성 확보, 법령편제의 재편, 세법상의 문언 및 표현의 개선, 법문의 축약성과 추상성 등의 지양 등과 같은 조세법의 형식·체제 및 표현에서 비롯된 세법의 어려움을 해소하는 방안, 즉 알기 쉬운 세법 다시 고쳐 쓰기 방안을 중심으로 하여 세법을 알기 쉽게 고치는 방안을 제시하고자 한다.

국민이 이해하기 어려운 조세법을 알기 쉽게 고쳐 쓰는 작업은 반드시 필요할 뿐만 아니라, 당면한 절실한 과제라고 하지 않을 수 없다. 특히 국가재정수입의 대부분을 조세수입에 의존하고 있을 뿐만 아니라 조세부담률이 해마다 격증하는 추세에 있는 현대의 조세국가에서 납세자인 국민에게 알기 쉬운 조세법을 제공하는 것은 징세권자인 국가가 져야 하는 최소한의 책무이다.

알기 쉬운 조세법으로 고쳐 쓰기 위한 노력은 우리나라만이 당면한 과제는 아니다. 외국에서도 알기 쉬운 조세법 만들기(tax simplification)[3] 작업은 조세법상의 중요한 과제로 자리매김하고 있다[4].

---

[3] tax simplification이란 조세법의 복잡성(complexity)·중복성(multiplicity)·불명료성(obscurity) 및 난해성(complication)을 해소하는 것을 의미한다(Jaime Ross, "Simplification of Tax Legislation, Tax Simplification," Technical Papers and Reports of the 20th General Assembly of the Inter-American Center of Tax Administrators(CIAT), International Bureau of Fiscal Documentation, 1988, p. 30].

[4] Leonard R. Massad et al., "Tax Simplification," Technical Papers and Reports of the 20th General Assembly of the Inter-American Center of Tax Administrators(CIAT), International Bureau of Fiscal Documentation, 1988; U.K. Inland Revenue, The Path to Tax Simplification, - A report under Section 160 Finance Act 1995, December 1995.

한편 조세법을 알기 쉽게 고치는 작업은 고도의 전문적 지식을 갖춘 전문인력이 장기간에 걸쳐 집중해서 수행하여야 하는 방대한 과제일 뿐만 아니라 많은 예산이 소요되므로 정비작업의 특성상 사전에 체계적이고 치밀하게 조세법 정비계획을 수립하지 않으면 안 된다.

그러므로 본 연구는 위와 같은 필요성에 따라 조세법을 알기 쉽게 고쳐 쓰는 과제를 수행하기 위한 구체적인 방안을 마련하는 데에 그 목적이 있다.

Ⅱ. 연구 방법 및 범위

본 연구는 기존의 논문, 연구보고서, 단행본(전문연구서적) 등에 의한 문헌연구의 방법에 의한다. 그런데 현행 조세법체계의 문제점과 세법의 어려움을 파악하기 위해서는 현행 실정세법을 축조적으로 검토함과 동시에 헌법재판소의 판결, 대법원을 비롯한 각급 법원의 판결, 국세심판원·국세청 및 감사원의 심판 및 심사결정례, 세법별 기본통칙, 기획재정부 및 국세청의 예규 등을 분석·검토할 필요가 있다. 그러므로 본 연구에서는 헌법재판소의 판결, 대법원을 비롯한 각급 법원의 판결, 국세심판원·국세청 및 감사원의 심판 및 심사결정례, 세법별 기본통칙, 기획재정부 및 국세청의 예규 등을 분석·검토하고자 한다. 그리고 그 개선방안을 제시함에 있어서는 주요 외국의 입법례와 세법 다시 쓰기 프로젝트의 성과를 비교법적으로 연구·검토하고 그 시사점을 수용하고자 한다.

다음으로 해석이나 이해가 어려운 조세법을 알기 쉽게 고치기 위해서는 실체적인 조세제도의 어려움 및 복잡성과 형식상·체제상의 어려움을 동시에 해결하기 위한 노력이 병행되어야 함은 전술한 바와 같다. 그러나 본 연구에서는 내국세법령체계의 복잡성, 법령의 통일성 및 법령체계의 일관성 결여, 법령편제의 난잡성, 세법상의 문언 및 표현의 어려움, 법문의 지나친 축약성과 추상성 등과 같은 조세법의 형식·체제 및 표현에서 비롯되는 조세법의 어려움으로 연구범위를 한정하여 알기 쉬운 조세법 다시 고쳐 쓰기 방안을 제시하고자 한다. 다만, 법령 간 모순되는 내용이나 법리상 명백하게 불합리한 부분에 한정하여 실체적 내용도 검토의 대상에 포함하고자 한다.

따라서 본 연구는 다음과 같은 편제로 수행하기로 한다.

제2장에서는 알기 쉬운 조세법의 개편 필요성을 제시하고자 한다. 현행 조세법이 어려운 이유와 그 문제점을 살펴보고 알기 쉬운 조세법으로의 개선이 필요한 이유에 대해 검토하기로 한다. 다음으로 우리나라에서 시도되었거나 시행하였던 알기 쉬운 조세법 개편작업의 주요 내용과 그 성과에 관하여 살펴보고 그 시사점을 얻고자 한다.

제3장에서는 오스트레일리아 및 영국에서 시행하였거나 시행하는 세법 다시 쓰기 프로젝트(Tax Law Rewrite Project) 또는 세법개혁프로그램(Tax Law Improvement Program)에 관하여 살펴보고 그 시사점을 도출하기로 한다.

제4장에서는 알기 쉬운 조세법 다시 고쳐 쓰기방안을 구체적으로 제시하고자 한다. 알기 쉬운 조세법으로 개편하기 위한 기본방향을 설정하고, 알기 쉬운 조세법 다시 고쳐 쓰기 기준 및 지침을 작성하여 제시하기로 한다. 그리고 알기 쉬운 조세법 다시 고쳐 쓰기 과제를 수행할 기구의 구성과 인력확보 방안에 관하여 검토하기로 한다.

제5장에서는 지금까지의 논의를 요약함과 동시에 결론을 제시하였다.

제 2 장
알기 쉬운 조세법 개편 필요성과 개편사례

Ⅰ. 알기 쉬운 조세법으로의 개편 필요성

1. 조세법이 어려운 이유

조세법은 다른 법보다 복잡하고 어렵다는 비판이 제기되고 있다. 조세법은 내용상 측면과 체계상·형식상 측면 모두에서 복잡하고 어렵다고 지적되고 있다[5].

---

5) 金子宏, 『租稅法 第10版』, 弘文堂, 2005, p. 33; the Staff of the Joint Committee on Taxation, Study of the Overall State of the Federal Tax System and Recommendations for Simplification, Pursuant to Section 8022(3)(B) of the Internal Revenue Code of 1986, Volume Ⅰ: Study of the Overall State of the Federal Tax System, U.S. Government Printing Office, April 2001, p. 5.
특히 미국의 상하원 합동조세위원회(Joint Committee on Taxation)는 연방 조세법상 복잡성의 원인으로 ① 법령의 불명확성 및 난해성, ② 사회 및 경제정책의 수단으로서 연방조세의 활용, ③ 경제적인 복잡성의 증가, ④ 연방세법과 州稅法, 다른 연방법령 및 기준, 외국법령 및 조세조약 등과의 상호작용을 들고 있다. 이 중에서 ① 법령의 불명확성 및 난해성은 대체로 조세법의 형식상의 복잡성 및 난해성에 해당하고, 나머지 ② 사회 및 경제정책의 수단으로서 연방조세의 활용, ③ 경제적인 복잡성의 증가, ④ 연방세법과 州稅法, 다른 연방법령 및 기준, 외국법령 및 조세조약 등과의 상호작용은 조세법의 내용 또는 조세제도의 복잡성 및 난해성에 해당한다고 하겠다.

가. 조세법의 내용상의 어려움[6]

조세는 국민이 국가에 대하여 지는 경제적 급부의무이기 때문에 국민의 경제생활과 밀접한 관련이 있다. 그 때문에 조세법은 경제생활의 변화에 따라서 끊임없이 변화하고, 경제생활의 복잡화에 수반하여 점점 복잡화되고 있다. 또한 복잡한 경제거래를 과세대상으로 삼으면서 조세부담의 공평성을 확보하여야 할 뿐만 아니라 조세회피에 대처할 필요가 있는 점, 최근에 조세가 재원의 조달수단을 넘어 경제·사회·환경 및 문화정책적 목적에 이용되는 경향이 증가한 점도 조세법의 복잡화를 촉진하는 요인이 되고 있다.

다음으로 조세법은 사적 경제질서 및 그 법적 표현인 사법질서와의 조화를 도모하면서 세수를 확보하는 것이 중요한 과제이기 때문에 기술적 성격을 지니고 있다. 이와 같은 조세법의 기술성도 조세법이 어렵게 되는 중요한 원인이다.

1) 경제거래의 복잡화

조세는 그 본질이 경제적 급부를 내용으로 하는 금전적 부담이다. 조세는 필연적으로 경제적 거래로 인하여 수입하였거나 번 수익이나 소득 등을 과세대상으로 삼는데, 경제가 발전하고 고도화되면서 경제거래의 유형이나 경제거래방식이 복잡화·고도화하게 된다. 이에 따라 필연적으로 조세법도 어렵고 복잡하게 된다. 예를 들면 파트너십이나 신탁 등과 같은 다양한 기업의 유형이나 소득활동의 주체가 출현하고, 금융파생상품·전자상거래 등과 같은 새로운 경제거래유형이 나타나면서 필연적으로 납세의무자의 판정, 과세소득에 해당하는지의 여부와 과세소득의 구분, 소득의 귀

---

[6] 김완석, 『조세법체계의 개편에 관한 연구』, 한국조세연구원, 2006, pp. 25~31.

속연도, 소득금액의 계산 등과 관련된 조항이 어렵고 복잡하게 된다.

2) 조세부담의 형평성 확보

우리 헌법은 제11조 제1항에서 "모든 국민은 법 앞에 평등하다. 누구든지 성별·종교 또는 사회적 신분에 의하여 정치적·경제적·사회적·문화적 생활의 모든 영역에 있어서 차별을 받지 아니한다"라고 하여 법 앞의 평등을 보장하고 있다. 이와 같은 헌법상의 법 앞의 평등을 조세법의 영역에서 구체적으로 적용한 형태가 조세평등주의이다. 조세평등주의란 합리적 이유 없이 특정의 납세의무자를 과세상 불리하게 차별하거나 우대하여서는 아니 되며, 개인의 경제적 급부능력에 상응하여 공정하고 평등하게 조세부담이 배분될 것을 요구하는 원칙이다[7]. 조세평등주의는 정의의 이념에 따라 경제적 부담능력이 동일한 것은 같게, 경제적 부담능력이 상이한 것은 다르게 과세함으로써 조세법의 입법과정이나 집행과정에서 조세정의를 실현하려는 원칙이라고 할 수 있다.

조세평등주의는 자의의 금지 및 응능부담의 원칙을 그 주된 내용으로 한다. 응능부담의 원칙(Leistungsfähigkeitsprinzip)이란 경제적인 급부능력(wirtschaftlichen Leistungsfähigkeit)에 따라 과세가 이루어져야 한다는 원칙인데, 동일한 경제적 급부능력(담세력)에 대하여는 동일한 조세를 부담시키되(수평적 공평), 경제적 급부능력이 큰 자에 대하여는 경제적 급부능력이 작은 자에 비하여 보다 많은 조세를 부담시켜야 한다는 원칙이다(수직적 공평)[8]. 그리고 경제적 급부능력이 아닌 것에 대하여는 과세하여서는 안 되며, 경제적 급부능력을 넘는 과세 또한 허용되지 않는다. 응능부담의 원칙은 조세평등 내지 조세정의(Steuergerechttigkeit)를 실현하기 위한 조

---

[7] 헌법재판소 1996.6.26 선고 93헌바2 결정.
[8] BverfGE 82, 60(89): 61, 319(343f.): 62, 214(223): 67, 290(297): 74, 182(199f.).

세법상의 기본원칙으로서 조세평등주의의 핵심적인 내용을 이루고 있다.

이와 같은 조세부담의 형평성을 확보하기 위하여 조세법의 내용이 복잡하고 어렵게 된다. 그 예로서는 접대비 및 기부금 한도액계산 제도의 복잡화, 최저한세 제도의 도입, 상속세 포괄주의의 도입, 소득세의 복잡한 소득공제제도의 도입 등을 들 수 있다.

3) 조세회피행위의 증가에 따른 규제

조세부담이 증가하면서 납세의무자의 조세회피행위가 엄청나게 증가하고 있다. 조세회피(tax avoidance)란 법률상의 법형식을 남용하여 조세부담을 경감시키는 것으로 법이 예정하고 있지 아니하는 이상한 법형식을 사용하여 조세부담의 감소를 기도하는 행위이다.

조세회피행위는 해마다 증가하고 있는데, 증가 이유는 다음과 같다.

첫째, 조세포탈은 명백한 위법성으로 말미암아 사회적 비난의 가능성이 클 뿐만 아니라 형벌로 처벌하기 때문에 그 행위에는 어려움이 있다. 그렇다고 하여 세법에서 허용하고 있는 조세우대조치만을 적용받는 조세절약만으로는 만족할 만한 수준의 세금절약을 기대할 수 없기 때문에 조세회피행위를 자주 사용하게 된다.

둘째, 조세회피행위가 적출되었을 때 납세의무자가 추가적으로 부담하게 되는 조세회피비용이 저렴하기 때문에 조세회피행위에 대한 유인이 높다. 조세회피행위가 적발되더라도 회피한 세액과 그 회피한 세액의 일정비율에 상당하는 가산세만을 과징하기 때문이다.

셋째, 국제사회의 개방, 자본·기술 및 노동의 국제 간의 이전이 활발해지면서 납세의무자·자본 또는 기술들을 경과세 국가로 이동시키는 조세회피가 빈번하게 이루어지고 있다. 이와 병행하여 일부 국가들이 조세를 경쟁적으로 낮추어서 조세피난처(tax haven)의 기능을 하고 있기 때문에 조세회피의 현상이 더욱 증가하고 있다.

이와 같은 조세회피행위를 방지하기 위한 규제조항들을 신설함에 따라 조세법이 복잡해지고 어려워지고 있다. 현행 조세법의 많은 부분이 조세회피행위를 규제하기 위한 조항들로 이루어져 있다. 소득세법·법인세법 및 부가가치세법에서의 부당행위계산의 부인에 관한 규정(소득세법 제41조 및 제101조, 법인세법 제52조, 부가가치세법 제52조), 합병에 따른 이월결손금의 승계 특례에 관한 규정(법인세법 제45조), 증여세 포괄주의에 관한 규정(상속세및증여세법 제2조, 제31조부터 제45조제52까지)·세대를 건너뛴 상속 또는 증여에 대한 상속세 및 증여세 할증과세에 관한 규정(상속세및증여세법 제27조 및 제57조)과 상속개시일 전 처분재산 등에 대한 상속추정규정(상속세및증여세법 제15조), 국제적 조세회피의 부인에 관한 규정(국제조세조정에관한법률 제4조, 제14조 및 제17조) 등이 이에 해당한다.

4) 정책목적을 위한 조세기능의 강화

조세는 재정수입의 조달이라는 본원적인 기능 외에도 자원의 배분·경제의 안정·분배의 균등 등과 같은 특정한 정책목적에도 기여한다. 조세는 국민경제 및 국민의 직업활동 또는 경제활동에 지대한 영향을 끼치고 있다. 국민이 투자를 하거나 저축 또는 소비하는 경우와 소득활동을 할 때에는 조세효과를 고려하지 않을 수 없기 때문이다. 나아가서 국가는 조세의 중요성 및 그 효과를 고려하여 경제의 성장·경기의 안정·소득의 재분배 등과 같은 경제·사회·환경 및 문화정책 등을 적극적으로 수행하기 위한 주요 수단으로 삼는 경우가 늘어나고 있다.

특히 특정 정책목적을 달성하기 위한 수단으로 조세를 활용할 때에는 조세특별조치가 그 중요한 도구가 된다. 조세특별조치란 담세력 기타 상황이 동일함에도 불구하고 특정한 정책적 목적을 달성하기 위하여 일정한 요건을 충족하는 경우에 조세의 부담을 경감하거나 가중하는 것을 내용으로 하는 조치를 말한다. 위의 경우에 조세부담의 경감을 내용으로 하는 조세특별조치를 조세우대조치라고 하고, 조세부담을 가중하는 것을 내용으로 하는 조세특별조치를 조세중과조치라고 한다.

조세중과조치란 조세부담을 가중하는 것을 내용으로 하는 조세특별조치인데, 미등기양도자산 등의 양도차익에 대한 높은 세율에 따른 양도소득세 중과세, 사치성재산에 대한 취득세 및 재산세의 중과세, 대도시지역 내 법인등기 등에 대한 등록세의 중과세, 사치품에 대한 개별소비세의 고율과세 등이 예이다. 이와 같은 정책목적에 따른 중과세 외에도 국민건강의 유지·환경의 보호·부동산투기의 억제·사치적인 소비의 규제 등과 같은 사회목적에 따른 조세(예를 들면 담배소비세, 주세, 교통·에너지·환경세, 종합부동산세 등)의 과징이 이루어지고 있다.

다음으로 조세우대조치란 조세부담의 경감을 내용으로 하는 조세특별조치인데, 조세유인조치라고도 부른다. 조세우대조치의 예로서는 비과세·세액면제·세액공제·소득공제·익금불산입·손금산입·낮은 세율의 적용·이월과세·과세이연 등을 들 수 있다. 그 전형적인 예로 조세특례제한법상의 특례 규정, 개별세법상의 비과세·감면 및 공제에 관한 규정을 들 수 있다.

이와 같은 경제·사회·환경 및 문화정책 등을 달성하기 위한 정책수단으로서의 조세의 활용은 조세법을 복잡하고 혼란스럽게 하는 요인이 되고 있다.

5) 조세법의 기술성

조세법의 기술적 성격은 세법을 더욱 어렵고 복잡하게 한다. 예를 들면 국세징수법은 조세를 징수할 때 사채권과 어떻게 조화를 도모할 것인지 또는 어떤 절차에 따라서 조세를 징수하는 것이 가장 합목적적인지를 고려하여 제정하여야 하기 때문에 그 내용이 더욱 어렵고 복잡하게 된다.

다음으로 조세법은 재정학 또는 조세이론에 의거하여 설계된 조세제도를 입법화한 것이기 때문에 재정학 또는 조세이론을 이해하지 못하면 조세법을 이해하기 어렵다. 그리고 소득세·법인세·부가가치세 및 상속세의 과세표준의 계산은 경영학 또는 회계학적 지식을 바탕으로 하기 때문에 조세법이 극히 어려운 것이다. 그리고 조세법은 사적 경제행위 및 그 법적 표현인 법률행위에 의하여 가득하거나 취득한 수익·소득 또는 재산 등을 과세물건으로 하고 있기 때문에 조세법에서 다른 법 영역의 용어를 차용하고 있는 경우가 적지 않으며, 이와 같은 차용개념의 해석을 둘러싸고 다툼이 속출하고 있다.

나. 조세법의 체계상·형식상의 어려움

조세법이 복잡하고 어려운 이유는 조세법의 내용 또는 조세제도의 어려움에 기인하는 점도 크지만 조세법의 체계상·형식상·체제상의 어려움이라는 측면도 큰 비중을 차지한다. 조세법의 형식상의 어려움은 내국세 법령의 중복성과 복잡성, 조세법상 법령의 통일성 및 법령체계의 일관성 결여, 조세법의 법령편제의 난잡성, 조세법의 법문 및 표현의 애매성과 난해성, 조세법상의 문언 및 표현의 축약성 및 추상성 등에 기인하고 있다.

1) 세법규정의 중복성과 복잡성

다수의 조세통칙법과 1세목 1세법주의에 따라 하나의 세목마다 하나의 개별세법을 두고 있는 현행 조세법 체계 안에서 각 법률 간에 중복적인 규정이 많고 복잡하여 해석상 혼선을 빚거나 해석이 어려운 경우가 적지 않다. 특히 어떤 세법에서 다른 세법의 특정 조항을 인용하거나 준용하도록 하는 경우에는 그 해석에 어려움이 많다.

그리고 개별세법에서 규율하여야 할 사항이 조세특례제한법에 포함되어 있기 때문에 조세법체계에 혼란을 주는 경우도 적지 않다. 개별세법에 규정되어야 할 사항이 입법의 편의성 등을 이유로 조세특례제한법에 편입된 경우인데, 예를 들면 조세특례제한법 제73조(기부금의 과세특례)·제76조(정치자금의 손금산입특례 등)·제104조의 10(해운기업에 대한 법인세 과세표준 계산특례)·제136조(접대비의 손금산입 특례)·제138조(임대보증금 등의 간주익금) 등이 이에 해당한다고 하겠다.

2) 법령 간의 통일성 및 법령체계의 일관성 결여

조세법은 사법상의 경제거래 또는 그 경제거래의 성과를 과세대상으로 삼기 때문에 사법에서 사용하는 용어 또는 개념을 차용하는 경우가 허다하다.

그런데 특히 상법·민법 등은 물론이고 기업회계기준에서 차용하는 용어 또는 개념이 그 상법·민법 또는 기업회계기준에서의 용어 또는 개념과 다를 뿐만 아니라 그에 관한 명확한 정의규정을 두고 있지 않기 때문에 납세의무자에게 혼란을 주고 있다[9]. 예를 들어 법인세법시행령 제52조·소득세법시행령 제75조와 소득세법시행령 제40조의 2의 "사업용 고정자산", 법인세법 제23조 제1항 및 제2항·제42조 제1항 제2호 및 제3항 제2호와 소득세법 제33조 제1항 제7호 등에서의 "고정자산", 소득세법시행령 제41조의 "사업용 자산", 법인세법시행령 제80조 제1항·법인세법시행령 제82조 제1항·소득세법시행령 제62조 제2항 제1호 등에서의 "유형고정자산", 법인세법 제42조 제1항 제2호 및 제3항 제2호에서의 "고정자산", 법인세법 제17조 제1항 제3호와 법인세법시행령 제12조 제1항에서의 "합병차익", 법인세법 제17조 제1항 제4호와 법인세법시행령 제12조 제2항에서의 "분할차익" 등은 기업회계기준에서의 용어 또는 개념과 괴리를 보이고 있다. 그

---

9) 박정우·정래용, 『세법과 기업회계, 상법 및 증권거래법 등과의 조화방안에 관한 연구』, 한국경제연구원, 2004, pp. 43~47.

리고 법인세법 제15조 제2항에서의 "유가증권" 등은 상법상의 용어 또는 개념과 괴리를 보이고 있다.

3) 조세법령 상호 간의 통일성 결여

내국세법·관세법 및 지방세법 간에, 그리고 같은 내국세법령 안에서도 각 세법 간에 통일성이 결여되어 있어서 납세자가 혼란을 겪는 경우가 적지 않다. 예를 들면 특정한 용어를 2개 이상의 개별세법 또는 동일한 세법 안에서 사용하면서 그 의미를 달리 사용함으로써 해석상 혼란을 초래하고 있다. 친족, 특수관계인, 정상가액 등이 이에 해당한다.

그리고 서로 다른 세법 또는 동일한 세법 안에서도 같은 의미의 용어를 서로 다르게 사용함으로써 해석상 혼란을 초래하고 있다. 그 예로서는 국세환급가산금과 과오납금의 환급금에 대한 이자, 근로자·사용인·종업원·사용인 기타 종업원·사용인 기타 종업인·임직원, 익금에 산입한 금액과 손금불산입금액 등을 들 수 있다.

4) 조세법의 법령편제의 난잡성

조세법의 편제를 보면 조항의 다과, 규율내용의 복잡성 등에 따라 소득세법(175개조[10]) 및 법인세법(122개조)은 장·절·관으로, 국세기본법(86개조), 국세징수법(88개조), 조세특례제한법(146개조), 국제조세조정에관한법률(33개조), 상속세및증여세법(86개조) 및 주세법(54개조)은 장·절

---

10) 조문의 중간에 추가로 삽입된 조항(예: 제46조의2, 제51조의 2, 제51조의3 등)과 폐지로 인하여 삭제된 조항(예: 제61조, 제66조, 제67조, 제113조 등)은 고려하지 않고 마지막 조문을 기준으로 그 조문의 개수를 표시하였다. 그러므로 173개조는 소득세법의 정확한 조문의 개수는 아니나, 소득세법의 대강적인 분량을 추량하는 데에는 도움이 될 것으로 생각된다. 이하 다른 법률의 조문의 개수도 같은 방법으로 표시하였다.

로, 부가가치세법(36개조) 및 종합부동산세법(24개조)은 장으로 구분하여 편제하고 있다. 이에 대하여 조세범처벌법(17개조), 조세범처벌절차법(16개조), 과세자료의제출및관리에관한법률(15개조), 개별소비세법(29개조), 교통·에너지·환경세법(24개조), 증권거래세법(17개조), 인지세법(12개조), 교육세법(13개조) 및 농어촌특별세법(13개조)은 장·절·관의 구분 없이 조항만을 담고 있다.

조세법의 편제에서도 장·절·관의 구분기준이 뚜렷하지 못하며, 장·절·관의 구분이 적절하지 못한 법률도 있다. 그리고 개별세법의 편제순서를 보면 일정한 공통기준에 따라 편제된 것이 아니라 법률마다 제각기 다른 편제기준으로 편제되어 있기 때문에 세법의 이용자들에게 불편을 줄 뿐만 아니라 특정 조항을 찾는 데에 많은 시간이 소요되고 있다.

5) 법률·시행령 및 시행규칙 간의 연결성의 미흡

법률·시행령 및 시행규칙의 조문번호가 서로 연결되지 않고 제각기 부여되기 때문에 관련 조문을 찾기가 쉽지 않다. 조세법령만을 편집하여 발간하는 조세법령전문출판사의 조세법전에서는 이와 같은 불편을 해소하기 위하여 법률·시행령 및 시행규칙이 연결된 삼단식 법전을 출간하여 판매하고 있는 실정이다.

6) 표현의 애매성

과세요건은 법률로 정하되, 그 규정은 일의적이고 명확하며 상세하여야 한다. 이를 과세요건명확주의라 한다. 과세요건을 법률이라는 형식으로 규율하고 있어도 그 규정의 내용이 추상적이고 다의적이어서 명확하지 않은 경우에는 과세관청에게 판단의 여지 또는 재량의 폭을 넓혀 줄 뿐만 아니라 자의적 해석을 허용하게 되어 과세요건 등을 법률사항으로 유보시킨 의

의는 상실된다. 뿐만 아니라 납세자의 예측가능성을 침해하는 결과를 초래하게 된다.

　과세요건을 정할 때 불확정개념(unbestimmte Begriffe)을 쓰고 있는 경우[11]가 적지 않은데, 이로 인하여 세법의 해석에 어려움이 있다.

7) 법문의 어려움

　일반인이 이해하기 어려운 용어를 법문에 사용하는 경우가 적지 않다. 이로 인하여 법령의 이해 또는 해석에 어려움을 초래하고 있다. 그 예로서는 통신일부인, 등초, 반출, 부기, 증빙취집, 몰취, 첩용, 납부의 신립, 첩부, 압날, 음용, 망실, 은닉, 장닉, 오류 등 무수히 많다.

　그리고 특정 조문의 법문에서 이중 또는 삼중의 예외규정을 둠으로써 그 의미가 명확하지 않거나 해석이 어려운 경우가 적지 않다. 소득세법시행령 제154조(1세대1주택의 범위) 제2항 등이 그 예이다.

　다음으로 현행 세법에서는 무수히 많은 준용규정을 두고 있는데, 이와 같은 준용규정으로 말미암아 그 규정의 의미를 이해하거나 해석하기 어려운 경우가 많다[12]. 그리고 준용규정을 보면 이미 다른 규정을 준용하고 있는 조항을 이중·삼중으로 준용하도록 하는 경우가 적지 않다. 준용은 다른 조문의 내용을 그대로 적용하는 것이 아니고 유추적 적용을 하여야 하기 때문에 그것만으로도 해석상 어려움이 있는데, 재준용의 경우에는 유추 적용한 조항을 다시 유추 적용하여야 하기 때문에 그 해석상의 어려움이 가중되는 것이다.

---

[11] 예를 들면 제57조(심사청구 등이 집행에 미치는 효력)에서 집행의 정지 또는 중지 사유를 특정함이 없이 막연히 "재결청이 필요하다고 인정하는 때"라고 규정하고 있는데, 이는 불확정개념의 예이다.

[12] Hanswerner Müller, Handbuch der Gesetzgebungstechnik, 1963, S. 167: 김홍대, 「조세법령의 난해성」, 『월간세무사』 통권 31호, 한국세무사회, 1985, p. 5.

8) 인용조문의 불명확성

법령의 본문에서 다른 법령조문을 인용할 때에는 해당조문만을 표시하고 있다[13]. 그러므로 인용하는 조문을 직접 찾아보지 않고는 그 인용하는 조문의 내용을 알 수 없기 때문에 불편함이 적지 않고 조세법령의 이해도를 떨어뜨리는 요인으로 작용하고 있다.

9) 부칙조항의 남용

부칙은 본칙에 부수하여 그 법령의 시행일과 그 법령의 시행에 수반되는 과도적 조치, 그리고 그 법령의 시행에 따라 필요한 다른 법령의 개정사항 등을 규정하는 부분을 말한다[14]. 그런데 부칙에서 규정하는 사항이 오히려 본칙에서 규정할 사항이 적지 않아 납세의무자에게 혼란을 야기하고 있다. 예를 들면 소득세법 부칙(2003.7.30. 법률 제6958호) 제2조(근로소득공제 및 근로소득세액공제에 관한 특례), 소득세법시행령 부칙(2000.12.29. 대통령령 제17032호) 제21조(단순경비율 적용대상자에 대한 적용 특례), 소득세법시행령 부칙(2003.12.30. 대통령령 제18173호) 제21조(근로소득에서 제외되는 연구보조비·연구활동비에 관한 적용 특례), 소득세법시행령 부칙(1998.12.31. 대통령령 제15969호) 제19조(계산서 미교부 등에 대한 보고불성실가산세에 관한 적용 특례), 소득세법시행규칙 부칙(1995.12.30. 총리령 제534호) 제6조(토지의 전기기준시가의 산정에 관한 특례), 법인세

---

13) 그 예로서 국세기본법 제25조의2(연대납세의무에 관한 「민법」 규정의 준용)를 들 수 있다.
   국세기본법 제25조의2(연대납세의무에 관한 「민법」 규정의 준용) 이 법 또는 세법에 의하여 국세가산금과 체납처분비를 연대하여 납부할 의무에 관하여는 「민법」 제413조 내지 제416조, 제419조, 제421조, 제423조 및 제425조 내지 제427조의 규정을 준용한다.
14) 법제처, 『법령입안심사기준』, 1996, p. 131.

법시행령 부칙(2006.2.9. 대통령령 제19328호) 제8조(기부금의 손금산입 범위 등에 관한 적용례 및 적용특례) 및 제13조(퇴직급여충당금의 손금산입에 관한 적용례 및 적용특례), 법인세법시행령 부칙(2005.2.19. 대통령령 제18706호) 제14조(계산서 미교부에 대한 가산세의 특례) 및 제15조(채권 등의 보유기간이자상당액계산에 관한 경과조치), 부가가치세법시행령 부칙(1999.12.31. 대통령령 제16661호) 제6조(업종별 부가가치율에 관한 특례) 등이 이에 해당한다.

10) 문장의 형태와 어법상의 문제점

문장의 형태를 일정한 기준도 없이 수동태와 능동태의 두 형태를 혼용하여 규정하거나 시제에 관하여 과거형·현재형 및 미래형을 혼용하고 있기 때문에 해석상 혼란을 주는 경우가 적지 않다.

그리고 어순이 제대로 되어 있지 않거나 한글 맞춤법 등 어문 규범을 준수하지 않는 법문이 적지 않아 해석에 어려움을 주고 있다[15].

11) 조문의 방대성

복잡하고 방대한 내용을 하나의 문장에 수용하여 규정하다 보니 납세의무자가 그 조문을 해석하는 데 어려움이 따르고 있다. 그 예로서는 소득세법 제52조(특별공제), 상속세및증여세법 제48조(공익법인 등이 출연받은 재산에 대한 과세가액불산입 등) 등을 들 수 있다.

---

15) 법제처,「어려운 법률! 모든 국민이 알기쉽게 바꾼다」, 법제처 보도자료(2006. 11. 28) 참조.

12) 법문의 지나친 축약성과 추상성

종래의 입법기술론에서는 표현의 압축성·함축성과 간결성을 갖춘 법문을 요구하여 왔다. 즉 법문은 간결·단순하여야 하고, 불필요한 단어를 사용하여서는 안 되며, 그리고 설명이나 비유·상징 기타 구체적인 이해를 돕기 위한 수단들을 사용하여서는 안 된다고 강조하여 왔다[16]. 이와 같은 지침 또는 요구에 따라 만들어진 법령은 지나친 추상성·압축성과 간결성으로 말미암아 해석상 많은 의문을 야기하고 있고, 이로 인한 해석상 다툼이 속출하고 있는 실정이다.

2. 알기 쉬운 조세법으로의 개편 필요성[17]

알기 쉬운 조세법으로의 개편은 일찍부터 조세원칙으로서, 그리고 세제개혁의 목표로 자리매김을 하여 왔다. Adam Smith는 조세원칙의 하나로서 확실성(certainty: 조세는 확실하여야 하며 자의적이어서는 안 된다. 지불시기·방법·금액은 모두 명백하고 쉬워야 한다)을 들고 있다[18]. 그 이후 Adolf Wagner는 과세의 명확성을[19], Musgrave는 명확성의 원칙을 조세원칙의 하나로서 내세우고 있다[20].

그리고 Meade 보고서에서는 세제개혁의 목표의 하나로서 간소, 납세순응비용의 절감(Simplicity and costs of administration and compliance)을

---

16) 박영도, 『법령입안기준개발에 관한 연구(Ⅱ)』, 한국법제연구원, 2004, p. 76; 박영도, 『법령입안기준개발에 관한 연구(Ⅲ)』, 한국법제연구원, 2005, p. 79.
17) 김완석, 앞의 연구보고서, pp. 31~37.
18) Adam Smith, *The Wealth of Nations*, Vol. 2 edited by E. Canon, Putnam, 1904.
19) A. Wagner, *Finanzwissenschaft*, Bd.11, Leipzig, 1890.
20) R. A. Musgrave & P. B. Musgrave, *Public Finance in Theory and Practice*, Mcgraw-Hill College, 1989.

들고 있고[21], 1984년의 미국 재무부 보고서에서도 세제개혁 목표의 하나로서 간소화(Simplicity)를 든 바 있다[22]. 다음으로 2005년 미국의 연방세 개혁을 위한 대통령자문단(The President's Advisory Panel on Federal Tax Reform)도 연방세 개혁의 목표의 하나로서 간소화(simple)를 든 바 있다[23].

조세법은 그 수범자인 납세의무자가 가장 잘 이해하고 받아들일 수 있도록 만드는 것이 가장 바람직하다. 조세법의 어려움을 해소하고 알기 쉬운 조세법으로 개선하기 위하여 조세법체계를 개선하여야 할 필요성으로는 납세의무자의 자발적인 납세순응도의 제고, 국민의 경제생활에서의 법적 안정성과 예측 가능성의 보장, 납세순응비용 및 조세행정비용의 절약, 납세의무자의 조세제도 및 조세행정의 공평성에 대한 신뢰의 확보와 유지 등을 들 수 있다[24]. 이하에서 구체적으로 살펴보기로 한다.

가. 자발적인 납세순응도의 제고

납세의무는 특정한 행위·물건 또는 사실이 세법에서 정한 납세의무의 성립요건을 충족한 때에 비로소 성립한다. 이와 같이 과세요건의 충족에

---

[21] IFS, *The Structure and Reform of Direct Taxation*(Report of a Committee chaired by Professor J. E. Meade), George Allen & Unwin, 1978, pp. 18~21.

[22] Office of the Secretary Department of the Treasury, *Tax Reform for Fairness, Simplicity, and Economic Growth-The Treasury Department Report to the President*(Volume 1 overview), 1984.

[23] *The President's Advisory Panel on Federal Tax Reform, Simple, Fair, and Pro-Growth: Proposals to Fix America's Tax System*, Report of the President's Advisory Panel on Federal Tax Reform, November 2005.

[24] 미국의 상하원 합동조세위원회(Joint Committee on Taxation)는 조세법의 복잡성이 ① 납세의무자의 자발적 납세순응도를 떨어뜨리고, ② 납세의무자의 납세순응비용을 증가시키며, ③ 납세의무자의 연방조세제도의 공평성에 대한 인식을 저하시키고, ④ 조세법의 집행에 어려움을 가중시키고 있다고 분석였다(The Staff of Joint Committee on Taxation, ibid., p. 101).

의하여 자동적으로 성립한 납세의무를 추상적 납세의무라고 한다. 추상적 납세의무는 납세의무자의 과세표준 신고행위 또는 과세관청의 과세처분과 같은 확정절차를 거친 후 비로소 구체적 납세의무로 바뀌게 된다.

납세의무의 확정방법은 크게 부과과세제도와 신고납세제도로 대별할 수 있다. 부과과세제도란 납세의무를 구체적으로 확정하는 권한을 과세관청에게 부여하고 있는 것인데, 과세관청의 과세처분으로 비로소 납세의무가 구체적으로 확정된다. 이에 대하여 신고납세제도는 납세의무의 확정권을 납세의무자에게 부여하는 것으로서 납세의무자의 과세표준 신고행위에 의하여 구체적 납세의무로 바뀌게 된다. 다만, 납세의무자가 과세표준 신고의무를 이행하지 아니하거나, 신고한 과세표준의 내용에 오류 또는 탈루가 있는 경우에 한하여 비로소 과세관청이 제2차적으로 확정권을 행사하게 된다.

우리나라에서는 소득세, 법인세, 부가가치세, 개별소비세, 주세, 증권거래세, 교육세, 교통·에너지·환경세 등과 같이 대부분의 세목에 대하여 신고납세제도를 채택하고 있다. 신고납세제도는 전통적으로 미국에서 채용되어 온 방식이며 납세의무자 스스로가 과세표준과 세액을 확정한다는 의미에서 자기부과제도라고 부른다. 이는 민주적 납세방식에 적합하고 조세의 능률적 징세의 요청에 합치하지만, 한편으로는 납세의무자에 대한 고도의 윤리성과 세법지식을 요구한다.

한편 조세행정의 궁극적인 목표는 납세의무자의 자발적인 납세협력을 높이고 납세협력비용과 징세비용을 극소화하는 것이다[25]. 그러므로 신고납세제도 아래에서 납세의무자의 자발적인 납세순응도를 높이기 위해서는 납세의무자가 쉽게 이해할 수 있도록 조세법을 개편하는 것이 중요한 과제이다. 조세법체계가 복잡하고 조세법이 지나치게 어려울 때에는 납세의무자의 자발적인 납세순응을 기대하기 어렵다. 즉 복잡하고 난해한 세법은

---

[25] 현진권, 「조세행정의 개혁방향과 정책과제」, 『조세행정과 정책과제 연구논문집』 98-01, 한국조세연구원, 1998, p. 16.

납세협력비용과 조세행정비용을 증가시키고 세금 자체에 대한 불만을 증폭시키는 것이다[26].

나. 법적 안정성과 예측 가능성의 보장

조세법이 어렵고 복잡한 경우에는 국민이 영위하는 경제생활에서의 법적 안정성과 예측 가능성을 침해하게 된다. 특히 조세법은 그 내용이 명확할 뿐만 아니라 일의적으로 이해될 수 있도록 쉽게 제정되어야 한다. 이를 과세요건명확주의라고 하는데, 과세요건법률주의와 함께 조세법률주의의 주요한 내용을 이루고 있다. 즉 과세요건에 관한 사항은 법률로 정하되, 그 규정은 일의적이고 명확하며 상세하여야 한다는 원칙을 말한다. 과세요건을 법률이라는 형식으로 정하고 있다고 하더라도 그 규정의 내용이 추상적이고 다의적이어서 명확하지 않은 경우에는 과세관청에게 판단의 여지 또는 재량의 폭을 넓혀줄 뿐만 아니라 자의적 해석을 허용하게 되어 과세요건 등을 법률사항으로 유보시킨 의의가 상실된다. 그리고 납세자의 예측 가능성을 침해하게 된다.

그러므로 과세요건을 정할 때에는 가능한 한 확정적·일의적인 개념을 사용하여야 하고, 불확정개념(unbestimmte Begriffe)을 사용하여서는 안 된다. 그리고 조세법은 그 수범자인 납세자가 쉽게 이해하고 해석할 수 있도록 조세법체계가 정비되고 조세법이 쉽게 제정되어야 한다.

그렇게 함으로써 납세자의 경제생활에서의 법적 안정성과 예측 가능성을 보장할 수 있는 것이다.

---

[26] 박기백, 「알기 쉬운 세법 – 영국의 사례를 중심으로」, 『재정포럼』 2000년 1월호, 한국조세연구원, 2000, p. 52.

다. 납세순응비용 및 조세행정비용의 절약

조세법의 어려움과 복잡성은 납세의무자의 납세순응비용(compliance cost)과 과세관청의 조세행정비용(tax administration cost)의 증가를 초래한다.

조세법체계가 복잡하고 조세법이 어려운 경우에 납세자는 과세관청에 대한 조세법령의 질의, 조세전문가(세무사·공인회계사 또는 변호사 등)에 대한 상담 및 자문의 요청, 위법·부당한 과세처분 및 징수처분에 대한 행정상 쟁송의 제기 또는 사법상 구제에 따른 비용 등과 같은 납세순응비용을 추가로 지출하여야 한다. 이 밖에도 납세자는 조세법의 어려움에 기인하여 주관적·심리적 비용을 지출하여야 한다. 그 예로는 조세법의 어려움 때문에 이루어진 억울한 과세처분 및 징수처분에 대한 분노감과 불안감, 납세와 관련된 불확실성에 따른 불안감 등을 들 수 있다[27].

다음으로 조세법이 어려운 경우 과세관청은 조세법의 질의에 대한 회신·예규의 발령 및 기본통칙의 정비에 따른 비용, 법령 해석의 오류에 기인한 비용, 납세자의 행정상 쟁송 및 각종 구제절차의 대응에 따른 비용, 법령의 개정에 따른 비용 등과 같은 조세행정비용을 추가로 부담하여야 한다.

조세법의 어려움에 기인한 납세순응비용 및 조세행정비용의 규모를 측정하기란 쉽지 않다. 특히 납세순응비용 및 조세행정비용 중에서 조세법의 어려움에 기인한 납세순응비용 및 조세행정비용을 가려낸다는 것은 극히 어렵다. Slemrod와 Blumental의 공동연구에 따르면 1995년도의 미국의 조세행정비용은 76억 달러, 개인소득세 납세에 소요된 납세순응비용은 500억 달러, 법인소득세 납세에 소요된 납세순응비용은 200억 달러로서 납세

---

[27] 곽태원, 『우리나라 조세제도 운영비 추정에 관한 연구』〈연구보고서 94-08〉, 한국조세연구원, 1994, p. 55; Cedric Sandford, Michael Godwin, Peter Hardwick, *Administrative and compliance costs of taxation*, Fiscal Publications, 1989, p. 18.

순응비용 및 조세행정비용의 합계액이 약 776억달러에 이른다고 추정하였는데[28], 천문학적인 규모이다.

이와 같은 납세순응비용과 조세행정비용의 증가요인에는 여러 가지가 있을 수 있지만, 그 중에서도 조세법의 난해함이 상당한 비중을 차지하고 있음은 부인하기 어렵다.

한편 영국 국세청은 1997년부터 2009년까지 세법 다시 쓰기 프로젝트팀에 소요되는 직접비로 3,190만파운드(매년 평균 300만파운드)[29]를 지출하였는데, 그 기간에 다시 고쳐 쓴 소득세법으로 인하여 얻은 효익은 연간 1,800만~7,000만파운드, 다시 고쳐 쓴 법인세법으로 인한 효익은 매년 2,500만파운드로 추산한 바 있다.

라. 조세제도 및 조세행정에 대한 신뢰의 확보

세법의 어려움과 복잡성은 납세의무의 존재 여부에 대한 판정과 납세액의 크기를 산정하는 데에 있다. 뿐만 아니라 세법의 어려움과 복잡성은 다음과 같은 이유로 조세제도의 공평성에 대한 납세자의 신뢰를 감소시킬 수 있다[30].

첫째, 조세법령의 애매성은 동일한 상황의 납세자를 상이하게 취급하는 결과를 초래할 수 있다. 또한 개인 납세자에게 불공평한 조세부담을 지우고 있다는 불신을 심어 줄 수 있다.

둘째, 납세자는 조세법령의 어려움과 복잡성으로 인하여 다른 납세자가 교묘하게 세법을 악용하는 기회를 향유할 수 있다고 오신할 수 있다. 그리

---

28) Slemrod, J. R. and Marsha Blumental, "the Income Tax Compliance Cost of Big Business," *Public Finance Quarterly*, 1996; 김재진, 『납세편의 증진을 위한 소득세 과세체계 개편방안』, 한국조세연구원, 2002, pp. 39~41에서 재인용.
29) technical specialists와 자문과정에 참여한 외부 전문가에 대한 자문료 등은 제외된 금액이다.
30) The Staff of Joint Committee on Taxation, ibid., p. 101.

고 이와 같은 조세법령의 복잡성은 자신의 납세의무의 크기를 줄이기 위하여 조세전문가의 자문을 활용하는 납세자에게 혜택을 줄 수 있다.

셋째, 납세자는 어렵고 복잡한 조세법의 불확실성 때문에 일관성이 없어 보이는 조세정책에 불신감을 가질 수 있다. 뿐만 아니라 복잡하고 혼란스러운 조세법은 납세자에게 냉소주의적인 인식을 서서히 심어 주어 의도하지 않은 조세회피는 물론이고 종국에는 의도적인 조세회피까지 유도하게 된다.

Ⅱ. 우리나라의 조세법 개편 노력

1. 기획재정부에 의한 알기 쉬운 조세법 개편 노력

가. 조세법령정비 5개년계획에 의한 법령정비작업

재무부[31]는 1982년부터 5개년 계획으로 조세법령정비작업을 진행하기 위하여 조세법령심의위원회를 설치하고 소위원회를 구성하여 제1차 연도(1982년)에 소득세법·법인세법 및 부가가치세법에 관한 정비초안을 마련하였으나, 입법과 연결되지 못하고 동 작업은 중단되었다[32].

조세법령정비 5개년계획에 의한 법령정비작업의 배경·정비방향 및 구체적인 정비계획은 다음과 같다[33].

---

31) 1982년 당시의 재무부는 현행 기획재정부에 해당한다.
32) 이성식, 「부가가치세제의 합리적 개선방안에 관한 연구」, 서울시립대 대학원 박사학위 논문, 2005, p. 3.
33) 이재현, 「조세법령 정비에 대한 고찰」, 『월간국세』 1983년 1월호, 세우회, pp. 32~33.

1) 배경

현행 조세법령의 체제와 내용이 복잡·난해하여 납세자는 물론 세무에 종사하는 공무원마저 어려워하는데 이것은 과세관청과 납세자의 조세마찰이나 부조리 발생의 원인이 된다.

또한 세수증대에 따른 조세부담률의 인상으로 조세법령에 대한 국민관심이 점증하고 있어 세법을 더욱 알기 쉽게 할 필요성이 늘어나고 있다.

2) 정비방향

가) 법령체제의 정비

① 각종 세법령 상호 간 또는 민·상법과 세법 간의 모순을 시정하고 용어를 통일한다.
② 필요 이상의 세무공무원 재량권을 축소하고 실무집행의 용이성을 확보한다.
③ 시행령 및 시행규칙의 법적 근거를 명확하게 한다.

나) 법령내용의 명료화

① 세법을 알기 쉽게 표현한다.
② 계산조문을 산식으로 표현한다.
③ 다른 법령 및 조문을 인용한 인용조문을 풀어 쓴다.

다) 기업회계와 세무회계의 접근

기업회계와 세무회계를 가능한 한 접근시킨다.
① 수익과 비용의 귀속시기를 기업회계상의 수익실현시기에 접근시키도

록 한다.
② 과세소득을 기업회계상의 당기순이익에 접근시킨다.

3) 조세법령심의위원회의 설치

세제·세정 관계공무원, 세법 전공학자, 경제단체 및 업계의 임직원, 세무사, 변호사, 공인회계사 등으로 구성된 조세법령심의위원회를 설치한다. 그리고 각 검토대상 세법별로 소위원회를 구성한다.

4) 5개년 정비계획 수립

1차 사업연도(1982년)에는 소득세법·법인세법 및 부가가치세법을 대상으로 정비방향에 입각한 정비초안을 작성한다.
그러나 5개년 정비계획은 입법과 연결되지 못하고 중단되었다.

나. 알기 쉬운 세법으로의 개편작업

재정경제부[34]는 2000년 주요 업무보고에서 "세법체계와 내용을 알기 쉽게 정비"라는 제목 아래 조세법체계의 개편방안을 제시하고 개편작업을 진행하였으나, 이 또한 입법과 연결되지 못하고 당해 개편작업이 중단되었다. 알기 쉬운 세법으로의 개편작업의 개편방향을 소개하면 다음과 같다.

1) 세법체계와 내용의 정비

재정경제부는 2000년 주요 업무보고에서 "세법체계와 내용을 알기 쉽게

---

34) 2000년 당시의 재정경제부는 현행 기획재정부에 해당한다.

정비"라는 제목 아래 조세법체계의 개편방안을 제시한 바 있다[35]. 그 구체적인 내용은 다음과 같다.

　가) 필요성

(1) 세정개혁으로 납세자와 공무원이 협의신고해 온 "지역담당제"가 폐지되고, 전자신고, 우편신고 등 "비대면신고"가 확대됨에 따라 세법을 알기 쉽고 투명하게 정비하여 납세자가 예측하지 못한 손실을 받지 않도록 한다. 특히 세금결정방식이 "정부부과제도"에서 "신고납부제도"로 전환되면서 세법체계와 내용을 알기 쉽게 정비할 필요성이 있다.
(2) 복잡하고 비효율적인 규정을 국제적 규범에 맞도록 개선하여 외국인 투자유치 및 전자상거래 활성화 등을 지원할 필요성이 있다.
(3) 경제·사회 여건 변화에 따라 탄력적으로 대응하면서도 조세법률주의 원칙에 충실하도록 세법체계를 정비할 필요성이 있다.

　나) 개편방향

　(1) 복잡한 세법체계의 간소화

① 전화세·자산재평가세 및 부당이득세를 2000년도 중에 폐지한다.
② 목적세는 단계적으로 본 세금에 통합하는 방향으로 운영한다.
③ 정책목적상 도입된 각종 특례조항 등을 정비하여 조세감면의 항구화·기득권화를 방지하고 조세공평성을 제고한다.

　(2) 생활세금의 내용과 신고절차의 획기적인 간소화

정상교육을 받은 사람이면 간단한 세금은 자기가 계산할 수 있도록 양도소득세, 근로소득세 등 생활관련 세금의 내용과 신고절차를 획기적으로 간

---

35) 보도참고자료, 「2000년 주요 업무보고 세제분야 참고자료」(2000. 3. 20), 재정경제부.

소화한다.

(3) 조세법률주의와 실질과세의 원칙의 조화를 고려한 세법체계의 정비

경제생활의 예측가능성을 위한 형식적 조세법률주의와 조세정의의 실현을 위한 실질과세의 원칙이 조화가 이루어지도록 세법체계를 정비하여 재산권 보호 강화 및 위헌소송에 대비한다.

(4) 국세와 지방세의 조정을 위한 조세정책협의기구의 설치·운영

국세와 지방세가 일관성 있고 상호 조화롭게 운용될 수 있도록 상설 조세정책협의기구를 설치하여 운영한다.

조세정책은 국세 및 지방세 정책이 서로 조화를 이루어 종합적으로 추진되어야만 실효성이 확보될 수 있으나, 현재 소관부처가 서로 다르고 정책조정을 위한 시스템 부재로 종합적인 조세정책 수립이 곤란하다.
① 국세(16개 세목): 재정경제부 세제실
② 지방세(16개 세목): 행정자치부 지방재정세제국

그러므로 양 부처가 공동으로 참여하는 상설 협의기구를 설치할 필요가 있다.

다) 추진방법

(1) 2000년부터 2002년까지 3개년에 걸쳐 단계적으로 추진하되, 양도소득세·근로소득세 등 생활세금을 우선적으로 정비한다.

2000년: 기본방향 확정, 소득세법 정비
2001년: 법인세법, 상속세및증여세법 정비
2002년: 간접세법 및 지방세법 정비

(2) 민간회계법인에 용역을 의뢰하는 한편 "알기 쉬운 세법 실무위원회"를

구성한다.

재정경제부(세제실)·행정자치부36) 및 국세청 공무원, 공인회계사 등 직능단체, 기업인, 조세학자, 경제단체, NGO 등 각계 수요자로 구성한다.

2) 생활세금의 개편

재정경제부는 2002. 1. 18. 「생활관련 세금(양도·근로소득세 등)을 알기 쉽게 개편」이라는 보도자료를 발표한 바 있다. 앞의 「세법체계와 내용의 정비」에 따른 일련의 과정인데, 그 구체적인 내용은 다음과 같다37).

가) 추진배경

소득세가 종전의 정부부과결정제도에서 납세자가 스스로 자기 세금을 계산하여 신고납부하는 자진신고납부제도로 바뀌면서 일반국민이 세무사 등 전문가의 도움을 얻지 않고도 자기 세금을 계산하여 납부할 수 있도록 양도소득세, 근로소득세 등 국민생활과 밀접하게 관련된 소득세의 과세체계와 용어, 납세절차와 신고서식 등을 전면 개편하는 데에 추진의의가 있다.

나) 추진계획 및 일정

(1) 2002년 1월 중에 "소득세법정비위원회" 및 "소득세법 정비 실무작업단"을 구성하여 개편작업을 개시한다.
(2) 그동안의 용역결과 등을 기초로 2002년 중에 "알기 쉬운 소득세법 개

---

36) 2000년 당시의 행정자치부는 현행 행정안전부에 해당한다.
37) 보도자료, 「생활관련 세금(양도·근로소득세 등)을 알기 쉽게 개편」(2002.1.18), 재정경제부.

정안"을 마련하여 정기국회에 제출한다.

(가) 위원회 및 실무기획단 구성 : 2002년 2월
(나) 「알기 쉬운 소득세법 개정추진 기본계획」을 소득세법정비위원회에 상정 : 2002년 4월
(다) "과세체계 간소화를 위한 개정 시안 작성 및 소득세법정비위원회 상정 : 2002년 6월
(라) "알기 쉬운 세법규정" 원칙을 반영한 소득세법개정안 작성 및 소득세법정비위원회 상정 : 2002년 8~9월
(마) 세제발전심의위원회 공청회 개최 : 2002년 10월
(바) '알기 쉬운 소득세법' 정부안 마련 : 2002년 11월
(사) 소득세법개정안 국회제출 : 2002년 12월 말 또는 2003년 1월
(아) 개정 소득세법 공포·시행 : 2004년 1월 1일

다) 기본방향

복잡한 소득세법을 국민이 알기 쉽도록 개편

(1) 복잡한 과세체계를 단순하게

○ 소득세법을 알기 쉽게 정비하려면 우선 과세체계를 단순화할 필요
○ 과세체계 자체가 복잡하면 세법조문을 알기 쉽게 기술하는 것에는 한계
○ 현행 소득세 과세체계를 단순화시켜 나가되, 공평성이 지나치게 침해되지 않도록 최대한 노력
○ 상충관계(trade-off)에 있는 공평성과 단순성 간의 적절한 조화 도모

〈검토대상 과제(예시)〉
○ 소득구분의 통폐합(산림소득을 사업소득으로 통합)

○ 금융소득 비과세제도의 개선
○ 당연종합과세 대상 금융소득 범위의 재검토
○ 소규모사업자의 현금주의 채택 인정
○ 수입시기, 지급시기, 원천징수시기 규정의 명확화
○ 소득공제와 세액공제제도가 모두 적용되는 경우 이를 통합
○ 퇴직소득공제 제도의 단순화(퇴직소득공제, 퇴직소득산출세액 계산시의 연분연승법, 퇴직소득세액공제를 통합하여 근속연수별 공제비율을 적용하는 방안 강구 등)

(2) 어려운 세법규정을 알기 쉽게

○ 복잡하게 얽혀 있는 소득세법 조문을 최대한 알기 쉽도록 풀어 씀으로써 "세법은 잘 이해가 되지 않는다"는 국민의 불만을 최소화
○ 일반국민이 이해하기 어려운 용어(예: 지급조서)도 알기 쉬운 용어로 교체

〈검토대상 과제(예시)〉
○ 납부세액 계산순서에 맞도록 조문을 배열
○ 조문 제목이 조문의 내용을 최대한 간략히 나타낼 수 있도록 개선
○ 다른 법률 또는 다른 조문의 인용을 최소화하고 부득이하게 인용할 경우 표현방법을 개선
  예) 인용조문의 제목을 괄호 안에 표기함으로써 그 내용이 무엇인지를 쉽게 알 수 있도록 함
○ 산식·표·흐름도(flow chart) 등을 최대한 이용하여 시각적인 이해도를 증진
○ 복문 형태의 문장은 가급적 단문 형태로 바꾸고, 지나치게 긴 문장은 2개 이상의 문장으로 서술

(3) 세금 신고서식을 편리하게

○ 소득세 신고서식을 작성하는 납세자가 알기 쉽고 편리하게 작성할 수 있도록 대폭 개선
○ 신고서식 작성에 드는 시간과 노력을 절감하여 생산적 경제활동과 여가활동에 활용될 수 있도록 함

〈검토대상 과제(예시)〉
○ 실제 작성과정에서 별도로 세법조문을 찾아보거나 해설책자를 참고할 필요가 없을 정도로 작성항목별로 구체적이고 상세한 작성요령을 함께 제공
○ 신고서 항목 기재가 용이하도록 "좌측면에는 작성요령, 우측면에는 신고서 양식"을 배열
  * 현재 종합소득세 신고서 양식은 이러한 방식이 도입되었으나, 연말정산 시 사용하는「근로소득자소득공제신고서」는 별도의 작성요령 없이 1쪽으로만 구성(2002년 2월 소득세법시행규칙 개정 시 개선)
○ 세법규정을 잘 알지 못하여 잘못 작성하는 사례가 없도록 서식에 '작성시 유의하여야 할 사항'을 충분히 설명하고 이를 포함
  예) 연간 소득금액 합계액이 100만원 이상인 배우자를 기본공제 대상에 포함하여 근로소득공제신고서를 작성함으로써 이중공제에 따른 세액추징 대상이 되는 사례 등

라) 추진기구

(1) 소득세법정비위원회

○ 국민 각계각층의 의견 수렴을 위하여 전문가·학계·언론계·시민단체·관련 부처 공무원 등으로「소득세법정비위원회」를 구성

○ 위원회에서 시안을 검토·토의한 후 최종적으로「세제발전 심의위원회」의 심의를 거쳐 우리부 안으로 확정

(2) 소득세법 정비 실무작업단

○ 우리부에서는 2000년부터 '알기 쉬운 세제' 마련 작업을 추진하여 왔으나, 기존 조직과 인력이 통상적인 업무과정에서 추진함으로써 별반 실효성이 없었음
○ 이번 개정에서는 이러한 문제점을 보완하기 위해 소득세법 정비작업을 전담하는「실무작업단」을 구성하여 추진
  － 단장(소득세제 과장) 및 총괄·종합소득세·양도소득세·국제조세 등 4개 전담팀으로 구성
○ 실무 작업 시 각계 전문가의 의견이 충분히 반영되도록「실무 자문위원단」을 구성하여 활용
○ 국세청·법제처·세무사·공인회계사·변호사·금융기관종사자 등 10인 내외

마) 개편 시의 기대효과

(1) 세제의 간소화, 투명화로 납세의무이행에 따른 비용과 징세비의 절감 및 납세자의 성실신고를 촉진한다.
(2) 2002년 양도소득세·근로소득세 등 생활관련 세금을 우선정비하고 그 시행성과를 보아가면서 연차적으로 타 세법 정비를 추진한다.

다. 조세법체계의 개편작업의 평가

조세법의 개편작업은 엄청난 예산이 소요되며, 고도의 전문성을 갖춘 많은 전문인력을 확보함과 동시에 개편작업을 수행할 전담기구를 상설하여

야 하고, 그 개편작업에 오랜 기간이 소요되는 장기 과제이다. 그런데 앞의 개편작업을 짧은 기간 안에 기존의 인력 및 조직과 적은 예산으로 수행하려다 보니 아무런 결실을 맺지 못하고 중도에 중단되는 결과를 가져온 것이다.

앞에서 조세법체계의 개편작업이 중단된 사유로 다음과 같은 점을 들 수 있다.

첫째, 기존의 인력 및 조직을 이용하여 수행한 점이다. 조세법의 개편작업은 조세법체계의 개편과 조세법의 재작성 작업을 수행하여야 하므로 고도의 전문성을 갖춘 정책입안 공무원, 세무공무원, 재정학자, 조세법학자, 세무회계를 전공한 학자, 변호사, 공인회계사, 세무사, 관련 업계의 전문가를 망라하는 방대한 전문인력을 확보한 상설기구에서 전담하여야 한다. 그런데 앞의 조세법체계의 개편작업에서는 이와 같은 전문인력을 확보하지 않고 기존의 기구에서 방대한 작업을 수행하려고 하였던 것이다.

둘째, 조세법의 개편작업을 성공적으로 수행하기 위해서는 충분한 예산이 뒷받침되어야 한다. 조세법의 개편작업은 고도의 전문지식을 갖춘 많은 전문인력을 확보하여야 하는데, 이에 관한 예산의 뒷받침이 충분하게 이루어져야 한다. 뒤의 영국이나 오스트레일리아에서의 개편작업에서 볼 수 있듯이 조세법체계의 개편작업에 매년 50억원 내지 100억원의 예산을 투입하였다.

셋째, 조세법의 개편작업은 많은 시간이 소요되므로 장기 과제로 수행하지 않으면 그 목적을 달성하기 어렵다.

앞의 개편작업에서는 1차 사업연도에 소득세법・법인세법 및 부가가치세법의 정비초안을 작성하거나, 짧은 기간 안에 주요 법률안의 개편작업을 마무리하도록 짜여져 있어서 원천적으로 그 실현이 불가능하였다고 하겠다.

이미 앞에서 살펴본 바와 같이 영국이나 오스트레일리아에서는 5년 내지 10여 년에 걸치는 장기적인 과제로서 수행하여 왔던 것이다.

2. 법제처에 의한 알기 쉬운 법령 만들기 사업

가. 알기 쉬운 법령 만들기 사업의 개요

　정부에서는 5개년 계획을 세워 2006년부터 2010년까지 5년 동안 법제처 주도로 일반 국민이 쉽게 이해할 수 있도록 현행 법률을 모두 알기 쉽게 정비하는 사업을 추진하고 있다. 우리나라는 쉽고 편리한 한글을 가지고도 한자 문화의 오랜 굴레를 벗어나지 못한 채 주로 한자어로 표현되어 경직된 법령 문장을 사용하면서 일반 국민을 법률관계에서 소외시켜 왔다. 법치국가에서 법 문장은 국민이 쉽게 읽고 이해해서 잘 지킬 수 있어야 한다. 그런데 우리 법은 용어와 표현이 이해하기 어렵고, 어문 규범에도 맞지 않아, 일상 언어생활과는 거리가 있다는 지적을 많이 받고 있다.
　이에 따라 일반 국민의 눈높이에서 현행의 모든 법령을 쉽게 만들어, 일반 국민이 누구나 쉽게 읽고 잘 이해할 수 있는 법령이 되도록 하는 일이야말로 국민을 위하고 민족 제일의 문화유산인 우리말을 지키기 위해서 꼭 필요한 일이라고 하겠다. 이에 따라 알기 쉬운 법령 만들기 사업을 수행하게 된 것이다.
　이전에도 2000년부터 법제처는 법률에 있는 한자 표기를 한글로 변환하는 '법률 한글화 사업'을 추진해 왔는데, 지금 추진하는 '알기 쉬운 법령 만들기 사업'은 단순히 법령문의 표기를 한글로 수정하는 차원을 넘어 어려운 한자어, 일본어 투 용어나 표현, 지나치게 줄여 쓴 용어 등을 쉬운 우리말로 바꾸고, 복잡하고 어문 규정에 어긋나는 법령문을 간결하고 올바르게 다듬어 일반 국민이 법령을 쉽게 이해할 수 있도록 정비하는 사업이다.
　즉 알기 쉬운 법령 만들기 사업은 쉬운 법령 만들기, 뚜렷한 법령 만들기, 반듯한 법령 만들기 및 자연스러운 법령 만들기 사업을 말한다. 모든 법령문을 한글로 표기하되, 어려운 한자어와 일본식 한자어, 어려운 전문용어, 외국어 등을 '정확하고 알기 쉬운 우리말'로 정비한다. 그리고 명확하고, 논리에 어긋나지 않으며, 나타내려는 뜻이 한눈에 보이는 표현으로 법령을 정비한다. 법령을 정비할 때는 한글 맞춤법·표준어 규정·외래어 표기법 등의 어문 규정을 충실히 지키고, 어색한 문어체나 번역체 문장을 일상생활에서 사용하는 친숙하고 매끄러운 문체로 다듬는다.

사업 첫해인 2006년에는 정비기준을 만들고 그 기준을 적용하여 알기 쉽게 만든 법률 개정안 63건을 국회에 제출하여 60건이 국회에서 통과·공포되었고, 2007년에는 214건을 국회에 제출하여 지금까지 119건이 통과되어 공포되었다. 이후 2008년부터 매년 250여 건의 법률 정비안을 국회에 제출하여 2010년까지 현행 법률에 대한 정비안을 모두 국회에 제출할 계획이다. 아울러, 법률이 국회를 통과함에 따라 그 하위법령(대통령령, 총리령, 부령) 3,000여 건도 매년 400여 건씩 정비해서 2015년까지 모든 법령안에 대한 정비를 마칠 계획이다[38].

나. 알기 쉬운 법령 만들기 사업의 평가

법제처가 추진 중인 알기 쉬운 법령 만들기 사업은 법령에서 사용하고 있는 한자를 한글로 바꾸고, 어려운 한자어와 일본식 한자어·어려운 전문용어·외국어 등을 정확하고 알기 쉬운 우리말로 정비하며, 한글 맞춤법·표준어 규정·외래어 표기법 등의 어문 규정을 충실히 지키고, 어색한 문어체나 번역체 문장을 일상생활에서 사용하는 친숙하고 매끄러운 문체로 다듬는 것이다. 그러나 이와 같은 알기 쉬운 법령 만들기 사업만으로는 어려운 조세법을 알기 쉬운 조세법으로 바꾸기에는 한계가 있다.

법제처 총괄담당관실의 소수 인력으로 5년 동안에 조세법률을 포함한 국가의 모든 법률을 알기 쉽게 고쳐야 하는 점, 알기 쉬운 법령 만들기 사업에 조세법 전문가를 참여시키고 있지 않는 점 등을 고려하여 볼 때 그 성과

---

[38] 법제처, 『알기 쉬운 법령 정비기준』 제2판, 2009, pp. 12~16.

는 극히 제한적이라고 하겠다. 영국이나 오스트레일리아의 세법 고쳐 쓰기 프로젝트나 세법개혁프로그램에서는 약 40명의 조세전문가로 구성된 프로젝트팀이 5년 내지 10여 년에 걸쳐 조세법령의 개편작업에 전념하고 있다. 그러므로 법제처가 추진 중인 알기 쉬운 법령 만들기 사업은 그 추진기구의 규모, 추진팀의 인적 구성 및 전문성 등에 비추어 볼 때 그 성과에 대하여 의문을 갖지 않을 수 없다. 주로 법령에서 쓰이는 한자를 한글로 바꾸고, 어려운 한자어와 일본식 한자어 · 어려운 전문용어 · 외국어 등을 정확하고 알기 쉬운 우리말로 정비하며, 한글 맞춤법 · 표준어 규정 · 외래어 표기법 등의 어문 규정을 충실히 지키고, 어색한 문어체나 번역체 문장을 일상생활에서 사용하는 친숙하고 매끄러운 문체로 다듬는 정도의 단순작업의 범위를 벗어나기 어려울 것으로 보인다.

제 3 장
영국 및 오스트레일리아의 조세법 개편사례

I. 영 국

1. 추진배경과 목적[39]

가. 추진배경

1995년 12월에 영국 국세청은 영국 세법 시스템을 간소화하기 위한 범위에 대해 의회에 보고서를 제출하였다. 주요 내용은 영국 직접세법이 좀 더 명확하고 간소한 언어로 다시 쓰여져야 한다는 것이었다. 이러한 제안은 의회와 세무관련 단체의 지지를 받았다.

1996년 10월에 재무부장관은 국세청이 세법 다시 쓰기(Tax Law Rewrite)를 위해 세부적인 준비작업을 제안할 것이라고 발표했고, 같은 해 12월에 국세청은 1997년도 계획에 이를 발표했다.

나. 목적

세법 다시 쓰기의 목적은 영국 직접세와 관련한 세법[40]을 보다 명확하고

---
[39] 2002/2003년 연간보고서 자료 참조.

쉽게 이용할 수 있도록 하는 것으로서 '중요하지 않은 변경'(Minor Changes) 이외에 법률의 변경을 수반하지 않고 법조문을 다시 쓰는 것이다. '중요하지 않은 변경'은 법정책의 변경을 요하지 않는 작은 오류의 수정, Extra Statutory Concession의 법률화, 기존 법률에서 더 이상 필요하지 않은 내용의 삭제를 포함한다.

이러한 목적을 달성하기 위해 다음과 같은 6가지의 전제요소를 모두 충족해야 한다.

첫째, 다시 쓴 법률은 기존 법률의 효력을 유지하는 범위에서 모든 주요 이용자가 더욱 명확하고 쉽게 법률을 적용하는 데 이용되어야 한다.

둘째, 적절한 의회의 절차와 합의된 계획표에 따라 의회는 다시 쓴 법률을 조사하고 제정할 수 있어야 한다.

셋째, 세무공무원과 납세자를 포함한 주요 이용자에게 세법 다시 쓰기 작업 동안 진행경과를 충분히 알리고 이 작업에 영향을 끼치는 이용자의 의견에 대해 적절한 기간 동안 논의해야 한다.

넷째, 다시 쓰기 작업의 운영상 의의는 명확하고 적절하게 발표되어야 한다.

다섯째, 세법 다시 쓰기의 성공적 경험에서 얻은 교훈을 미래의 세법 생산을 위해 새로운 최상의 실무기술로 발전시켜야 한다.

여섯째, 이 작업은 효과적이면서 효율적으로 관리되어야 하며, 목표는 합의된 프로그램과 예산 내에서 수행되어야 한다.

세법 다시 쓰기의 대상은 자본공제 · 소득세 · 법인세 · 자본이득세 · 인지세 · 상속세 및 조세관리에 관한 법률로 한다.

---

40) 우리나라의 '법률'에 해당하는 primary legislation을 대상으로 하고, 시행령이나 시행규칙과 같이 법률의 위임을 받아 규정하는 secondary legislation은 대상으로 하지 않는다.

2. 기구의 구성

가. 프로젝트팀

　프로젝트팀은 실제 법안 작성을 담당하는 기능을 하며, Director, 중앙지원부(Central Support Unit), 입안부(Drafting Unit), 5팀의 다시 쓰기팀(Rewrite Team)으로 구성된다. 또한 조세법·조세정책의 개정과정과 적절하게 통합될 수 있도록 국세청 내부에 프로젝트팀을 배치한다. 중앙지원부는 전반적인 질에 대해 책임지면서 프로젝트 전반에서 발생하는 쟁점을 처리하며 외부자문 준비에서 비서의 역할을 한다. 입안부는 의회에서 입안경험이 있는 국세청 외부인으로 구성된다. 다시 쓰기팀은 입안부와 함께 실제 다시 쓰기 작업을 수행한다.

　세법 다시 쓰기 작업팀의 전일제 구성원(30명)은 다양한 사회적 배경을 가지고 있는데, 대부분 국세청의 여러 부서에서 선발된 인원이다. 1997년 이후 전일제 구성원은 40명이었으나 현재 30명으로 축소되어 운영된다. 프로젝트 팀의 일부는 Office of Parliamentary Counsel[41]에서 투입되며 필요한 경우 프리랜스 입안자를 보충하기도 한다.

　여러 분야의 전문가로 구성된 4개의 다시 쓰기팀이 세법령의 특별영역을 담당한다[42]. 세법 다시 쓰기 팀은 팀별로 세무조사관(Tax Inspector), 변호사, 조세정책에 배경지식을 가진 사람으로 구성되며, 민간 부문의 전문가도 참가한다[43]. 이는 1997년에 5개였다가 1998년 이후 4개의 팀으로 운영되고 있다. 그 외에 소규모 정책팀(Small Policy Team), 프로젝트 지원팀

---

41) 우리나라 국회 사무처 내 법제실과 유사한 업무를 담당하는 기구이다. 법률가로 구성된 특별팀으로서 의회에 상정할 정부 법안 및 Council의 명령(Order)과 다른 하위법령을 입안하며, 정부에 대해 법률적, 국회법적, 헌법적 문제에 대해 자문한다 (http://www.parliamentary-counsel.gov.uk/).

42) 2003/2004년 연간보고서.

43) Plans for 1997.

(Project Support Team), Senior Parliamentary Counsel가 지휘하고 Office of Parliamentary Counsel에서 배치된 2명이 지원하는 법률기초팀(Drafting Team)이 있다.

세법 다시 쓰기 작업팀에는 민간 부문의 배경을 가진 사람들을 포함하여야 한다. 다시 쓴 법안의 최종책임은 정부가 지지만, 세법 다시 쓰기의 목적이 이용하기에 쉬운 세법령 만들기이므로 이용자의 높은 참여가 필수적이기 때문이다. 2008년 기준으로 다양한 세무경험을 가진 민간전문가 5명이 참여하고 있으며, 해외출신 전문가(뉴질랜드, 남아프리카공화국) 2명이 포함되어 이 작업에 다양한 경험을 활용하도록 하고 있다.

궁극적으로 프로젝트 관리를 위해 어떤 작업을 진행할지와 민간 부문의 역할에 대한 결정권은 재무부장관이 갖는다. 한편 국세청은 재무부장관에게 이 프로젝트에 대한 설명의무와 책임을 진다.

〈표 3-1〉 프로젝트팀의 변천

연도	구성
1997	세법 다시 쓰기팀(5개), 법률기초팀, 소규모 정책팀, 프로젝트 지원팀으로 구성
1998	세법 다시 쓰기팀 4개로 축소
1999	전일제 40명(계약직 세무실무자 6명 포함)
2002	전일제 40명(계약직 세무실무자 5명 포함)
2003	전일제 40명(계약직 세무실무자 4명 포함)
2004	전일제 40명(세무실무자 7명, 학계 연구자 1명 포함)
2005	전일제 35~40명(민간전문가 8명 포함)
2006	전일제 35명(민간전문가 8명, 해외전문가(오스트레일리아, 뉴질랜드, 남아프리카공화국) 3명 포함))
2007	전일제 30명(민간전문가 5명, 해외전문가 3명 포함)
2008	전일제 30명(민간전문가 5명, 해외전문가 2명 포함)

자료: HMRC, Annual Plan 각 연도

나. 운영위원회(Steering Committee)

　운영위원회는 세법 다시 쓰기 작업에 전략적인 가이드를 제공한다. 또한 동 작업이 세법의 명확성과 이용자 친숙성의 목적에 부합하는지와 민간 부문의 이해를 충분히 고려하는지를 보장한다.
　운영위원회는 양원 의회, Judiciary, 법률전문가, 회계전문가, 소비자 이익단체, 기업 출신의 인원으로 구성되어 다양한 범위의 능력과 경험을 공유하게 된다[44].
　운영위원회의 기능으로 다음과 같은 6가지가 있다.
　첫째, 세법 다시 쓰기 작업의 질을 모니터링하고 관리한다. 이를 위해 작업의 전체 과정과 방향을 모니터링, 가이드, 관리한다.
　둘째, 동 작업이 공표된 주요 성공 요인에 부합하는지를 확인한다.
　셋째, 자문과정에서 발생하는 난제나 불일치 사항을 해결하기 위해 필요한 경우 자문위원회의 작업을 고지한다.
　넷째, 의회의 세법 다시 쓰기 법안 심사과정 동안 필요한 근거자료를 제출한다.
　다섯째, 수시로 재무부에 필요한 자료를 보고하여 훨씬 일반적으로 광고, 보고, 자문 준비를 가이드하고 승인하게 한다.
　여섯째, 작업으로부터 폭넓은 교훈을 얻어내고 적절한 작업으로 발전시킨다.

다. 자문위원회(Consultative Committee)

　자문위원회는 주요 민간부문의 이해를 반영하여 다시 쓴 법안에 대한 지속적인 자문을 제공한다. 자문위원은 약 20명으로 구성되며, 국세청의 프

---
[44] Plans for 2003/2004.

로젝트 책임자(Project Director)가 의장을 맡는다.

자문위원들은 다음과 같이 3가지로 구분된다[45].

〈표 3-2〉 자문위원의 유형과 역할

유형	역할
세무전문가, 기업, 소비자의 주요 대표기구	모든 자문회의에 참석
특별대표기구	위원회의 모든 회의록을 받고 그들의 이해관계가 논의되는 주제가 있을 때 자문회의에 참석
프로젝트 팀 구성원, 논의되는 주제를 담당하는 국세청 및 다른 정부기관	관련 주제에 따라 참석 여부가 달라짐

〈표 3-3〉 2008/09 자문위원회 위원 명단

이름	소속	이름	소속
Mark Nellthorp	의장	Amy Jones	스코틀랜드 공인회계사 연구소
Brian Atkinson	100 Group		
Adam Broke	세법 자문 기구의 특별위원회	Bob McInerney	소기업협회
		Simon McKie	잉글랜드&웨일스 공인회계사 연구소
Colin Campbell	영국 산업 연합회		
Russell Chaplin	런던 상공회의소	Lakshmi Narain	공인조세연구소
Isobel d'Inverno	스코틀랜드 변호사협회	Francis Sandison	변호사협회
Mary Fraser	공인회계사협회	Miles Templeman	관리자협회
Malcolm Gammie	왕실변호사협회	Professor David Williams	사회보험위원회
Julian Ghosh	조세변호사협회		
Keith Gordon	공인조세연구소	Mervyn Woods	영국 산업 연합회
Terry Hopes	잉글랜드&웨일스 공인회계사 연구소		

---

45) Plans for 1997.

3. 조세법 개편을 위한 지침의 내용

가. Tax Law Rewrite: The Way Forward

이하는 "Tax Law Rewrite: The Way Forward" 보고서의 주요 내용을 요약한 것이다.

1) 일반적인 초안 접근법(General Drafting Approach)

가) 목적적 또는 일반적 원칙 초안

1995년 12월에 발표된 보고서에서 '목적적(Purposive)[46]' 또는 '일반적 원칙(General Principle)' 초안(Drafting)의 사용에 대해 논의했지만, 세법 다시 쓰기 작업에는 이러한 방식을 적용하지 않기로 하였다. Tax Law Review Committee[47] (TLRC)는 지난 보고서에서 장기적인 관점에서 재정법(Finance Act)의 입법을 고려할 때 '일반적 원칙' 초안에 장점이 있다고 제안하였다. 이 방식에 따르면 세부적인 규정은 행정규칙(Secondary Legislation)에서 규정하도록 하여 법령(Primary Legislation)을 보조하게 된다. 그러나 TLRC는 '일반적 원칙' 초안이 적용되려면 먼저 의회가 법령을 만들 때 행정규칙을 함께 고려하도록 하는 새로운 절차를 마련할 필요가 있다고 결론 내렸다. 따라서 '일반적 원칙' 초안은 세법 다시 쓰기 작업에 적용되지 않는다. 결론적으로 다시 쓴 법률에는 현재 일반적으로 기술되는

---

[46] '목적적 초안'이란 개념은 정확하게 정의될 수 있는 개념이 아니다. 이는 기존 세법령의 난해성을 해결하거나 최소화하기 위한 접근방식을 설명하기 위한 포괄개념(umbrella term)으로서 논자들은 이 방식에 목적에 대한 설명을 기술하는 것과 일반적 원칙을 정형화하여 기술하는 것을 모두 포함시킨다(Tax Law Rewrite: Second Technical Discussion Document(Part 3)).

[47] 이 위원회는 1994년 The Institute for Fiscal Studies(IFS)에서 설립한 것으로 영국 세법의 상태와 운영에 대한 평가를 담당하고 있다.

조항들과 함께 이들 조항의 목적을 가능한 한 규칙적으로 기술하게 될 것이다.

나) 법령(Primary Legislation)의 범위

다시 쓰기 작업은 법령(Primary Legislation)뿐만 아니라 관련 모든 행정규칙(Secondary Legislation), 판례법, Extra Statutory Concession, Revenue Statements of Practice을 포함해야 한다. 다만 다시 쓰기 작업의 범위와 관련하여 행정규칙 이하의 내용을 법령에 반영해야 하는지는 미리 결론 내릴 수 없다. 사안에 따라 법령에 통합하는 것이 합리적일 수도 있고 반대일 수 있기 때문이다.

다) 기술방법

첫째, 일반적으로 짧은 문장은 명확한 세법 기술의 특징으로 이해된다. 따라서 세법 다시 쓰기 작업에서도 가능한 한 짧은 문장을 사용하도록 한다.

둘째, 세법 다시 쓰기에서 'shall'은 가급적 선언적인 의미에서 사용하지 않도록 하며, 법률상 의무를 부과하는 경우에만 사용한다. 예를 들어, "There shall be substituted…"보다 간단하게 "Substitute…"로 표현한다.

셋째, 납세자를 '당신(you)'으로 표현하여 2인칭 서술법을 사용한다.

넷째, 단어와 구의 선택에서 고어를 삭제하고 전체 법령에서 사용되는 관습상 표현이나 약어를 신중하게 조사할 것이다.

다섯째, 정의규정은 더 명확하게 제목을 붙이고 찾기 쉽게 한다.

여섯째, 성차별 없는 언어를 사용한다.

2) 세법령의 재배열(Reordering)

세법 다시 쓰기 작업의 기초 보고서인 "The Path to Tax Simplification"에는 현재의 세법령 배열방식 변경에 대한 개략적인 내용을 담고 있다. 5개의 이용자 그룹과 함께 "세법령의 배열방식이 어떻게 이용자를 돕거나 방해하는지"라는 간단한 질문에 대해 고민하게 되었다. 그 결과 상세한 규정을 찾고 이해하기 위해 이용자들은 다음과 같은 점을 필요로 하는 것으로 나타났다.

- 이용자들이 어디에서 시작해야 하는지 알 수 있을 것(좋은 배열은 시작 지점이 명백)
- 모든 관련 규정을 확인할 수 있을 것(관련 규정을 한곳에 모으거나 명확하게 관련 규정의 위치를 표시)
- 이용자들과 관련된 규정들이 서로 연결되는 방식을 빨리 파악할 수 있을 것

다시 쓴 세법 규정들이 초기에는 위의 모든 요건을 만족하여 배열되더라도 영국 세법의 빠른 변화로 인해 그러한 배열은 빨리 무너질 수 있다. 따라서 추가적인 요건으로서 법률의 어느 부분에 대한 변경이나 추가를 수용할 수 있도록 세법령이 배열되어야 한다. 또한 다시 쓴 세법의 배열방식이 재정법 제정에도 적용되며, 시간이 지나도 다시 쓴 법률과 연간 재정법이 조화를 이룰 수 있도록 해야 한다.

가) 현재의 배열기준

현재 시행중인 1988년 소득 및 법인세법(Income and Corporation Taxes Act)은 19개의 Part로 구성되어 있는데, 이를 요약하면 다음과 같다.

> - 부과, 세율 구조(Parts Ⅰ~Ⅶ)
> - 공제(deduction) 후 부과되는 소득
> - 개인과 법인에 대한 특별규정(Parts Ⅶ~Ⅷ)
> - 이자공제: 연간 이자비용, 손실(Parts Ⅸ~Ⅹ)
> - 특수한 법인과 사업체에 대한 규정(Parts Ⅺ~Ⅻ)
> - 특수한 거래에 대한 규정(Parts ⅩⅢ)
> - 퇴직관련 규정(Parts ⅩⅣ)
> - 신탁증서(Settlements), 유산(Estates)에 대한 관리(Parts ⅩⅤ~ⅩⅥ)
> - 조세회피 규정(Parts ⅩⅦ)
> - 경감, 이중과세(Parts ⅩⅧ)
> - 이 법에 사용된 정의와 원칙(Parts ⅩⅨ)

　이용자의 관점에서 이 법은 어디에서 시작하고 이러한 규정을 통해 어떻게 진행해야 하는지를 알 수 없다. 위의 세법령 배열기준에 따라 판단하면 1988년 소득 및 법인세법은 다음과 같이 평가할 수 있다.

- 법인세와 소득세의 혼합에 따라 시작 지점은 상위단계에서도 불명확하며, 명확한 논리적인 순서의 부재로 하위단계에서도 불명확
- 중요한 내용과 관련된 법조문이 적절한 위치 표시도 없이 이 법과 다른 법률에 흩어져 있음(예를 들어, total income에 대한 신고규정은 조세관리법 제7조, 1988년 소득 및 법인세법 제835~836조, 제256~277조에 있음)
- 이 법의 전반적인 구조가 이해하기 쉽지 않음
- 이 법은 방대한 법률이어서 사용하기에 너무 크고, 업데이트하기도 어려움
- 관련 규정의 위치표시가 부족함

　1988년 이후로 소득세와 법인세에 관한 규정 중 3분의 2가 1988년 소득 및 법인세법으로 통합되었고 나머지는 재정법에 규정되어 있다. 따라서 세법 다시 쓰기는 최소한 1988년 소득 및 법인세법과 이와 관련된 재정법 조항을 함께 다루어야 할 것이다.

나) 재배열 방법

① 활동 또는 거래 기반 접근법

고객들은 특정 활동이나 거래의 세무상 결과를 알고자 하기 때문에 그러한 활동이나 거래기반으로 세무컨설팅이 이루어진다. 예를 들면 내가 결혼하게 되면 세금이 어떻게 변화하는지를 알고 싶은 납세자들도 있다. 그러나 활동이나 거래기반 접근법은 법률에 포함될 거래의 순서를 어떻게 매길 것인지에 대한 명백한 기준이 없다. 게다가 인지세를 제외하고 대부분의 조세는 거래나 활동에 따라 부과되지 않는다.

② 주제기반 접근법

활동 또는 거래 기반 접근법에 수정을 가한 것이 주제기반 접근법이다. 하나의 주제는 여러 종류의 납세자 활동을 포함한다는 점에서 활동 또는 거래 기반 접근법과 차이가 있다. 이 방식의 장점으로는 기존 법률에 이미 일부 수용되어 있다는 점과 세법이 변경될 경우 주로 관심을 가지는 이용자 그룹의 수요에 가장 적합하다는 것을 들 수 있다. 반면, 지금보다 이 방식을 더 확대하게 되면 주제별로 중복되는 부분이 많아질 것이며, 법 전체에 적용되는 정의규정과 같이 어떠한 주제에도 속하지 않는 부분들이 발생할 것이다. 또한 주제별 배열을 위해 논리적인 순서를 정하는 것도 문제로 남는다.

③ 세목별 배열

이 방식은 현재도 상속세, 인지세, 석유수입세 등에 널리 사용된다. 다만 소득세와 법인세를 통합한 1988년 소득 및 법인세법과, 소득세와 법인세에 모두 적용되는 자본공제법과 자본이득세법은 예외이다. 이 방식을 따를 경우 이용자의 유형에 따라 시작 지점은 명백하지만, 어떠한 규정을 순수하게 하나의 세목에만 분리시키기는 쉽지 않다. 또한 실질적인 내용의 대부분이 소득세법으로 귀결되기 때문에 소득세법의 내용이 방대해지게 되는데, 이용자 입장에서 긴 법률은 단점으로 작용한다. 즉, 방대한 분량 때문에 법률 안에서 원하는 바를 찾기 어렵게 되며, 어떠한 그룹의 조문들을 통해 알 수 있는 전체적인 문맥은 짧은 법률보다 긴 법률에서 더욱 불명확하다. 따라서 이러한 방식의 배열에서는 포괄적인 상호 참조와 명백한 위치표시가 가장 중요하게 요구된다.

④ 납세자 유형별 배열

현재 세법령에서는 납세자 유형에 따라 규정을 분류하지 않는다. 만일 납세자 유형별로 개별법을 만든다면, 개인, 법인, 수탁자 등 대표자로서 납세의무를 지는 자, 사용자(고용인), 연금공제 · 모기지이자공제 등을 관리하는데 세법상 책임 있는 자로 구분할 수 있다. 이러한 방식은 언뜻 세법 이용자 입장에서 관심을 끌 수 있지만, 기본적인 부과 규정 등이 여러 번 중복되고 법률마다 조화를 이루기 어려우며 개정작업이 더욱 어려워진다는 단점이 있다. 게다가 사용자(고용인)와 기타 관리자에 대한 의무의 대부분은 법령이 아닌 1,750페이지의 행정규칙에 규정되어 있다. 만일 납세자 유형별로 배열하게 되면 법령뿐만 아니라 행정규칙을 모두 다루어야 한다.

⑤ 앞으로 나아갈 방식

위에서 설명한 세법령 배열방식 중 하나만을 선택하기에는 방식별로 단점이 많기 때문에 여러 개의 방식 중에 장점들을 취합하기로 하였다. 따라서 특정 납세의무자, 사용인의 특별한 의무, 수탁자 등과 같이 대표자로서 기능하는 자에 대한 규정들을 개별법 내에서 구분하도록 하였다. 그리고 나서 개별법 안에 특정 납세의무자들이 세액계산을 하는 단계에 따른 참조 조문을 두어 배열하기로 하였다.

특히, 이용자 중심적인 관점에서 소득세법과 법인세법을 분리하기로 하였다. 두 법을 분리하면 법률 자체가 간소화되는 측면도 있지만, 소득세와 법인세에 공통으로 적용되는 주요한 내용들이 반복되는 문제점이 발생한다. 물론 자본이득세법이나 자본공제법같이 공통 내용을 한곳에 통합하여 문제를 해결할 수 있지만, 그렇다고 모든 문제가 해결되는 것은 아니기 때문이다.

라) 핵심규정(Core Provisions)

세법령이 상위 단계에서 분리되더라도 핵심규정은 이용자 중심적인 시각에서 규정들을 그룹화하는 방향으로 사용되어야 한다. 이는 오스트레일리아와 뉴질랜드의 세법 다시 쓰기 작업의 특징이기도 하다. 법률의 앞 부분에 핵심규정을 배치하면 이용자들로 하여금 해당 법률 안에서 찾으려는 규정들을 빨리 파악할 수 있다. 예를 들면 핵심규정에는 이 법의 적용대상자, 적용대상자의 권리와 의무, 대략 소득이 계산되는 방법 등이 포함된다. 그다음으로 이러한 핵심규정들은 관련된 구체적인 조항들을 해당 법률 어디에서 찾을 수 있는지에 대해 방향을 제시하기로 하였다.

3) 번호부여(Numbering)

번호부여 방식은 세법령의 재배열에 비해 비교적 덜 중요하지만, 번호부여 방식에 따라 세법 이용의 난이도에 차이가 날 수 있다. 이상적인 번호부여 방식은 법령의 추가나 삭제가 조항 번호에 광범위한 변화를 가져오지 않도록 '영구적'이고, 조항번호를 기억하거나 참조하기 쉽도록 '간결'해야 한다. 또한 해당 번호부여 방식이 조항을 찾는 데 도움을 준다면 더욱 좋다. 그러나 이러한 기준을 완벽히 만족하는 번호부여 방식은 없다.

가) 현재의 번호부여 방식

현재의 번호부여 방식은 아라비아 숫자 순서에 따라 1, 2, 3으로 나가는 것이다. 이에 따르면 각 Part나 Chapter의 시작조항은 '1'로 시작되지 않는다. 따라서 세법을 수정할 때 연속적인 순서를 보존하기 위해 다음과 같은 다양한 방식의 기법이 사용된다.
- 기존 조항에 하위조항을 설정하는 방식(이에 따르면 새로운 조항을 만들지 않아도 되지만 그로 인해 하나의 조항이 길어지고 훨씬 복잡하게 됨)
- 첨자를 사용하여 새로운 조항을 설정하는 방식(제221조와 제222조 사이에 제221A조를 설정)
- 새로운 내용을 Schedule[48]로 만드는 방식(본문을 복잡하게 만들지는 않

---

[48] 예를 들어, 1988년 소득 및 법인세법은 19개의 Part로 구성된 본문 다음에 아래와 같이 Schedule이란 제목하에 31개의 Schedule을 두고 본문 규정에 대한 새로운 내용을 규정하는 방식을 취하고 있다. 조항(Section)은 Sec.으로 Schedule은 Sch.로 줄여서 표기한다.

Schedules:
Schedule 1 Restrictions on Schedule A deductions.
Schedule 2 Premiums etc. taxable under Schedules A and D: special relief for individuals.
Schedule 3 Machinery for assessment, charge and payment of income tax under Schedule C and, in certain cases, Schedule D.
Schedule 4 Deep discount securities.
Schedule 5 Treatment of farm animals etc. for purposes of Case I of Schedule D.
Schedule 6 Taxation of directors and others in respect of cars.
Schedule 7 Taxation of benefit from loans obtained by reason of employment.
Schedule 8 Profit-related pay schemes: conditions for registration.
Schedule 9 Approved share option schemes and profit sharing schemes.
Schedule 10 Further provisions relating to profit sharing schemes.
Schedule 11 Relief as respects tax on payments on retirement or removal from office or employment.
Schedule 12 Foreign earnings.
Schedule 13 Collection of advance corporation tax.
Schedule 14 Provisions ancillary to section 266.
Schedule 15 Qualifying policies.
Schedule 16 Collection of income tax on company payments which are not distributions.
Schedule 17 Dual resident investing companies.
Schedule 18 Group relief: equity holders and profits or assets available for distribution.

지만, 본문과 분리되어 사용하기 어렵게 됨)

현재의 번호부여 방식은 다음과 같이 평가할 수 있다.
- 짧은 참조조문을 제공
- 해당 조문의 내용에 대한 정보를 제공하지 않음
- 기존 법령에 비교적 합리적으로 추가조문을 수용시킴(그러나 법률 본문, Schedule, 개별 재정법에 걸쳐 관련 내용이 분리되어 있어서 특히 세법에 익숙하지 않은 이용자들은 점점 사용하기 어렵게 됨)

이에 대한 대안으로 다른 나라에서 사용하고 있는 Multi-character 번호부여 방식과 공백을 두는 방식을 검토하였다.

나) Multi-character 번호부여 방식

Multi-character 번호부여 방식은 여러 개의 구성체계에 따라 하나의 조항이 분류되는 것이다. 3-character 번호부여 방식을 예로 들면 하나의 Part

---

Schedule 19 Apportionment of income of close companies.
Schedule 20 Charities: qualifying investments and loans.
Schedule 21 Tax relief in connection with schemes for rationalizing industry and other redundancy schemes.
Schedule 22 Reduction of pension fund surpluses.
Schedule 23 Occupational pension schemes: schemes approved before 23rd July 1987.
Schedule 24 Assumptions for calculating chargeable profits, creditable tax and corresponding United Kingdom tax of foreign companies.
Schedule 25 Cases excluded from direction-making powers.
Schedule 26 Reliefs against liability for tax in respect of chargeable profits..
Schedule 27 Distributing funds.
Schedule 28 Computation of offshore income gains.
Schedule 29 Consequential amendments.
Schedule 30 Transitional provisions and savings.
Schedule 31 Repeals.

를 상위분류로 하여 Chapter, Section(조항) 순으로 구성체계를 이룬다. 이 방식에 따르면 조항번호는 n-n-n의 형태를 이루게 된다. 따라서 2-13-43은 이 법의 2번째 Part의 13번째 Chapter에서 43번째 조항을 의미한다. 한편 2-character 번호부여 방식에 의하면 5번째 Part의 조항번호는 5.1, 5.2로 나가게 된다. 이 방식을 채택하게 되면 다음과 같은 장점이 있을 것으로 예상된다.

- 첨자 없이 새로운 조항을 수용할 수 있는 공간을 제공
- 법령통합이 발생했을 때 조항번호에 대한 변경횟수 감소
- 위치표시와 내용을 지시하기 위한 번호부여 방식 가능

다) 공백을 두는 방식

이 방식은 미국에서 사용하며, 오스트레일리아와 뉴질랜드에서 다시 쓴 법률에도 이러한 방식이 적용되었다. 이 방식은 기존 법조문을 1,6,11,16으로 번호를 부여하여 기존의 두 조항 사이에 4개의 새로운 조항을 삽입할 수 있는 공백을 남기는 것이다. 그러나 이는 세법을 자주 사용하지 않는 이용자에게 혼란을 초래하며 영국의 세법 다시 쓰기 작업에 적합하지 않은 것으로 판단하였다. 즉, 새로운 조항이 어느 공백에 추가될지 예측하기 어려우며, 영국의 경우 새로운 제도가 도입되면 연간 재정법에 추가하는 방식을 사용하므로 굳이 공백을 두는 방식을 이용하지 않아도 되기 때문이다.

라) 결론

따라서 영국은 Multi-character 번호부여 방식을 채택하기로 결정했다. 다만 2개의 character를 이용할지 3개의 character를 이용할 지와 숫자로만 구성할지 숫자와 문자를 혼합할지의 문제가 남아 있다.

4) 재배열과 번호부여의 실행

　법조문의 재배열과 새로운 번호체계를 적용하는 방식에는 4가지가 있다.

　첫째, 다시 쓴 후 배열(Reordering after Rewriting)은 재배열과 번호부여를 결정하기 전에 다시 쓰기의 상당부분을 완료하는 것이다. 이 방식은 개정안을 개발하는 데 최대의 자유를 부여하는 장점이 있는 반면, 다시 쓴 법령의 부분마다 일관성을 갖기 매우 어렵고 최종적으로 채택된 구조에 따라 다시 쓴 법령을 맞추기 위해 많은 부분의 개정이 불가피하다는 단점이 있다.

　둘째, 다시 쓰기 전 배열(Reordering before Rewriting)은 다시 쓰기 작업을 시작하기 전에 법령을 처음부터 완전히 재배열하고 기존의 법령을 새로운 순서에 따라 배치하는 것을 의미한다. 이는 뉴질랜드에서 채택한 방식으로 기존 법조문들 간의 모든 연결이 처음부터 명시되어야 한다. 이 방식의 주요 단점은 의회를 두 번이나 거쳐야 하기 때문에 많은 시간이 소요된다는 점이다. 즉, 구법을 새로운 순서에 따라 개정하는 단계와 다시 쓴 법률로 개정하는 단계를 거쳐야 한다. 또한 재배열이 확정되기까지 다시 쓰기 작업이 진행될 수 없는데, 뉴질랜드의 경우 비교적 짧은 세법령을 재배열하는 데 2년이 걸렸다.

　셋째, 재배열된 법과 함께 다시 쓰기(Rewriting alongside a Reordered Act)는 다시 쓰기를 한 첫 번째 작업물(법령의 일부분)을 제정하고 나서 순차적으로 이러한 작업을 계속한 뒤 재배열된 법을 개정하는 것이다. 이는 오스트레일리아의 세법 다시 쓰기 작업에서 사용된 방식으로 다시 쓰기 작업을 지연시키지 않는 장점이 있다.

　넷째, 가상법전(Ghost Code)은 정식법으로 시행되는 것이 아니라 다시 쓰기 팀의 작업에 통일성을 부여하는 가이드이다. 즉, 완성된 법의 외관을 제시하고 다시 쓴 법률이 이 외관에 어떻게 맞춰져야 되는지에 대한 가이드를 제공한다. 가상법전을 이용한 방식의 장점은 시행된 법이 아니기 때문에 작업이 진행되는 과정에서 필요하면 적절하고 쉽게 수정될 수 있다는 것이다. 그러나 다시 쓴 법률이 부분별로 시행되지 않는다면 약간의 복잡한 문제가 발생할 수도 있다.

첫 번째 방식(법조문 다시 쓰기 작업을 마친 후 마지막에 재배열하는 방식)과 두 번째 방식(다시 쓰기 작업 전에 재배열을 먼저 하는 방식)은 극단적인 방식으로 세법 다시 쓰기 작업과 같은 규모에는 적합하지 않은 부분이 많다. 현실적으로는 세 번째 방식(재배열된 법에 따라 다시 쓰기) 또는 네 번째 방식(가상법전을 만드는 방식) 중에서 선택하게 된다. 이번 세법 다시 쓰기 작업에서는 체계성과 유연성을 가장 잘 조화시킬 수 있는 가상법전 방식을 사용할 예정이다. 다만 이러한 선택은 정부와 의회가 단계별로 다시 쓴 법률을 시행할 것인지 아니면 단계별로 완성된 다시 쓰기 작업을 모아서 마지막에 일괄 시행(Big Bang Implementation)할 것인지에 따라 영향을 받게 된다.

5) 일괄 시행과 단계별 시행의 비교

법률의 실행방식은 다시 쓴 법률 전체를 특정일 하루에 발효하도록 하는 방식, 즉 '일괄 시행'(Big Bang Implementation)과 '단계별 시행'(Staged Implementation)으로 구분할 수 있다. 이는 법률의 제정방식, 즉 하나의 법안을 완성할 것인지 아니면 여러 개의 법안을 완성할 것인지와 연결된다. 그러나 법률의 제정방식은 정부와 의회가 결정할 문제이기 때문에 여기서는 생략한다. 법률의 실행방식은 다시 쓰기 팀과 법률 이용자에게 다른 의미를 가진다.

가) 다시 쓰기 작업에 대한 의미

일괄 시행이나 단계별 시행 여부는 재배열이나 번호부여 방식에 영향을 주지 않는다. 그러나 다시 쓰기 팀이 법안을 완성하는 방법에는 영향을 준다. 이를 분석하기 위해 앞에서 제시한 가상법전에 재배열과 번호부여 방식을 적용한다고 가정하자. 이러한 가정에서 일괄 시행의 경우 최종 시점까지 법조문을 즉시 수정할 수 있기 때문에 다음과 같은 장점이 있다.

- 재배열과 번호부여 방식이 가상법전에 이미 적용된 것에 상관없이 개선할 수 있는 최대한의 범위 부여
- 실행시점에 최종적인 번호부여 방식이 반영
- 실행시점에 다시 쓴 법률은 일관된 형식을 유지

반면 단계별 시행을 선택하게 되면 다시 쓴 법률의 일부는 전체 법률이 완성되기 전에 미리 효력을 가지게 되고 다음과 같은 현상이 발생한다.

- 법률이 개별법(Separate Act)으로 제정되어 있는 경우 가상법전의 재배열과 번호부여 방식은 독립형 법률에 적용될 수 있어서, 가상법전의 해당부분은 발효하게 되며 법률 수정이 필요한 경우 변경됨
- 비독립형 법률은 아직 다시 쓰여지지 않은 기존 법률 본문에 연결되어서 구법과 신법이 서로를 참조하는 경우 많은 변화를 수반

나) 이용자 입장에서의 장단점 비교

〈표 3-4〉일괄 시행과 단계별 시행의 장단점

	장점	단점
일괄 시행	• 기존 형식에서 새로운 형식으로 한 번에 변화 • 발효되기 전에 일정 기간 법령의 대부분이 시행 가능한 형식이나 제정을 앞둔 법안으로 이용가능, 이는 새로운 가이드라인 제정과 전산시스템의 적용 이전에 이용자에게 새로운 법령을 사전 고지하는 역할을 함	• 전체 다시 쓰기가 완료되기 전까지 간소화되고 명확한 세법령을 이용할 수 없음 • 이용자들은 수천 페이지에 이르는 새로운 형식의 법령에 갑자기 적응해야 함 • 시행일까지 매년 제정되는 재정법안(Finance Bill)은 계속 기존 법률의 형식을 적용해야 함
단계별 시행	• 이용자들이 새로운 형식의 법령에 갑자기 적응할 필요가 없음 • 개정법안이 새로운 형식을 승계함에 따라 새로운 형식으로 작성된 법령의 범위가 증가 • 간소화되고 명확한 세법령을 일괄 시행 방식보다 먼저 이용 • 새로운 형식의 법령을 실제 사용한 경험을 통해 진행되는 다시 쓰기 작업에 적절하게 영향을 미침	• 수년 간 예전 형식과 새로운 형식의 법령을 함께 이용해야 함 • 새로운 형식의 법률이 기존 법률을 참조하는 경우 신법과 구법을 함께 볼 수 있도록 추가적인 변화가 필요 • 다시 쓰기가 완료되어 시행되기까지 일관성 없는 번호부여와 상호참조에 적응해야 함

나. Tax Law Rewrite: Examples of rewritten legislation

이 보고서는 3가지 다시 쓴 세법령의 예시를 통해 다시 쓰기 프로젝트의 다음 단계를 수행하는 방법을 설명하고 있다.

1) 3가지 예시

가) 사업용 재산의 증여에 대한 자본이득세 이월 공제(hold-over relief)(TCGA 1992; sec. 165-169, Sch. 7)

이 조문은 3가지 예시 중에 가장 길다. 이 조문은 개인 과세와 관련성이 떨어지지만 reordering과 restructuring과 같은 기술을 시험하기 위해 하나의 예시를 든 것이다. 이를 통해 지난 7월에 논의한 다양한 기술의 사용결과를 전반적으로 살펴보고자 한다.

〈다시 쓴 세법령의 첫 번째 예시[49]〉

Chapter 5.2
Hold-over relief on gifts of business assets

Plan of Chapter

Overview
5.2.1. Overview of Chapter.

Assets qualifying for relief
5.2.2. Qualifying trade assets.
5.2.3. Qualifying shares.
5.2.4. Qualifying agricultural property.

How the relief works
5.2.5. Claim for relief.
5.2.6. How relief is given.
5.2.7. Outline of calculation.
5.2.8. Actual consideration exceeding deductions.
5.2.9. Period of non-trade use of asset.
5.2.10. Non-trade use of part of building or structure.
5.2.11. Trading company with non-trade assets.
5.2.12. Trading group with non-trade assets.

> How other reliefs affect this relief
> 5.2.13. Effect of entitlement to retirement relief.
> 5.2.14. Effect of availability of relief under s.260.
>
> Exclusion of relief in case of gifts to non residents and certain foreign-controlled companies.
> 5.2.15. Gifts to non-residents.
> 5.2.16. Gifts to foreign-controlled companies.
>
> Recovery of relief if transferee becomes non-resident
> 5.2.17. Recovery of relief if transferee becomes non-resident.
> 5.2.18. Exception if non-residence due to employment abroad.
> 5.2.19. Recovery of relief: liability of transferor.
>
> Other minor provisions
> 5.2.20. Claw-back of roll-over relief under s.116.
> 5.2.21. Recovery of relief on deemed disposal by trustees.
> 5.2.22. Relief on subsequent disposal if inheritance tax charged.
>
> Supplementary
> 5.2.23. Extension of "trade" to certain other activities.
> 5.2.24. Minor definitions.
> 5.2.25. Index of defined terms.

독자들은 새로 쓴 이월공제(hold over relief) 예시와 기존 법령을 비교하여 보기를 원하는데, 이를 위해 새로운 규정과 기존 규정이 간단한 사례에 적용되는 과정을 보여주는 것이 보다 도움이 될 것이다. 이용자가 이월공제액을 구하는 사례 중 하나는 다음과 같다.

사례) A씨는 딸 B에게 주택과 상가로 구성된 사업용 자산을 증여했다. 증여시점까지 상가는 사업목적으로 이용되었는데, 사업목적으로 운영된 기간은 A씨의 보유기간 10년 중 5년이었다. 주택은 A씨의 보유기

---

49) 구체적인 규정은 지면관계상 생략하였다.

간 동안 사업목적에 사용되지 않았다. 증여시점에 상가의 시가는 8만 파운드, 주택과 상가 전체의 시가는 12만 파운드였다. A씨가 이 자산에 투자한 비용은 5만 파운드이고, 1만 파운드의 물가연동 공제가 가능하다.

〈표 3-5〉 기존 법령(TCGA 1992; sec. 165-169, Sch. 7)에 따른 이월공제액 계산과정

조항	규정	계산과정
165(1)	Decide if the transferor A is within the scope of the relief, and confirm that a valid claim is made by both A and B.	
165(2)	Ensure that the business premises fall within 165(2)(a).	
165(3), 166 and 167	Ensure that these sections do not apply.	
165(4)	As 165(3) and 166 and 167 do not apply, 165(1) states that 165(4) applies in relation to the disposal.	
165(6) and Sch. 7	The reader will need to read 165(6) before he realises that 165(4) is itself subject to 165(6). More importantly, he will learn from 165(6) that it is subject to Part II of Schedule 7 and 165(7). 165(7) does not apply because there is no actual consideration. But he must go to Sch. 7 to discover that paras 4-6 apply.	
Return to 165(4) and (6)	Determine the held over gain.	This is 120,000 (market value) 50,000 (purchase cost) 10,000 (indexatio) ---------- 60,000

〈표 3-5〉의 계속

조항	규정	계산과정
Return to para 5 of Schedule 7	Because A's premises were not in use for the purposes of a trade throughout the period of his ownership, the held over gain (as defined by para 4(4) for the purposes of Part II Schedule 7) must be reduced to take account of the period of non trade use.	The heldover gain of 60,000 calculated under 165(4) and(6) is multiplied by the fraction A/B where A = 5 and B = 10. The figure of 60,000 is reduced to 30,000.
Return to Para 6 Schedule 7	Because A's premises constitute a building or structure and when the purposes of A's trade, they were only partly so used, the held over gain, as reduced under para 5 must be further reduced under para 6. The extent of the reduction is dependent on deciding what fraction of the unrelieved gain on disposal it would be just and reasonable to apportion to the part of A's premises that were used in the trade: the shop. The reader must return to s.165(6) and (7) to see that the unrelieved gain in this example is 60,000. He would have to read to the penultimate line of para 6(1) to discover the order in which reductions under paras 5 and 6 are to be made.	The fraction of the unrelieved gain (60,000) premises were in use for the which it seems just and reasonable to apportion to the shop, based on the market value of the whole building and the shop at the date of disposal is 80/120 = 2/3. The amount of held over gain calculated under para 6 is therefore 30,000 x 2/3 = 20,000.
Return to 165(4), (6) and (7)	Apply these provisions to determine the amount of held over gain.	A is taxed on a chargeable gain of 40,000 and is entitled to hold over 20,000. His daughter B's deemed acquisition cost of 120,000 is reduced by the held over gain of 20,000 to 100,000

〈표 3-6〉 다시 쓴 법령에 따른 이월공제액 계산과정 예시

조항	규정	계산과정
5.2.1	Decide if the transferor A is within the scope the relief and note the circumstances in which the relief may be recovered.	
5.2.2	Determine that the business premises are a qualifying trade asset.	
5.2.5	Confirm that a valid claim is made by A and B.	
5.2.6	Discover how the relief works and note that 5.2.13 does not apply as there is no retirement relief in this example.	
5.2.7	Calculate the unrelieved gain and note which sections may apply to reduce the amount of the relief. 5.2.7(4) sets out the order in which the sections apply.	The unrelieved gain is 120,000 (market value) 50,000 (purchase cost) 10,000 (indexation) ---------- 60,000
5.2.9	The figure of 60,000 is reduced to reflect the period in which the premises were not used for the purposes of the trade.	The figure of 60,000 is reduced by the fraction A/B, where A = 5 and B=10. The relief is reduced to 30,000.
5.2.10	The figure of 30,000 is further reduced because part of the premises were not used for the purposes of the trade.	The proportion of the unrelieved gain which it is fair to attribute to the part of the building which was used for the purposes of the trade, the shop, must be determined. The unrelieved gain is 60,000 (5.2.6(1)(a)). Based on market value of the shop and the building at the date of disposal, 80/120 seems a fair proportion of the unrelieved gain to attribute to the shop. The relief of 30,000 is therefore further reduced by 80/120 to 20,000.

〈표 3-6〉의 계속

조항	규정	계산과정
Return to 5.2.6	Apply the general rule having now determined the amount calculated in accordance with the subsequent sections.	A is taxed on a chargeable gain of 40,000 and is entitled to hold over 20,000. His daughter B's deemed acquisition cost of 120,000 is reduced by the held over gain of 20,000 to 100,000.

나) 합의에 의한 이의신청 해결(TMA 1970; Sec. 54)

이 조문은 세금에 대해 분쟁이 있을 때 개인 납세자가 주장할 수 있는 권리에 대한 중요한 조문이다. 이는 'repudiate 또는 resile from'과 같이 약간의 고어 사용과 함께 오랜 기간 지속된 조문이다. 특히 2인칭 관점에서의 기술방법에 대해 논의한다.

〈Taxes Management Act 1970〉

54.- Settling of appeals by agreement.
(1) Subject to the provisions of this section, where a person gives notice of appeal and, before the appeal is determined by the Commissioners, the inspector or other proper officer of the Crown and the appellant come to an agreement, whether in writing or otherwise, that the assessment or decision under appeal should be treated as upheld without variation, or as varied in a particular anner or as discharged or cancelled, the like consequences shall ensue for all purposes as would have ensued if, at the time when the agreement was come to, the Commissioners had determined the appeal and had upheld the assessment or decision without variation, had varied it in that manner or had discharged or cancelled it, as the case may be.
(2) Subsection (1) of this section shall not apply where, within thirty days from the date when the agreement was come to, the appellant gives notice in writing to the inspector or other proper officer of the Crown that he desires to repudiate or resile from the agreement.

(3) Where an agreement is not in writing —
  (a) the preceding provisions of this section shall not apply unless the fact that an agreement was come to, and the terms agreed, are confirmed by notice in writing given by the inspector or other proper officer of the Crown to the appellant or by the appellant to the inspector or other proper officer; and
  (b) the references in the said preceding provisions to the time when the agreement was come to shall be construed as references to the time of the giving of the said notice of confirmation.
(4) Where —
  (a) a person who has given a notice of appeal notifies the inspector or other proper officer of the Crown, whether orally or in writing, that he desires not to proceed with the appeal; and
  (b) thirty days have elapsed since the giving of the notification without the inspector or other proper officer giving to the appellant notice in writing indicating that he is unwilling that the appeal should be treated as withdrawn,
the preceding provisions of this section shall have effect as if, at the date of the appellant's notification, the appellant and the inspector or other proper officer had come to an agreement, orally or in writing, as the case may be, that the assessment or decision under appeal should be upheld without variation.
(5) The references in this section to an agreement being come to with an appellant and the giving of notice or notification to or by an appellant include references to an agreement being come to with, and the giving of notice or notification to or by, a person acting on behalf of the appellant in relation to the appeal.

〈다시 쓴 세법령의 두 번째 예시〉

54A. Settling an appeal by agreement
(1) You may reach agreement with the inspector about the assessment or decision under appeal.
(2) If you do, the effect is that the appeal is treated as decided on the agreed terms at the time the agreement is made.
(3) If the agreement is not in writing, the terms need to be confirmed in writing, either by you or by the inspector. The date of confirmation is treated as the date of the agreement.
(4) You have 30 days from the date of the agreement to change your mind. If you do, you must tell the inspector in writing within the 30 days or the agreement will stand.

> (5) "The inspector" includes any officer of the Board authorised to deal with the matter.
>
> 54B. Withdrawing an appeal
> (1) You may withdraw the appeal at any time before it is decided.
> (2) If you wish to withdraw the appeal, you must tell the inspector. You may do so orally or in writing.
> (3) The inspector has 30 days to object to the appeal being withdrawn. If he tells you in writing within the 30 days that he objects, the appeal is not withdrawn.
> (4) Otherwise, the appeal is withdrawn and the effect is as if you had agreed with the inspector that the assessment or decision appealed against should be upheld. The provisions of section 54A (settling an appeal by agreement) apply as if the agreement was made, orally or in writing, when you told the him that you wished to withdraw the appeal.
> (5) "The inspector" includes any officer of the Board authorised to deal with the matter.

다) Sick pay(ICTA 1988; Sec. 149)

이 조문은 이미 매우 짧고 간단하다. 여기서는 우리 세법에서 상대적으로 straightforward legislation이 좀 더 이용자 친숙성을 높이는지와 2인칭 관점의 기술이 납세의무 부과 조항에서 이용될 수 있는지 그리고 사용자와 피용자 모두에 적용되는 이 조항처럼 한 사람 이상에 대해 사용될 수 있는지를 살펴보고자 한다.

> ⟨Income and Corporation Taxes Act 1988⟩
>
> 149 Sick pay
> (1) Where a person holding an employment is absent from work for any period by reason of sickness or disability, any sums which —
>   (a) are paid to, or to the order or for the benefit of, that person (or a member of his family or household) in respect of any such absence from work; and
>   (b) are, by reason of his employment, paid as a result of any arrangements entered into by his employer,

shall be chargeable to income tax under Schedule E as emoluments of the employment for that period if, apart from this section, they would not be so chargeable for that or any other period.
(2) Where the funds for making payments under any arrangements are attributable partly to contributions made by the employer and partly to contributions made by the persons employed by him, subsection (1) above shall apply only to such part of the sums paid as a result of the arrangements as it is just and reasonable to regard as attributable to the employer's contributions.
(3) In this section "employment" means an office or employment the emoluments of which fall to be assessed under Schedule E and related expressions shall be construed accordingly; and the reference to a person's family or household is to his spouse, his sons and daughters and their spouses, his parents and his dependants.

〈다시 쓴 세법령의 세 번째 예시〉

149. Payments equivalent to sick pay
(1) If you are absent from work because of sickness or disability, you are chargeable to tax on payments equivalent to sick pay. The payments are treated as emoluments of your employment.
(2) Payments equivalent to sick pay are payments in respect of your absence from work
  (a) made to you, or to your order or for your benefit, or
  (b) made to, or to the order or for the benefit of, a member of your family or household,
which are made because of your employment as a result of arrangements made by your employer.
(3) Your family or household means your spouse, your sons and daughters and their spouses, your parents and your dependants.
(4) If payments under the arrangements are funded partly by contributions by your employer and partly by contributions by employees, you are only chargeable to tax on the amount which it is fair to attribute to your employer's contributions.

2) 다시 쓴 조항의 특별한 측면

가) 개관조항(The Overview section)

이월 공제 조항에서 chapter의 목차(plan)와 chapter 시작부분에 해당 공제에 대한 일반적인 개관조항을 포함시켰다. 이 목차는 본문을 구성하지 않는다. 그러나 분량이 많은 법률에서는 법률의 제일 앞부분에만 목차를 두는 것보다 각 part나 chapter 시작부분에 목차를 두는 것이 보다 유용할 것으로 생각한다.

또한 sec. 5.2.1은 공제가 무엇이고 어떻게 적용되는지에 대한 개괄적인 내용과 공제를 적용하지 않거나 취소할 수 있는 중요한 사정에 대해 설명하고 있다. 기존 법령에서 공통적으로 난해한 점으로 지적되었던 것은 무엇이 왜 그러한지에 대한 설명 없이 바로 이용자가 세부규정을 찾도록 하는 것이었다. 따라서 개관조항은 공제가 자본이득세의 일반적인 scheme에 어떻게 적용되는지 이해하고 Part V chapter Ⅱ를 둘러보는 데에 중요한 추가적인 도움을 줄 것이다.

나) 계산방법

이월 공제 조항에서 대부분의 조항들은 공제금액의 계산에 관한 것이다. 다시 쓴 조항에는 계산을 훨씬 직접 설명하려고 했다. 특히 다양한 '방법' 조항을 이탤릭체로 된 머리말로 강조하여 계산방법과 계산원칙을 분리했다. sec. 5.2.12[50]가 이러한 기술의 두 가지 예를 보여 준다.

---

50) 5.2.12. Trading group with non-trade assets
    (1) The relief is proportionately reduced if the disposal is of shares in the holding company of a trading group and the group's chargeable assets include assets which are not trade assets.
    Method: Multiply the amount calculated under the preceding provisions by the fraction A/B where A is the market value (at the date of the disposal)

다) Schedule의 사용

이월 공제 조항을 이해하는 데 가장 어려운 점은 sec. 165-169와 sch. 7 모두를 참조해야 한다는 것이다. 그러므로 sch. 7의 조항을 모두 본문으로 가져왔다. 다시 쓴 조항의 목적은 일반적으로 Schedule 없이 사용하는 것이다.

라) 참조조문(Cross-references)

참조조문의 부족은 이용자들이 기존 세법령을 이해하는 데 어려워하는 주요 요인 중 하나이다. 즉, 이용자들이 찾는 특정한 조항이 어디에 있

of the chargeable trade assets of the group and B is the market value (at that date) of all the group's chargeable assets.
(2) A reduction under this section shall be made only if at some time within the twelve months before the disposal
　a. the company has been a personal company of the transferor, or
　b. in the case of a disposal by trustees of a settlement, 25% or more of the voting rights exercisable by shareholders of the company in general meeting have been exercisable by the trustees.
(3) In this section
"chargeable asset" means an asset on which a gain accruing to a member of the group would be a chargeable gain, and
"trade asset" means an asset used for the purposes of a trade carried on by a member of the group.
(4) Ordinary share capital of another member of the group does not count as a chargeable asset.
(5) If the whole of the ordinary share capital of a 51% subsidiary member of the group is not owned directly or indirectly by the holding company, the value of the chargeable assets of the subsidiary taken into account for the purposes of this section shall be proportionately reduced.
　Method: Multiply the value of the chargeable assets of the subsidiary by the fraction where A is the amount of the ordinary share capital of the subsidiary owned directly or indirectly by the holding company and B is the whole of its ordinary share capital.
(6) In subsection (5) "owned directly or indirectly" has the same meaning as in section 838 of the Income and Corporation Taxes Act 1988.

는지에 대한 정보가 부족했음을 의미한다.

첫째, 보다 논리적인 배열(order)로 법률 조항을 간단하게 배치하게 되면 복잡한 참조조문에 대한 필요성이 줄어들게 된다. 예를 들어 "Sch. 7의 Part Ⅱ와 아래 subsection(7)에 따라, 위의 subsection(4)에서 참조⋯"와 같이 TCGA 1992 sec. 165(6)에 복잡한 참조조문은 다시 쓴 법에서 사라진다.

둘째, 이월공제 사례에서 해당 Chapter가 공제방법과 시기에 대한 전체적인 설명을 주지 않는다는 사실을 명확히 했다. 완결된 그림을 얻기 위해 이용자는 세법령의 다른 부분을 참조해야 할 것이다. sec. 5.2.1(4)[51])는 이월공제가 다른 공제와 상호작용하는 방식을 이해해야 한다고 언급하고 있다.

다시 쓴 법률에는 독자들이 참조해야 하는 가이드를 포함한다. 이용자들이 하나의 사건에만 적용하는 조문뿐만 아니라 다른 사건에 적용하는 조문에 대한 참조조문을 포함시켰다. 예를 들어 이월공제는 양수자가 비거주자인 경우에 적용될 수 있다. 현재 chapter는 오직 개인이 거주성을 상실한다면 적용받을 수 있다고 하지만 다른 조항에서는 거주자인 양수자나 회사가 그 후 비거주자가 된 때 동일한 효과를 갖는 내용을 담고 있다. sec. 5.2.17(5)[52])는 독자들에게 이러한 참조조문을 알려준다.

마지막으로 참조조문이 무엇에 대한 것인지 짧은 설명을 추가하여 참조

---

51) 5.2.1. Overview of Chapter
   (4) The relief applies only if, or to the extent that, other reliefs are not available. For retirement relief, see section 5.2.13; for relief under section 260 (hold-over relief if inheritance tax is chargeable), see section 5.2.14.
52) 5.2.17. Recovery of relief if transferee becomes non-resident
   (5) If relief under this Chapter has been given on a disposal to trustees who subsequently become non-resident, the relief is effectively recovered under section 80 (deemed disposal of trust assets on trustees ceasing to be resident in UK).
   If relief under this Chapter has been given to a company which subsequently becomes non-resident, the relief is effectively recovered under section 185 (deemed disposal of assets on company ceasing to be resident in UK).

조문을 보다 의미있게 만들었다. 예를 들어, sch. 7의 para. 2(3)에서 sec. 71(1) 또는 72(1)을 다시 쓴 sec. 5.2.8(3)에서는 sec. 71(1) 또는 72(1)(deemed disposal of trust property on certain changes in beneficial interest)라고 대체했다.

마) 정의

세법령에서 정의규정의 존재와 그 위치는 법령의 이해도에 영향을 미칠 수 있다.

첫째, chapter 앞부분에 이해에 중요한 정의규정을 두고 chapter 마지막 부분에 중요하지 않은 정의규정을 포함시켰다.

둘째, chapter에서 사용된 정의규정의 단어 목록을 포함시켰다[53].

---

53) 5.2.25. Index of defined terms

asset	section 21(1) and 5.2.24
business assets	section 5.2.1
chargeable gain	section 15(2)
chargeable transfer	section 2 of the Inheritance Tax Act 1984
company	sections 99 and 288(1)
control	section 288(1)
double taxation relief arrangements	section 288(1)
gift	section 5.2.1
group of companies	section 5.2.24
holding company	section 5.2.24
non-resident	section 5.2.24
ordinary share capital	section 832(1) of the Income and Corporation Taxes Act 1988
personal company	section 5.2.24
potentially exempt transfer	section 3A of the Inheritance Tax Act 1984
qualifying agricultural property	section 5.2.4
qualifying trade asset	section 5.2.2 (and section 5.2.4(4))
qualifying corporate bonds	section 117(1)
qualifying shares	section 5.2.3
recognised stock exchange	section 841 of the Income and Corporation Taxes Act 1988
retirement relief	section 5.2.24

바) 문장의 시제(Tense)와 문법(Mood)

  법령에서 'shall'의 다양한 사용이 일부 혼돈을 주고 있다. 다시 쓴 법에서는 이러한 다양한 의미를 더욱 직접적으로 표현하였다. 예를 들어 "sec.165(4) shall not apply…"를 "Relief under this Chapter does not apply…"로 대체했다. 또한 "shall"이 의무를 부과하는 의미라면 "must"를 대신 사용하였다.

사) 2인칭 기술

  기존 세법령의 대부분을 제2인칭 기술로 고쳐쓰기 어렵지만, 1996년 7월 자문자료에는 2인칭 기술이 일부 조항을 이해하는 데 쉽게 할 수 있다는 제안내용이 있다. 이 부분에 대해 합의에 의한 이의신청 사례와 Sick Pay 사례를 제시했다.

아) 고어와 입안자의 약칭(shorthand) 사용 최소화

  기존 세법령의 대부분은 오래 되었고 고어나 형식에 구애되는 단어를 사용한다. 이미 'repudiate 또는 resile from'란 표현은 "change your mind"로 변경되었다. 또한 약칭의 사용은 입안자 입장에서 간편한 방법이지만 전문가가 아닌 이용자 입장에서 혼돈을 가져다 준다. 따라서 다시 쓴 법에서는 약칭의 사용을 최소화한다.

settled property	section 68
shares	sections 5.2.24 and 288(1)
51% subsidiary	section 5.2.24
trade	section 5.2.23
trading company	section 5.2.24
trading group	section 5.2.24
transferee and transferor	section 5.2.24
unrelieved gain	section 5.2.6
year of assessment	section 288(1)

자) 다시 쓴 법령의 길이

  기존 법령보다 보다 쉽게 문장을 읽고 이해할 수 있는 방법의 일환으로 문장길이를 단축한다. 물론 명확성을 위해 필요한 경우에는 문장을 장문화하는 것을 금지하지는 않는다. 이월공제 사례에서 현재 법령은 5개의 조항과 하나의 Schedule의 8개 문단에 3,950개의 단어와 48개의 문장이 포함되어 있다. 25개 조항으로 다시 쓴 법률은 87개 문장에 3,528개 단어로 구성되어 있다. 한 문장당 평균 단어 수는 82개에서 40개로 줄었다.

차) 번호부여, 디자인, 지면배정(layout)

  Part-Chapter-Section의 3단계 번호부여 방식을 채택하여 이월공제 사례에 적용하였다. 다시 쓴 예시의 디자인과 지면배정은 단지 예시에 불과하다. 의회는 다시 쓴 세법령의 디자인과 지면배정 방식에 대한 최종적인 결정이 필요할 것이다.

4. 조세법 개편의 실적과 주요 내용

가. 세법 다시 쓰기 작업의 실적

1) 실적

  영국은 1997년부터 세법 다시 쓰기 작업을 본격적으로 시행하였는데, 최초의 법안이 발표된 것은 2000년 자본공제법안(Draft Capital Allowances Bill)이다. 최초의 법안이 나오기까지 3년의 기간이 걸린 이유는 하나의 법안이 탄생하기 전에 필수적인 사전작업을 거쳐야 했기 때문이다. 즉, 법안의 내용을 세부주제에 따라 분류하여 다시 쓰기 작업을 하고, 다시 쓴 조문

초안(Draft Clauses)을 공표하여 이에 대한 공개 자문을 받아 피드백하는 과정을 거쳐 하나의 법안이 완성된다. 이때 공개자문을 받기 위해 다시 쓴 조문을 작성한 자료가 Exposure Draft, Paper CC 또는 Paper SC[54]이다. 이러한 과정을 거쳐 2005년까지 3개의 소득세 법안이 완성되었으며 2007년에는 1개의 법인세 법안이 완성되었다. 2009년 현재 두 번째 법인세 법안과 국제조세 법안 작업이 진행되고 있다.

〈표 3-7〉 영국의 세법 다시 쓰기 작업 실적

연도	법안	보조자료
1997		• Exposure Draft No.1 개인의 사업소득: Part 1
1998		• Exposure Draft No.2 개인의 저축소득, 투자소득: Part 1 • Exposure Draft No.3 자본공제: Part1
1999		• Exposure Draft No.4 개인의 사업소득: Part 2 • Exposure Draft No.5 자본공제: Part2 • Exposure Draft No.6 근로소득: Part 1 • Exposure Draft No.7 자본공제: Part3 • Exposure Draft No.8 개인의 저축소득, 투자소득: Part2 • Exposure Draft No.9 자본공제: Part4
2000	• Bill 1 -자본공제	• Exposure Draft No.10 개인의 사업소득: Part 3
2001		• Exposure Draft No.11 근로소득: Part 2 • Exposure Draft No.12 근로소득: Part 3
2002	• Bill 2 소득세 (근로소득, 연금소득)	• Exposure Draft No.13 국외소득, 재산소득

---

54) 운영위원회에서 논의된 자료는 Paper SC(Papers for Consideration by Steering Committees)이고 자문위원회에서 논의된 자료는 Paper CC(Papers for Consideration by Consultative Committees)로 구분된다.

〈표 3-7〉의 계속

연도	법안	보조자료
2003	• 원천징수 (PAYE)제도 시행령 • Bill 3 소득세 (사업소득 등)	• Paper CC/SC (03) 05 - deep gains securities • Paper CC/SC (03) 06 - beneficiaries' income from estates in administration • Paper CC/SC (03) 04 - 파트너십, 지분변경 • Paper CC/SC (03) 08 - 리스프리미엄 • Paper CC/SC (03) 09 - 선물 · 옵션의 처분(보증수익 포함) • Paper CC (03) 11 - 소득세 Case VI의 Schedule D 재작성 • Paper CC/SC (03) 13 - Section 9 ICTA 1988 and the IT/CT split. • Paper CC (03) 15 - 지적재산권 수익 • Paper CC (03) 16 - 신탁증서 • Paper CC (03) 19 - 생명보험계약에서 발생한 이익
2004		• Paper CC/SC (04) 07 - 이중과세공제 • Paper CC/SC (04) 08 - Bill 4 scoping • Paper CC/SC (04) 16 - Bill 4 scoping -소득세, 법인세에 공통적용되는 정의 • Paper CC/SC (04) 06 - 인적공제 • Paper CC/SC (04) 09 - 이자비용공제 • Paper CC/SC (04) 10 - 손실공제 • Paper CC/SC (04) 11 - 소득에 대한 부과 • Paper CC/SC (04) 12 - friendly societies • Paper CC/SC (04) 17 - community investment tax relief • Paper CC/SC (04) 19 - enterprise investment scheme
2005	• Bill 4 소득세	• Paper CC/SC (05) 06 - Bill 4 stocktake • Paper CC/SC (05) 02 - deduction of tax by deposit-takers and building societies • Paper CC/SC (05) 03 - gift aid • Paper CC/SC (05) 04 - charitable trusts • Paper CC/SC (05) 05 - 지분에 대한 손실 • Paper CC (05) 09 - Schedule 16 ICTA • Paper CC (05) 10 - Heritage maintenance settlements • Paper CC (05) 11 - joint property에서 발생한 소득 • Paper CC (05) 12 - Post-cessation expenses • Paper CC (05) 14 - 비거주자의 제한적 납세의무 • Paper CC (05) 15 - 노동조합, 사용자 협회 • Paper CC (05) 19 - Manufactured payments and repos

〈표 3-7〉의 계속

연도	법안	보조자료
2005	• Bill 4 소득세	• Paper CC (05) 21 - 벤처 캐피털 트러스트 • Paper CC (05) 23 - 자선단체 등에 대한 지분, 증권, 부동산 증여 • Paper CC (05) 24 - 특정 생명보험료 공제 • Paper CC (05) 25 - 해외자산이전 • Paper CC (05) 28 - Deduction of tax at source • Paper CC (05) 29 - 손실: 파트너십, 영화 관련조항 • Paper CC (05) 30 - 소득세 세율 • Paper CC (05) 31 - 증권거래 • Paper CC (05) 33 - 토지거래 • Paper CC (05) 34 - Sales of occupation income • Paper CC (05) 36 - 트러스트 • Paper CC (05) 37 - 소득세 계산
2006		• Paper CC/SC (06) 06 - various ITTOIA related provisions • Paper CC/SC (06) 07 - ITTOIA related provisions on Trading, Property and Partnership Income
2007	• Bill 5 법인세①	• Paper CC/SC (07) 02 - 회계기간 • Paper CC/SC (07) 03 - Company residence • Paper CC/SC (07) 04 - 외국회사 • Paper CC/SC (07) 05 - 종업원 지분 취득에 대한 기타공제 • Paper CC/SC (07) 06 - 연구개발지출에 대한 추가공제 • Paper CC/SC (07) 07 - Companies with investment business • Paper CC/SC (07) 27 - 그룹공제 • Paper CC/SC (07) 28 - 증권거래 • Paper CC/SC (07) 29 - 토지거래 • Paper CC/SC (07) 30 - Corporate beneficiaries under trusts • Paper CC/SC (07) 37 - 기타규정 • Paper CC/SC (07) 38 - 손실공제 • Paper CC/SC (07) 40 - 지분변경 없는 구조조정 • Paper CC/SC (07) 42 - Community investment tax relief • Paper CC/SC (07) 43 - Charitable companies

〈표 3-7〉의 계속

연도	법안	보조자료
2008	• Bill 6 법인세② • Bill 7 국제조세	• Paper CC/SC (08) 01 - 조세차익거래 • Paper CC/SC (08) 02 - 파트너십 손실 • Paper CC/SC (08) 03 - 소기업공제 • Paper CC/SC (08) 04 - 지분처분손실의 소득공제 • Paper CC/SC (08) 10 고정사업장, UK representatives • Paper CC/SC (08) 11 분배 • Paper CC/SC (08) 14 소득에 대한 부과 • Paper CC/SC (08) 15 UK REITS • Paper CC/SC (08) 18 Surrender of tax refund within group • Paper CC/SC (08) 19 그룹회사 내에서 다른 회계관행의 사용 • Paper CC/SC (08) 20 Manufactured payments and repos • Paper CC/SC (08) 22 회사 지분율 변경, recovery of corporation tax • Paper CC/SC (08) 23 분배 • Paper CC/SC (08) 28 청산 또는 관리 중인 회사 • Paper CC/SC (08) 32 Securitisation companies • Paper CC/SC (08) 33 손실공제: 보충조항 • Paper CC/SC (08) 34 Trade Unions • Paper CC/SC (08) 35 Oil tax • Paper CC/SC (08) 36 승인투자펀드 • Paper CC/SC (08) 38 비상장회사 • Paper CC/SC (08) 42 Factoring of income (Bills 6 & 7) • Paper CC/SC (08) 41 공장 또는 기계에 대한 리스: 리스제공자의 판매 • Paper CC/SC (08) 43 Sale and lease back (Bills 6 & 7) • Paper CC/SC (08) 46 공장 또는 기계에 대한 리스: 조세회피 • Paper CC/SC (08) 48 조세회피: Companies in partnership • Paper CC/SC (08) 12 UK representatives of non-UK residents • Paper CC/SC (08) 24 이전가격, 이전가격 사전협의제도 • Paper CC/SC (08) 42 Factoring of income (Bills 6 & 7) • Paper CC/SC (08) 43 Sale and lease back (Bills 6 & 7)

2009년 10월 현재 세법 다시 쓰기 작업을 통해 국회를 통과한 세법은 모두 5개[55])이며, 조문 구조는 다음과 같다.

〈표 3-8〉 다시 쓴 세법의 조문구조(영국)

명칭	조문구조
2001년 자본공제법	- 12개 part, 77개 chapter - 총 698개 section(본문 581개, Schedule 117개)
2003년 소득 (근로소득, 연금소득)세법	- 11개 part, 91개 chapter - 총 817개 section(본문 725개, Schedule 92개)
2003년 소득세법 시행령(원천징수)	- 11개 part, 26개 chapter - 총 247개 section(본문 220개, Schedule 27개)
2005년 소득(사업소득 등)세법	- 10개 part, 73개 chapter - 총 1,047개 section(본문 886개, Schedule 161개)
2007년 소득세법	- 17개 part, 92개 chapter - 총 1,207개 section(본문 1,035개, Schedule 172개)
2009년 법인세법	- 21개 part, 146개 chapter - 총 1,477개 section(본문 1,330개, Schedule 147개)

2) 비용과 효익[56])

세법 다시 쓰기 작업에는 법안을 직접 작성하는 비용 이외에 작성된 법안에 대한 평가비용, 참고자료와 내부 교육자료의 관련 부분 개정 비용, 자문료 등이 소요된다. 영국 국세청 홈페이지[57])에는 개정 법안에 대한 '영향평가'(Impact Assessment) 자료를 공표하고 있는데, 법안별로 투입된 비용은 다음과 같다.

---

55) 2003년 소득세법 시행령(원천징수)은 행정입법이므로 국회 통과를 필요로 하지 않는다.
56) Plans 2008-09.
57) http://www.hmrc.gov.uk/ria/index.htm.

〈표 3-9〉 법안별 투입비용

명칭	작업기간	법안작성비용	자문료
2001년 자본공제법	1997~2000년	300만파운드	N.A.
2003년 소득(근로소득,연금소득)세법	1997~2003년	760만파운드	N.A.
2003년 소득세법 regulation(원천징수)	2001~2004년	130만파운드	N.A.
2005년 소득(사업소득 등)세법	1997~2003년	800만파운드	N.A.
2007년 소득세법	2003~2007년	600만파운드	N.A.
2009년 법인세법	2005~2009년	600만파운드	100만파운드

자료: HMRC, HMRC Impact Assessments (IAs), 해당연도

한편, 다시 쓴 소득세법으로 얻는 효익은 연간 1,800만~7,000만파운드 (한화 약 3,560억~1조 3,842억원), 다시 쓴 법인세법으로 얻는 이익은 연간 2,500만파운드(한화 약 4,944억원)로 추정한다. 새로운 법률은 신규 세무종사자에게 상당한 이익을 주며, 기존 세무종사자에게는 신법에 적응하는 과도기가 지나간 후에 시간 절약과 효율성 향상을 가져다 줄 것으로 예상된다.

새로운 법률로 얻는 효익을 계량화하는 것은 매우 어렵지만, 과세관청이 확보하고 있는 세무전문가 관리 자료를 이용하여 그 수치를 산출할 수 있다. 새로운 소득세법의 경우 1인당 1년에 평균 3시간~1개월에 평균 1시간을 절약하게 되는데 이를 수치로 환산하면 연간 1,800만~7,000만파운드의 효익을 가져다주게 된다.

나. 세법 다시 쓰기 작업의 진행경과

영국의 세법 다시 쓰기 작업은 매년 연간 보고서를 발행하는데, 여기에는 지난 해에 수행한 작업의 경과 내용과 올해 수행할 작업 계획을 설명하고 있다.

1) 1997~1998년 경과

개인의 사업소득에 대한 소득세를 규정하는 첫 번째 Exposure Draft가 1997년 7월에 발표되었다. 이에 대한 평가자료에서 강조된 점으로 첫째, 사업소득 계산의 기초는 회계원칙임을 명확히 해야 한다는 점과 둘째, 새로운 법률을 훨씬 명확하고 쉽게 만들 수 있다면 적절한 extra-statutory concession과 유사한 행정규칙들을 법령에 포함시켜야 한다는 점이다.

다시 쓰기 작업의 일반적인 쟁점을 연구하는 Technical Discussion Document의 첫 번째 자료(No.1 Testing Our Rewrite Techniques on Complex Legislation)가 1997년 10월에 발표되었다. 이 자료는 기술적으로 복잡한 세법 영역(법인의 사업손실에 대한 법인세 공제규정)에 대해 다시 쓰기 기법을 시험하였다. 이 자료에는 첫 번째 Exposure Draft에 사용된 기법에 추가적으로 다양한 공제조항을 보여주는 개관(overview) 조항과 공제가 적용되는 순서를 보여주는 표를 포함한다.

Technical Discussion Document의 두 번째 자료(No.2 A Purposive Approach to Rewriting Tax Legislation)가 1998년 2월에 발표되었다. 이 자료의 목적은 다시 쓰기 작업에 목적적(purposive) 기술방식을 사용하는 경우에 그 역할에 대한 풍부한 논의를 촉진하기 위한 것이다. 그러나 이 자료는 제시된 5가지 기술방식들 가운데 선택을 요구하거나 5가지 방식과 첫 번째 Technical Discussion Document에 채택된 방식 사이의 선택을 요구하지는 않는다. 또한 이러한 방식을 다시 쓰기에 사용할 것임을 반드시 의미하는 것은 아니다.

2) 1998~1999년 경과

1999년 3월에 발표한 사업소득에 대한 두 번째 Exposure Draft는 중요하면서 복잡한 basis period rules와 사업소득 계산을 위한 다양한 규정을 다루고 있다. 특히 herd basis rules, averaging, 농사와 시장원예(market gardening)의 개념과 같이 농민의 이해관계와 관련된 주제를 포함한다.

1998년 7월에 발표된 자본공제에 대한 첫 번째 Exposure Draft는 산업용 건물 공제에 대해 다시 쓴 조항들을 포함한다. 이에 대해 1999년 1월 15일까지 의견제출을 받고 1999년 6월에 답변자료를 발표할 예정이다.

1998년 7월에 발표된 저축·투자 소득에 대한 첫 번째 Exposure Draft는 Schedule D Case Ⅲ(이자, 할인액, 국채 관련 소득, 연금, 로열티, 유지비, 기타 연 지급금)에 따라 과세되는 소득을 다루고 있다. 이에 대해 1998년 10월 30일까지 의견을 받았고 이에 대한 답변자료를 준비 중이며 1999년 4월에 답변자료를 발표할 예정이다.

근로소득에 대한 첫 번째 Exposure Draft를 준비하는 과정에서 연구진의 변경으로 원래 작업 계획을 수정했으며, 올해 초에 법안 자료의 결정을 수정히였다. 1998/99에 근로소득에 대한 Exposure Draft를 발표하지 못했으나, 다음 번 2개의 Exposure Draft에 필요한 연구를 완료했다. 1999년 3월에 모든 범위를 다루는 하나의 Exposure Draft를 발표할 예정이다.

세법 다시 쓰기 작업의 성공에 필요한 중요한 요인 중 하나는 국세청의 운영시스템에 대한 긍정적 영향과 배포되는 안내자료이다. 이러한 영향력을 규명하여 조기에 적절하게 알리고 세법 다시 쓰기 작업에 의해 제안된 변화가 다른 부분의 발전과 함께 시너지 효과를 내는 것이 중요하다.

한편 지난해 소득분류에 대한 새로운 시스템을 위한 case를 고려하고 있다고 밝힌 바 있다. 조만간 소득분류 변경에 대한 찬반의견을 Technical Discussion Document에 발표할 것을 제안한다. 그러나 모든 다양한 부과 규정을 상세하게 완비하기 전까지 소득분류에 대한 개략적인 제안서를 발표하기는 어렵다.

3) 1999~2000년 경과

1999년 동안 1개의 다시 쓰기 팀이 자본공제 작업을 수행하고 다른 3개 팀이 개인소득세 작업을 수행하여 5개의 Exposure Draft를 발표하였다.

영국 국세청은 유사한 작업을 수행하는 다른 나라의 작업팀 구성원과 긴밀한 연락관계를 취하였다. 오스트레일리아 국세청의 경우 '세법 개선 작업'(TLIP)을 포함한 주요 조세개혁 프로그램을 착수하였다. 또한 뉴질랜드도 세법 다시 쓰기 작업을 계속 진행 중이다.

4) 2000~2001년 경과

2000년 동안 1개의 다시 쓰기 팀이 자본공제 작업을 수행했고 다른 3개 팀이 개인소득세 작업을 수행하여 2000년 7월에 자본공제법 법안을 발표했으며, 소득세와 관련하여 2개(사업소득, 근로소득)의 Exposure Draft를 발표하였다. 그 외에도 재산소득, 저축·투자소득, 국외 소득 등에 대한 작업을 진행 중에 있다.

5) 2001~2002년 경과

지난 5년간 세법 다시 쓰기 프로젝트는 13개의 주요 Exposure Draft를 발표하여 1개 Draft당 평균 6개월이 소요되었다. 여기에는 2,000페이지의 설명자료와 800개의 변경제안이 포함되어 있다. 지금까지 시행되어 온 600개의 조문과 4개의 Schedule이 2,000개의 조문과 14개의 Schedule로 다시 쓰여졌다. 한편 세법 다시 쓰기 작업의 첫 번째 법안인 자본공제법이 2001년 4월부터 발효되었다.

6) 2002~2003년 경과

Bill 2는 국왕의 동의를 받아 2003년 소득(근로소득, 연금소득)세법으로 2005년 4월 6일부터 발효되었는데, 이 법은 다음과 같은 내용을 담고 있다. 즉, 기존의 분리과세 방침을 유지하면서 Schedule E를 근로소득, 연금소득, 과세가능 사회보장소득이란 새로운 조항으로 대체한다.

'emoluments'이란 고어를 고용주와 근로자의 관계를 보다 명확히 의미하는 'earning'으로 대체한다. 또한 share scheme 실무자와 상의하여 발전시킨 share scheme과 share option scheme에 관한 조항을 재구성하고 재기술한다. 근로자, 세무자문가, 고용주들이 세법에 보다 쉽게 접근하고 쉽게 이해할 수 있도록 구성하여, 약 2,500만 납세자들이 전체 소득세 징수액의 90% 이상을 담당하는 이들 조항들에 따라 과세될 것이다.

모든 연금소득과 사회보장소득에 대한 통일적 접근을 위해 이 법은 해외연금 및 과세 가능한 해외 사회보장소득에도 모두 적용된다. 기존에 Schedule D에 따라 과세되던 연금과 사회보장소득을 모두 포함하여 모든 연금소득 및 사회보장소득에 적용되는 부과규정과 계산규정을 포함한다.

이 법은 원천징수(PAYE)를 위한 primary legislation을 포함한다. PAYE 시행령에 대한 작업은 primary legislation을 다시 쓰려던 당초 계획에 추가한 것이다. 현재까지 실체와 접근방식에 대한 평가를 위해 다시 쓴 법안에 대한 6개의 경과보고서를 발표했다.

Bill 3 작업과 관련하여 2002년 3월에 발표한 Exposure Draft No.13에 대한 평가 자료를 동년 6월에 받았고, 이에 대한 평가자료를 동년 12월에 발표했다.

7) 2003~2004년 경과

formal consultation을 위한 2003년 원천징수 시행령 전체 법안을 발표하였고, 평가 자료를 반영하여 수정한 법안을 의회에 상정하여 2004년 4월 6일부터 발효되었다. 900개 이상의 조문에 대한 상세한 평가를 담고 있는 Bill 3 전체 법안에 대한 formal consultation을 발표하였다. 또한 Bill 4에 대한 initial scoping work는 2003년 10월에 발표한 CC(03)17과 SC(03)17에 발표했고, 2004년 2월에 평가받을 용도로 Bill 4 작업의 접근방식에 대한 CC(04)03을 발표하였다. Bill 4 작업은 세율, 인적공제, 계산구조와 같은 핵심조항과 기업투자계획(Enterprise Investment Scheme)을 범위로 한다.

2003/04년 동안 평가 자료의 주요 쟁점 중 하나는 두 번째로 다시 쓴 법률(ITEPA)이 발효된 지 1주일이 지나서 2003년 재정법 Schedule 22에 의해 일부 부분이 변경된 점이다. 특히 Schedule 22의 스타일과 포맷이 다시 쓴 법률과 비교하여 완성도가 낮은 점을 비판하면서 다시 쓴 법률의 실질적 부분이 완성도가 낮은 새로운 법률에 의해 빨리 대체된 점을 유감스럽게 평가하였다. 일부 법안 작업의 경우 시간적 압박 속에서 늦은 의사결정과 함께 진행되어야 하기 때문에 재정법을 제대로 구조화된 법률로 생산하는 것은 어려울 수 있다. 그러나 다시 쓴 법률을 수정하는 새로운 법률은 가능한 원본의 질을 모방하고 조화를 이뤄야 한다는 점은 명확하다. 따라서 장차 유사한 상황에서 조언과 도움을 주기 위해 프로젝트팀은 국세청의 재정법 co-ordination team과 법안작업을 하는 의회변호사와의 연계를 강화하였다.

한편, 2001년 자본공제법에 대한 이용자 설문조사를 실시한 결과, 이용자들이 신법을 이해하기 명확하고 사용하기 편리한 것으로 인식하고 다시 쓰기 작업을 환영하는 것으로 나타났다. 특히 signpost와 같이 독자들에게 도움을 주는 자료와 재정법에서 발견되는 모호함을 제거하기 위한 변화를 위해 제때 기사화하는 작업이 중요하다.

8) 2004~2005년 경과

Bill 3은 국왕의 동의를 받아 소득(근로소득, 연금소득)세법(Income Tax(Trading and Other Income)Act; ITTOIA)으로 2005년 4월 6일부터 발효되었는데, 이 법의 내용은 다음과 같다.

남아 있는 주요 소득세 부과규정(거주자와 비거주자 모두에게 적용)을 다시 쓴다. 과세소득을 사업소득, 재산소득, 저축 및 투자소득, 기타소득의 명칭으로 구분하고 이러한 명칭은 기존의 소득세 Schedule A, D, F를 대체한다. 소득유형별로 소득계산규정과 납세의무자를 규정한다. specific exempt income Part에 비과세소득 규정을 둔다. 별도의 Part에 외국소득에 일반적으로 적용되는 특별규정을 둔다. 파트너십, rent-a-room relief와 foster-carer relief에 대한 규정도 포함한다.

2006년 말에 의회통과 예정인 Bill 4 작업을 위해 이중과세공제, 조세회피규정, 정의규정에 대한 적정한 범위를 명확히 하고 법안의 다양한 주제에 대한 자문자료와 이에 대한 답변자료를 발표한다.

9) 2005~2006년 경과

첫 번째 법인세 법안(Bill 5) 작업을 2005년 1월에 개시하였다. 또한 2005년 5월에 Bill 5의 적정한 범위와 문제되는 여러 쟁점에 대한 입장을 자문자료로 위원회에 제출하였다. 2006년 2월에 문제된 쟁점 중의 하나를 다룬 자문자료와 source legislation이 소득세와 법인세에 모두 적용되는지에 대한 자문자료를 완성하였다.

2003년법(프로젝트의 두 번째 법률)에 대한 사후평가의 내용도 담고 있다. MORI 사회연구소가 평가작업을 수행하였는데, 2005년 9월과 10월에 회계사, 변호사, 사내세무관리자, 민간상담가, 의회 변호사, 세무공무원과 같은 이 법의 이용자를 대면하여 심층면담하였다. 평가대상자들은 2003년

법에 대해 매우 긍정적으로 평가하였다. 특히 신규 세무전문가들에게 특별한 도움을 주며, 과도기가 지나면 시간절약과 효율성을 가져올 것으로 평가되었다. 의회 변호사도 정부입법에 통용될 수 있는 좋은 사례라고 평가하였다.

한편 몇 가지 중요한 비판도 있었다. 2003년 재정법 Schedule 22에 의해 야기된 문제점을 해결해야 한다. 이용자들은 가끔 다시 쓰기 결과 법률이 변경되었는지에 대해 알 수 없다. 일부 이용자들은 언어의 변경이 모호함을 가져올 수 있음을 지적하였다. 세무공무원들 자체도 새로 쓴 법률을 더욱 더 잘 알 필요가 있다.

10) 2006~2007년 경과

마지막 소득세법 법안(Bill 4)은 국왕의 동의를 받아 소득세법(Income Tax Act; ITA)으로 2007년 4월 6일부터 발효되었는데, 이 법의 내용은 다음과 같다.

- 소득세 부과, 세율, 세액계산, 인적 공제에 대한 기본적 규정
- 손실공제(relief for losses), 기업투자계획(enterprise invesetment scheme), 벤처캐피털 트러스트, 지역사회 투자세액공제, 지급이자(interest paid), gift aid, 자선단체에 대한 자산 증여를 포함하는 다양한 특별공제 규정
- settlements and trustees, deduction of tax at source, manufactured payments and repos, 발생이자수익(accrued income profits), 조세회피에 대한 특별규정
- 일반적인 소득세 정의규정

이 법 section 1028과 1029에는 추가적으로 필연적인 개정을 하거나 오류를 정정할 수 있는 권한을 포함시켰다. 따라서 추가적으로 필연적인 개정을 할 수 있는 권한은 소득(근로소득, 연금소득)세법(ITTOIA) section

882와 함께 모두 4개 조항에 근거한다. 오류 정정권한은 새로 도입된 것인데, 이는 구법인 상태의 법적 효과를 회복하기 위해 신법에서 잘못 변경한 내용을 정정하는데 한정한다. 이러한 권한은 신법이 시행된 후 3년 동안(2010년 4월 5일까지)만 행사될 수 있다.

11) 2007~2008년 경과

2개의 법인세 법안 중 첫 번째 법안(Bill 5)을 공표하였는데, 이는 법인소득 계산과 관련된 조항들을 다룬 것이다. 이 중 일부 조항들은 다시 쓴 소득세법의 조항들과 동일한 소스를 공유한다. 법인세법 조항을 기술하는 일반원칙은 일관성을 유지하고 독자를 위한 참조조항의 편의를 위해 소득세법 조항을 반영하는 것이다. 그러나 loan relationship, 파생상품, 무형고정자산, 연구개발비 공제는 법인에만 특유한 조항이다.

다시 쓴 법안 사이에 2년의 격차가 있어서 법인세 법안 중 두 번째 법안(Bill 6) 작업을 신속하게 수행하기로 계획하였다. 이러한 신속화는 소득세법과 법인세법이 훨씬 빨리 조화를 이루어서 다시 쓴 법률의 효익을 보다 빠르게 실현하기 위한 것이다. 계획과 달리 2007년 동안 2005년 소득(사업소득 등)세법에 대한 평가를 수행하지 못했지만, 2007년 소득세법을 시행한 후 2년 뒤에 소득세법 전반에 대한 평가를 시행하기로 결정하였다.

다. 다시 쓴 법률의 예시 - 2007년 소득세법

1) 개관

개인소득세에 대한 법률은 3개의 법률로 다시 쓰여졌다. 2003년 소득세법과 2005년 소득세법은 주로 각종 소득의 구분과 범위에 대한 내용을 담고 있다. 한편 2007년 소득세법은 세율, 공제 등 소득세 계산에 대한 내용을 규정하고 있는데, 다음과 같이 17개 part로 구성되어 있다.

Part 1. 개관(Overview)
Part 2. 기본조항(Basic provisions)
Part 3. 인적공제(Personal reliefs)
Part 4. 손실공제(Loss relief)
Part 5. 기업투자특례(Enterprise investment scheme)
Part 6. 벤처 캐피털 신탁(Venture capital trusts)
Part 7. 지역사회 투자세액공제(Community investment tax relief)
Part 8. 기타공제(Other reliefs)
Part 9. 정산 및 수탁자에 대한 특별규정(Special rules about settlements and trustees)
Part 10. 자선 신탁 등에 대한 특별규정(Special rules about charitable trusts etc)
Part 11. Manufactured payments and repos
Part 12. 미수수익 이익(Accrued income profits)
Part 13. 조세회피(Tax avoidance)
Part 14. 소득세 납세의무: 기타규정(Income tax liability: miscellaneous rules)
Part 15. Deduction of income tax at source
Part 16. 소득세법 정의규정 등(Income Tax Acts definitions etc)
Part 17. 이 법과 최종 규정을 위한 정의규정(Definitions for purposes of Act and final provisions)

---

2) 특징

가) 개관규정

Part 1은 본문에 들어가기 앞서 전체적인 개관규정이다. 제1조는 소득세를 규정하고 있는 다른 법률을 소개하고 있다. 또한 제2조에서는 2007년 소득세법의 목차와 내용을 간단하게 제시하고 있다.

Part 1 Overview

1 Overview of Income Tax Acts
(1) The following Acts make provision about income tax —
  (a) ITEPA 2003(which is about charges to tax on employment income, pension income and social security income),
  (b) ITTOIA 2005(which is about charges to tax on trading income, property income, savings and investment income and some other miscellaneous income), and
  (c) this Act (which contains the other main provisions about income tax).
(2) There are also provisions about income tax elsewhere: see in particular —
  (a) Part 18 of ICTA (double taxation relief),
  (b) CAA 2001 (allowances for capital expenditure), and
  (c) Part 4 of FA 2004 (pension schemes etc).
(3) Schedule 1 to the Interpretation Act 1978 (c. 30) defines "the Income Tax Acts" (as all enactments relating to income tax).

2 Overview of Act
(1) This Act has 17 Parts.
(2) Part 2 contains basic provisions about income tax including —
  (a) provision about the annual nature of income tax (Chapter 1),
  (b) the rates at which income tax is charged (Chapter 2), and
  (c) the calculation of income tax liability (Chapter 3).
(3) Part 3 is about taxpayers' personal reliefs including —
  (a) personal allowances (Chapter 2),
  (b) blind persons' allowances (Chapter 2), and
  (c) tax reductions for married couples and civil partners (Chapter 3).
(4) Part 4 is about loss relief including relief for —
  (a) trade losses (Chapters 2 and 3),
  (b) losses from property businesses (Chapter 4),
  (c) losses in an employment or office (Chapter 5),
  (d) losses on disposal of shares (Chapter 6), and
  (e) losses from miscellaneous transactions (Chapter 7).
(5) Part 5 is about relief under the enterprise investment scheme.
(6) Part 6 is about —
  (a) relief for investment in venture capital trusts, and
  (b) other matters relating to venture capital trusts.
(7) Part 7 is about community investment tax relief.
(8) Part 8 is about a variety of reliefs including relief for —
  (a) interest payments (Chapter 1),
  (b) gifts to charity including gift aid (Chapters 2 and 3),

(c) annual payments and patent royalties (Chapter 4), and
(d) maintenance payments (Chapter 5).
(9) Part 9 contains special rules about settlements and trustees including —
 (a) general provision about settlements and trustees (Chapter 2),
 (b) special income tax rates for trusts (Chapters 3, 4, 5 and 6),
 (c) rules about trustees' expenses (Chapters 4 and 8),
 (d) rules about trustees' discretionary payments (Chapter 7),
 (e) rules about unauthorised unit trusts (Chapter 9), and
 (f) rules about heritage maintenance settlements (Chapter 10).
(10) Part 10 contains special rules about charitable trusts etc.
(11) Part 11 is about manufactured payments and repos.
(12) Part 12 is about accrued income profits.
(13) Part 13 is about tax avoidance in relation to —
 (a) transactions in securities (Chapter 1),
 (b) transfers of assets abroad (Chapter 2),
 (c) transactions in land (Chapter 3),
 (d) sales of occupation income (Chapter 4), and
 (e) trade losses (Chapter 5).
(14) Part 14 deals with some miscellaneous rules about income tax liability, including —
 (a) limits on liability to income tax for non-UK residents (Chapter 1),
 (b) special rules about residence (Chapter 2), and
 (c) rules about jointly held property (Chapter 3).
(15) Part 15 is about the deduction of income tax at source.
(16) Part 16 contains definitions which apply for the purposes of the Income Tax Acts and other general provisions which apply for the purposes of those Acts.
(17) Part 17 —
 (a) contains provisions to be used in interpreting this Act,
 (b) introduces Schedule 1 (minor and consequential amendments),
 (c) introduces Schedule 2 (transitional provisions and savings),
 (d) introduces Schedule 3 (repeals and revocations, including of spent enactments),
 (e) introduces Schedule 4 (index of defined expressions that apply for the purposes of this Act),
 (f) confers powers on the Treasury to make orders, and
 (g) makes provision about the coming into force of this Act.

한편 이 법의 본문으로 들어가면 Part, Chapter 내에 필요한 경우 개관규정을 두고 있다.

```
Part 3 Personal reliefs

Chapter 1 Introduction

33 Overview of Part
(1) This Part provides for personal reliefs.
(2) Chapter 2 provides for entitlement to a personal allowance and a blind person's
    allowance.
(3) Chapter 3 provides for tax reductions for married couples and civil partners.
(4) Chapter 4 contains provision applicable for the purposes of Chapters 2 and 3, in
    particular —
  (a) requirements about residence etc of claimants to allowances under Chapter 2
      or tax reductions under Chapter 3, and
  (b) indexation of the amounts of those allowances and tax reductions.
```

```
Part 2 Basic provisions

Chapter 3 Calculation of income tax liability

22 Overview of Chapter
(1) This Chapter deals with the calculation of a person's income tax liability for a
    tax year.
(2) But it does not deal with any income tax liability mentioned in section 32.
(3) This Chapter needs to be read with Chapter 1 of Part 14 (limits on liability to
    income tax of non-UK residents).
```

나) 정의규정

다시 쓴 법률은 다양한 형식으로 정의규정을 배치하고 있다. 이 법의 Part 16, 17과 같이 정의규정을 두기 위한 별도의 Part를 두기도 하고, Chapter 내에서 필요한 정의규정을 두기도 한다. 또한 마지막 Chapter의 마지막 부분에 'Interpretation'이란 부제를 달아 정의규정을 배치하는 경우도 있다.

Part 16 Income Tax Acts definitions etc

Chapter 1 Definitions

988. Overview of Chapter
989. The definitions
990. Meaning of "Act"
991. Meaning of "bank"
992. Meaning of "company"
993. Meaning of "connected" persons
994. Meaning of "connected" persons: supplementary
995. Meaning of "control"
996. Meaning of "farming" and related expressions
997. Meaning of "generally accepted accounting practice" and related expressions
998. Meaning of "grossing up"
999. Meaning of "local authority"
1000. Meaning of "local authority association"
1001. Meaning of "offshore installation"
1002. Regulations about the meaning of "offshore installation"
1003. Meaning of "oil and gas exploration and appraisal"
1004. Meaning of "property investment LLP"
1005. Meaning of "recognised stock exchange"
1006. Meaning of "research and development"
1007. Meaning of "unit trust scheme"

Part 2 Basic provisions

Chapter 2 Rates at which income tax is charged

18. Meaning of "savings income"
19. Meaning of "dividend income"

Part 5 Enterprise investment scheme

Chapter 8 Supplementary and general

Interpretation

252. Meaning of a company being "in administration" or "in receivership"
253. Meaning of "associate"
254. Meaning of "disposal of shares"
255. Meaning of "issue of shares"
256. Meaning of "the termination date"
257. Minor definitions etc

다) 단계표 및 도표

소득세 납세액의 계산은 이용자들이 쉽게 계산할 수 있도록 단계를 구분하여 규정하고 있다.

---

23 The calculation of income tax liability
　소득세 납세액의 계산

To find the liability of a person ("the taxpayer") to income tax for a tax year, take the following steps.
일년 동안의 소득세 납세액을 구하기 위해 다음과 같은 순서를 따르시오.

Step 1
Identify the amounts of income on which the taxpayer is charged to income tax for the tax year.
해당 과세연도 동안 납세의무자의 소득세 부과대상인 소득금액을 확인하시오.
The sum of those amounts is "total income".
이들 금액의 합계가 "total income"입니다.
Each of those amounts is a "component" of total income.
이러한 금액들은 각각 "total income"의 "구성요소"입니다.

Step 2
Deduct from the components the amount of any relief under a provision listed in relation to the taxpayer in section 24 to which the taxpayer is entitled for the tax year.
납세의무자가 해당 과세연도 동안 제24조의 요건을 갖춘 공제(relief)금액을 구성요소에서 차감하시오.
See section 25 for further provision about the deduction of those reliefs.
이러한 공제차감과 관련하여 추가적인 조문으로 제25조를 보시오.

Step 3
Deduct from the amounts of the components left after Step 2 any allowances to which the taxpayer is entitled for the tax year under Chapter 2 of Part 3 of this Act or section 257 or 265 of ICTA (individuals: personal allowance and blind person's allowance).

납세의무자가 해당 과세연도 동안 이 법 Part 3의 Chapter 2나 1988년 소득 및 법인세법(ICTA) 제257조 또는 265조(개인: 인적공제, 장애자공제)의 요건을 갖춘 공제(allowance)금액을 2단계 후에 남은 구성요소 금액에서 차감하시오.
See section 25 for further provision about the deduction of those allowances.
이러한 공제차감과 관련하여 추가적인 조문으로 제25조를 보시오.

Step 4
Calculate tax at each applicable rate on the amounts of the components left after Step 3.
3단계 후에 남은 구성요소 금액에 해당 적용세율로 세액을 계산하시오.
See Chapter 2 of this Part for the rates at which income tax is charged and the income charged at particular rates.
소득세가 부과되는 세율과 특별세율로 부과되는 소득은 이 Part의 Chapter 2를 보시오.
If the taxpayer is a trustee, see also Chapters 3 to 6 and 10 of Part 9 (special rules about settlements and trustees) for further provision about the income charged at particular rates.
납세의무자가 수탁자인 경우, 특별세율로 부과되는 소득에 대한 추가규정인 Part 9의 Chapter 3에서 6, 10(settlements와 수탁자에 대한 특별규정)을 보시오.

Step 5
Add together the amounts of tax calculated at Step 4.
4단계에 계산한 세액들을 모두 합산하시오.

Step 6
Deduct from the amount of tax calculated at Step 5 any tax reductions to which the taxpayer is entitled for the tax year under a provision listed in relation to the taxpayer in section 26.
납세의무자가 해당 과세연도 동안 제26조의 요건을 갖춘 세액공제(tax reduction) 금액을 5단계에서 계산한 세액에서 차감하시오.
See sections 27 to 29 for further provision about the deduction of those tax reductions.
이러한 세액공제와 관련하여 추가적인 조문으로 제27조에서 제29조를 보시오.

Step 7
Add to the amount of tax left after Step 6 any amounts of tax for which the

제3장 영국 및 오스트레일리아의 조세법 개편사례 111

> taxpayer is liable for the tax year under any provision listed in relation to the taxpayer in section 30.
> 납세의무자가 해당 과세연도 동안 제30조의 요건을 갖춘 세액을 6단계 후에 남은 세액에 합산하시오.
> The result is the taxpayer's liability to income tax for the tax year.
> 그 결과가 해당 과세연도 동안의 납세의무자의 납세액입니다.

또한 벤처 캐피털 트러스트로 승인받기 위한 요건을 다음과 같이 도표로 알기 쉽게 표현한 규정을 볼 수 있다.

> 274 Requirements for the giving of approval
> (1) Subject to section 275, the Commissioners for Her Majesty's Revenue and Customs must not approve a company for the purposes of this Part unless it is shown to their satisfaction that the conditions mentioned in subsection (2) –
>   (a) are met in relation to the most recent complete accounting period of the company, and
>   (b) will be met in relation to the accounting period of the company which is current when the application for approval is made.
> (2) The conditions applied by subsection (1) (which are also applied by section 275(1) and other provisions of this Chapter) are set out in column 2 of the following table together with, in column 1 of the table, the descriptions by which they are referred to.
>   In each of those conditions "the relevant period" means the accounting period that is relevant for the purposes of the particular provision by which the condition is applied.

Description	Condition
The listing condition	The shares making up the company's ordinary share capital (or, if there are such shares of more than one class, those of each class) have been or will be listed throughout the relevant period in the Official List of the Stock Exchange
The nature of income condition	The company's income in the relevant period has been or will be derived wholly or mainly from shares or securities
The income retention condition	The company has not retained or will not retain an amount which is greater than 15% of the income it derived or will derive in the relevant period from shares or securities
The 15% holding limit condition	No holding in any company, other than a VCT or a company that would qualify as a VCT but for the listing condition, has represented or will represent at any time during the relevant period more than 15% by value of the company's investments
The 70% qualifying holdings condition	At least 70% by value of the company's investments has been or will be represented throughout the relevant period by shares or securities included in qualifying holdings of the company
The 30% eligible shares condition	At least 30% by value of the company's qualifying holdings has been or will be represented throughout the relevant period by holdings of eligible shares

Ⅱ. 오스트레일리아

1. 추진배경과 목적

가. 배경

오랜 기간 오스트레일리아 세법은 읽고 이해하기가 너무 어렵다는 비판을 지속적으로 받아 왔다. 오스트레일리아 세법의 어려운 표현은 납세자의 순응비용과 정부의 행정비용을 증가시키고, 납세자들이 세법에 따라 실행하기가 매우 어렵게 만드는 결과를 야기하였다. 1936년 소득과세법(Income Tax Assesssment Act 1936)을 도입한 이후, 1936년 소득과세법은 126페이지에서 5,000페이지로 크게 증가하였으며, 내용도 매우 복잡하고 어렵게 되었다.

종전의 1936년 소득과세법(Income Tax Assesssment Act 1936)의 법 구조는 조문을 논리적으로 배치하고 있었으나, 그동안의 수많은 조문의 개정이나 신설로 인하여 독자들이 그 법률에서 목표지점을 찾아가는 것이 어렵게 된 것이다. 수많은 조문의 개정과 신설로 인해 조문번호 부여체계에 과부하를 초래하였고, 소득 관련 세법에 사용되는 표현은 서로 다른 스타일의 문체가 모여 있어서 읽고 이해하기가 어려운 상황이었다.

이러한 문제점들을 해결하기 위한 오스트레일리아의 세법개혁은 1984년 10월 21일에 시작되었다. 1984년 10월 21일 오스트레일리아 정부는 조세정책에 대한 성명서를 발표하고, 오스트레일리아의 지역별 자문위원회의 견해에 기초하여 조세제도의 포괄적인 검토를 지시하게 되었다.

1985년 7월 조세회담이 처음으로 개최되었고, 1985년 9월에 조세개혁의 방안이 발표되었다. 개혁의 취지는 세법을 모든 오스트레일리아인이 더 쉽게 이해할 수 있게 하고자 하며, 탈세(Tax Evasion)와 조세회피(Tax Avoidance)를 어렵게 만들어야 한다는 내용이었다.

그 이후 세법개편작업은 1993년 11월17일에 JCPA(Joint Committee on Public Accounts)가 연방의회에 보고서를 제출하면서 본격적으로 시작되었는데, 이 보고서에서 JCPA는 아래와 같은 2가지 세법의 단순화 작업에 관한 내용을 제안하였다.

○ Number 22: 정부는 광범위한 배경을 바탕으로 1936년 소득과세법(Income Tax Assessment Act 1936)을 재기안하기 위한 task force를 구성할 것
○ Number 23: 정부는 2년 안에 세법간소화 우선과제들을 완성하고, 5년 안에 단순화작업을 모두 끝낼 수 있도록 충분한 자원을 지원할 것

위와 같은 JCPA의 권고에 따라 1993년 12월 세법개혁프로그램(Tax Law Improvement Program: TLIP)을 수립하고 프로젝트팀을 구성하게 되었다.

Hon. John Dawkins 재무부장관은 세법개혁프로젝트를 발표하였는데, 그 기간은 1994년 1월부터 3년간의 계획으로, 1936년의 소득세법 5,000페이지를 재작성하는 계획이었다. TLIP(Tax Law Improvement Program)의 목적은 기존 세법정책은 계속 유지하면서 개정작업을 하는 것이었으며, 세법을 바꾸는 작업을 하는 것은 아니었다. 따라서 프로젝트팀은 새로운 세법을 도입하거나 과거의 세법을 바꾸는 방법을 연구하는 것은 아니었으나, 납세자의 순응비용 측면에서 볼 때에 세법의 미세한 변경이 본질적인 내용의 변화 없이 세법을 향상시킬 수 있는 경우 해당 세법정책은 프로젝트팀에 의해서 변경될 수 있다는 방향을 설정하였다. 예를 들어, 입증조항에 대한 개정작업에서 프로젝트팀은 납세자에게 불필요한 입증책임을 지우는 법률상 요건들을 걸러낸 바가 있었다.

나. 목적

TLIP(Tax Law Improvement Program)에는 2가지 중요한 목표가 있었는데, 첫 번째는 순응비용과 행정비용을 줄이는 것과 두 번째로는 보다 쉽게 이해하고 납세자들에게 보다 더 공정한 세법을 만드는 것이었다.

이러한 목표는 더 나은 구조(a better structure), 더 나은 조문번호 체계(a better numbering system), 법을 더 쉽게 찾을 수 있는 기능(easier navigation around the law), 이용자 맞춤형의 입법(more user friendly legislation)들을 통하여 달성될 계획이었다.

TLIP(Tax Law Improvement Program)에서는 세법에서 복잡하고 명확하지 않은 표현을 사용하여 과도한 납세순응비용이 발생한다고 지적하고, 이 프로젝트를 시행함으로써 납세자들이 조세체계에 순응하는 데 드는 수백만 오스트레일리아달러의 비용을 절감하고 조세체계에 대한 납세순응이 개선될 것으로 기대하였다.

2. 기구의 구성

TLIP 조직은 the Assistant Treasurer, 프로젝트팀(Project Team), 자문위원회(Consultative Committee)의 3가지로 구성된다. 그 중 the Assistant Treasurer는 TLIP에 대한 영역을 설정하고 프로젝트팀을 지원할 자문위원회(Consultative Committee) 위원들을 임명하며 기타 행정상의 책임을 지는 역할을 수행하였으며, 프로젝트팀(Project Team)은 TLIP 추진대상으로 정해진 법률을 실제로 재작성하는 업무를 담당하였다. 프로젝트팀은 40명 이상의 정규직원으로 구성된 팀과 2개의 민간부문 단체들로 이루어졌는데, 프로젝트팀은 재무부(the Treasury)와 국세청(Australian Taxation Office), 그리고 의회사무처의 시니어패널들로 구성되었다. 프로젝트팀 민간참여 그룹 중 하나는 New South Wales 대학의 '오스트레일리아 조세연구 프로그램(Australian Taxation Studies Program)'에 참여하고 있는 조세전공 교수들로 구성된 단체이고, 또 다른 민간참여 그룹은 Coopers and Lybrand 사의 Brisbane 지사 소속 조세전문가들이었다. 자문위원회(Consultative Committee)는 14명의 민간위원으로 구성되어 프로젝트팀에 대한 자문을 수행하였는데, 자문위원회의 구성은 조세전문가, 사업체 임원, 학계, 다양한 전문가단체의 대표자 등이 포함되었다. 자문위원회에는 TLIP의 영향을 받는 단체의 대표자들도 포함되었으며, 대표적인 예로 the Motor Trades Association of Australia, the Australian Council of Trade Union, the Federation of Ethnic Community Council of Australia 등이 있다. 이러한 자문위원회에는 '세법 다시 쓰기 프로그램(Rewriting Program)'을 지원하기 위한 여러 하부 위원회들이 소속되어 있었다.

TLIP(Tax Law Improvement Program) 프로젝트의 핵심은 자문위원회에 있다고도 볼 수 있는데, 이러한 TLIP 자문위원회에는 사업분야, 세법 등 각종 분야의 대표자들로 구성되어 있으며 정기적으로 만나서 내용을 검토하고 프로젝트팀에게 여러 방안을 제시하는 역할을 수행하였다. 자문위원회를 통하여 프로젝트팀은 실무자들과 민간인들의 소득세법 해석과 적용에 대한 어려움들을 좀 더 이해할 수 있는 기회가 되었고, 프로젝트팀은 세법을 다시 쓰는 데에 실무상의 어려움을 최소화할 수 있는 계기를 마련할 수 있었다. 또한 자문위원회에서의 작업을 통하여 개정작업의 질이 민간인들의 피드백을 통하여 높아질 수 있었으며, 입법과정에서 좀 더 쉬운 문장들이 만들어지는 계기가 되었다.

3. 조세법 개편을 위한 지침의 내용[58]

TLIP(Tax Law Improvement Program)에서는 단순히 구조, 프리젠테이

---

[58] 김창범, 『오스트레일리아 조세법제 사례분석에 기초한 알기 쉬운 조세법령 마련 방안 연구』, 해외훈련결과고보서(미간행), 2009.

션, 가독성 등에 대한 일반적인 변화 외에도 법안의 많은 유용한 변화들을 만들었고, 이러한 개정사항들은 더 간단하고 명확한 표현들과 납세순응요건들을 쉽도록 만들었다. 이러한 TLIP(Tax Law Improvement Program)를 통하여 개편된 1997년 소득과세법(Income tax assessment Act 1997)의 지침 내용은 아래와 같이 정리될 수 있다.

가. 새로운 입법 구조

1997년 소득과세법(Income tax assessment Act 1997: ITAA97)의 새로운 입법구조는 피라미드 구조로 아래의 그림에서 보는 구조이다.

[그림 3-1] 1997년 소득과세법의 피라미드(Section 2-5 ITAA97)

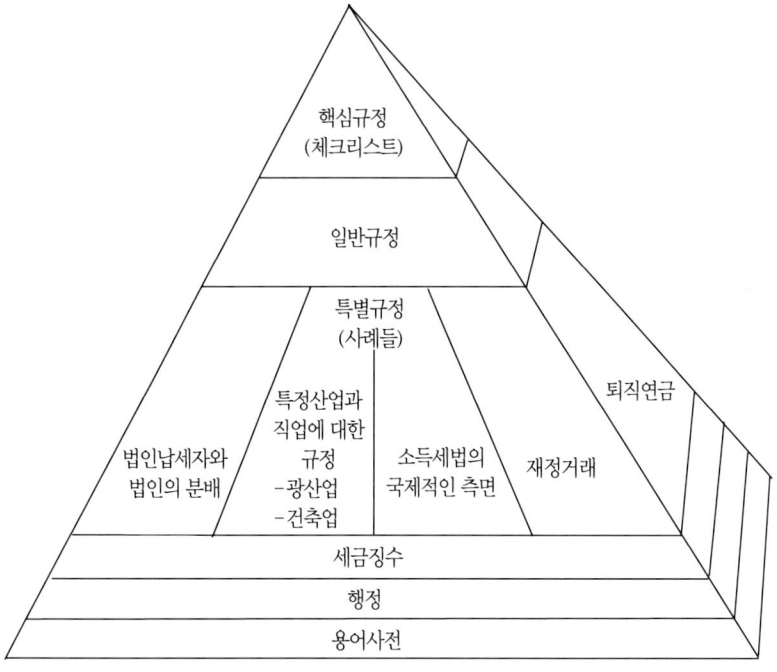

새로운 법률구조의 목표는 그 법을 쉽게 따라가고 이용하기 편리하게 하려는 것으로 독자들이 더욱 쉽게 이해할 수 있도록 하고 법의 일반적이고 총론적인 조항을 훨씬 쉽게 파악할 수 있으며, 독자가 찾으려는 조문에 도달하는 방법을 더욱 쉽게 찾을 수 있는 구조를 만드는 것이었다. 또한 향후 상당한 분량의 입법이 추가되더라도 입법구조가 뒤틀리지 않도록 충분히 융통성 있는 구조로 만드는 것을 법률구조의 목표로 설정하였다. 즉 법규의 논리적 순서를 단순한 내용을 우선적으로, 복잡한 내용은 후속적으로 정리한 것이다. 기존의 법에서는 단순한 법과 복잡한 법들이 서로 복잡하게 섞여 있어서 독자가 읽고 이해하는 데 어려움이 있었다.

또한 많은 사람들에게 영향을 주는 주요 법들은 앞쪽에 위치하게 함으로써 중요한 내용이 강조되도록 하였다. 따라서 주요 법의 구성요건들을 찾는다면, 예외조항이 있는 그다음 조항까지 상세하게 읽을 필요가 없어진 것이다. 직접 관련이 없는 내용들까지 여러 페이지들을 읽지 않아도 되는 이용자 편의에 맞춘 구조로 새 법이 편성되었다.

1997년 소득과세법(Income tax assessment Act 1997)의 피라미드의 구조를 살펴보면, 맨 위층은 중심적이고 핵심적인 개념을 기술하고 아래로 내려올수록 점점 전문적인 주제를 규정하는 방식으로 구조화되어 있다.

1997년 소득과세법(Income tax assessment Act 1997)은 크게 3가지 층으로 나누어볼 수 있는데, 첫 번째 층에서는 핵심 조항규정들(the core provisions)이, 두 번째 층에서는 일반규정들(the general provisions)이, 세 번째 층에서는 특별 주제에 대한 규정들(the specialist topics)이 규정되어 있다. 이러한 3가지의 주요 층에 대한 입법규정들을 3가지의 보조 단계에서 보충규정하고 있는데, 네 번째 층인 Chapter 4에서는 소득세의 징수(collection)에 관한 내용이며 다섯 번째 층인 Chapter 5에서는 오스트레일리아 세법제도의 행정에 대하여 다루고 있다. 여섯 번째 층인 Chapter 6은 용어사전이다.

개념구조상 최상위층(the top layer) 중 핵심규정(the core provisions)과

관련하여 1996년 소득과세법안(the Income Tax Assessment Bill 1996)에서 다루어진 내용을 좀 더 자세히 살펴본다면, 다음과 같다. 납세의무자가 납부하여야 하는 소득세를 방정식으로 표현하면, "income tax=(assessable income-deductions)×tax rate-offsets"으로 정리할 수 있는데, 이러한 방정식과 관련되는 모든 개념들(assessable income, deductions 등)은 핵심규정(core provisions)으로 지칭되어 피라미드의 최상위층(the top layer)에 규정되었다. 핵심규정(core provisions)의 내용은 크게 개념적 내용과 직접 적용되는 내용 2가지로 나누어 볼 수 있다. 개념적 내용에 관한 사항을 살펴보면, ① the Income Tax Assessment Act는 무엇에 관한 내용이고, 그 법을 이용하는 방법에 관한 사항들, ② 누가 income tax를 납부하여야 하고, 언제 그리고 어떤 방법으로 income tax를 납부하여야 하는지에 관한 사항, ③ 얼마나 많은 income tax를 납부하여야 하는지 그 계산방법에 관한 사항, ④ income tax 납부의무 외에 납세의무자가 부담하는 다른 의무, ⑤ 납세의무자와 국세청 사이에 논쟁이 있을 경우 논쟁을 해결하는 방법 등에 관한 사항 등이 여기에 해당된다. 한편 직접 적용되는 사항으로는 ① 과세소득(taxable income)을 계산하는 방법, ② assessable income과 면세소득(exempt income)의 관계, ③ assessable income이 어떻게 ordinary income과 statutory income으로 구성되는지, 각종 소득의 구체적인 개념은 납세의무자가 오스트레일리아 거주자인지 여부 그리고 소득의 원천에 따라 어떻게 달라지는지에 대한 사항, ④ 면세소득(exempt income)의 내용에 관한 사항, ⑤ 공제항목의 일반적인 사항과 구체적인 세부사항, ⑥ 납세의무자가 일반적인 공제항목 규정에 따라 공제받을 수 있는 사항, ⑦ 소득, 면세소득 및 공제항목에 영향을 미치는 모든 규정의 목록 등에 관한 사항들이 여기에 해당된다.

핵심규정(the core provisions)에서 사용하는 중요 개념(concepts)은 오랜 기간 법원의 판례로 광범위하게 형성되어 온 것을 수용한 내용들로 법원의 판례로 형성되어 온 중요 개념에는 소득(income)의 통상적인 개념

(ordinary concepts), 소득이 언제 생긴 것으로 볼 것인지, 비용이 언제 지출된 것으로 볼 것인지 등과 같은 핵심적인 용어의 의미가 포함된다.

새로 입안되는 법률에서는 이 법이 어떻게 작동되는지에 관하여 개념적이면서도 실용적인 틀을 제공하는데, 개념구조상 최상위층(the top layer) 중 체크리스트(checklist) 단계에서는 소득(income), 면세소득(exempt income), 공제항목(deduction), 세액공제(offsets)에 관하여 영향을 미치는 개별 조문들의 체크리스트를 제공하였다.

개념구조상 두 번째 층(the second layer)에서는 일반적인 규정(the general provisions)을 다루는데, 폭 넓은 집단의 납세의무자들에 적용되는 규정과 개념구조상 세 번째 층(the third layer)의 전문적이고 특수한 분야로 다루기 적정하지 아니한 납세의무자에게 적용되는 규정들이다. 일반적인 규정(the general provisions)은 특수한 종류의 소득, 공제, 세액공제 등을 다루며, 일반적인 규정에는 대부분의 영업활동과 관련되는 감가상각이나 재고품의 거래와 관련된 처리규칙이 포함되어 있었다.

개념구조의 마지막 단계인 세 번째 층(the third layer) 단계에서는 특수한 그룹의 납세의무자에게 적용되거나 특별한 납세의무와 관련되는 사항들을 다루는 전문적이고 특수한 분야의 규정(the specialist provisions)인데, 그 내용은 크게 아래와 같은 분야로 분류될 수 있다.

- 자본이득세(capital gains tax)
- 납세의무자인 법인 및 법인의 구분
- 파트너십 및 파트너십의 구분
- 신탁회사(trusts) 및 신탁회사의 구분
- 협동조합 및 공제조합
- 금융거래(financial transactions)
- 연금(superannuation)
- 생명보험

○ 특수한 산업과 직업에 대한 규칙(일반적인 광산업, 채석업, 유전, 영화산업, 1차산업, 연구개발업)
○ 소득세제에 대한 국제적 관점
○ 소득의 귀속(attribution of income)
○ 조세회피방지에 관한 규정

피라미드 구조의 주요한 부분이 정리된 이후 3가지 보조단계의 보충규정들을 살펴보면, 네 번째 층인 소득세의 징수에 관한 내용에서는 다양한 종류의 소득세 분할 납부시스템에 관한 사항, 원천징수에 관한 사항, 소득세 자진납부에 관한 사항, 납부하지 아니한 소득세의 강제징수에 관한 사항 등을 다루고, 다섯 번째 층인 행정과 관련하여서는 조세행정 일반에 관한 사항, 납세관리번호(tax file number), 세무대리인, 조세범에 대한 기소와 처벌, 기장 등 납세협력의무에 관한 사항을 다루고 있다. 여섯 번째 층인 용어사전과 관련한 용어의 정의는 이 법안의 제일 마지막 부분(clause 995-1)에 리스트로 작성되어 있지만, 모든 용어의 정의가 clause 995-1에 있는 것은 아니다. 상당수의 용어는 그 용어를 가장 잘 이해할 수 있는 위치에 배치되어 있으며, 빈번하게 쓰이는 용어들을 제외하고는 해당 용어가 시작되는 지점에서 asterisk로 표시하여 clause 995-1에서 찾아볼 수 있도록 하였다. 아주 빈번하게 사용되는 용어의 경우에는 미리 새로운 법률의 앞부분에서 그 용어가 정의되는 조문을 직접 알려 주고 있다.

각주(footnote)도 asterisk처럼 독자가 그 해당 용어의 정의를 찾아가는 데 도움을 주는 방법으로 이용되었다. 각주(footnote)는 1997년 소득과세법(Income tax assessment Act 1997) section 2-15(2)에서 그 사례를 찾아볼 수가 있다.

〈Income tax assessment Act 1997 section 2-15〉

Section 2-15 When terms are not identified

(1) Once a defined term has been identified by an asterisk, later occurrences of the term in the same subsection are not usually asterisked.

(2) Terms are not asterisked in the non-operative material contained in this Act.

Note: The non-operative material is described in Subdivision 2-E.

(3) The following basic terms used throughout the Act are not identified with an asterisk. They fall into 2 groups:

Key participants in the income tax system

Item	This term:	is defined in:
1.	Australian resident	section 995-1
2.	commissioner	section 995-1
3.	company	section 995-1
4.	entity	section 960-100
4A	foreign resident	section 995-1
5.	individual	section 995-1
6.	partnership	section 995-1
7.	person	section 995-1
8.	trustee	section 995-1
9.	you	section 4-5

Core concepts

Item	This term:	is defined in:
1.	amount	section 995-1
2.	assessable income	Division 6
3.	assessment	section 995-1
4.	deduct, deduction	Division 8
5.	income tax	section 995-1
6.	income year	section 995-1
7.	taxable income	section 4-15
8.	this Act	section 995-1

나. 새로운 조문번호 체계의 도입(A new numbering system)

　기존의 1993년 소득과세법(Income tax assessment Act 1993)의 조문번호 체계는 납세의무자와 조세관련 전문가들을 혼란스럽게 하고, 조세법을 이해하는 데 시간과 비용을 낭비하게 만드는 문제가 있었다. 이러한 기존 조문번호 체계의 단점들을 보완한 새로운 조문번호 시스템이 만들어지게 되었고, 새로운 조문번호 체계는 따라하기 쉽고 순차적으로 구성되어 있어서 법률의 주된 흐름에 영향을 주지 않고도 이후의 개정된 내용들을 취소할 수 있도록 구성되었다.

　기존의 오스트레일리아 법률에서 종전부터 사용되어 오던 조문(Section)번호 체계는 하나하나 순차적으로 조문번호를 매기는 방법이었다. 예를 들어서, section 7과 section 8 사이에 새로운 section을 신설하려는 경우 종전의 방법은 영어 알파벳 대문자를 추가하는 방법(section 7A)이었다. 이러한 조문번호 부여체계는 빈번하게 개정되지 아니하는 법률의 경우에는 잘 작동되지만, ITAA 36은 제정한 지 60년이 지났고 수차례의 개정이 있었기 때문에 159GZZZZA(2)(b)와 같은 조문번호가 생겨나게 되었다. 이러한 문제점을 극복하기 위하여 TLIP(Tax Law Improvement Project)팀은 새로운 조문번호 부여방법을 개발하게 되었다.

　TLIP팀은 새로운 조문번호 체계를 개발하기 전에 먼저 이상적인 조문번호 체계가 되기 위하여 갖추어야 할 핵심적인 목표를 정리하였는데, 그 내용은 아래와 같다.

○ 새로운 법률의 개별 단위(each unit)는 이를 잘 식별하고 다른 부분과 잘 구분될 수 있는 독특한 조문번호를 가지고 있어야 함
○ 새로운 조문번호 체계에서는 임의로 선택되는 2개의 숫자를 비교할 경우 어느 숫자가 더 높은 수준의 것인지 분명해야 함

○ 조문번호는 읽기 쉬워야 하고, 모호함 없이 큰 소리로 말할 수 있어야 함
○ 새로운 조문번호 체계는 자연스럽고 예측 가능하여야 함
○ 특별한 이유가 없다면 종전의 조문번호 체계를 유지할 필요가 있지만, 만일 종전의 조문번호 체계가 문제를 초래한다면 이를 과감하게 바꾸어야 함
○ 각각의 조문번호는 그 조문이 어느 장·편·절 등에 속하는지 분명하게 식별될 수 있어야 함
○ 새로운 조문번호 체계는 법률이 제정된 후 다시 방대한 분량의 새로운 내용들이 추가되거나 신설될 경우 이에 잘 대처할 수 있어야 함

위와 같은 목표를 모두 충족시키기 위하여 TLIP팀이 개발한 새로운 조문번호 체계는 크게 Chapter-Part-Division-Subdivision-Section으로 나누고 있으며, 이들 각각에 대하여 번호를 부여하는 방법을 설명하면 아래와 같다.

Chapter는 새로운 법률의 구성에서 가장 높은 수준의 대분류에 해당하는데, Chapter의 번호는 하나의 구성요소로만 표기하는 것으로 정하되, 순서는 Chapter 사이에 번호의 간격(gap)없이 일련번호로 표기하였다. 예를 들어 Chapter 1, Chapter 2, Chapter 3, Chapter 4, Chapter 5, Chapter 6처럼 그 번호를 부여하고, 만일 Chapter 5와 Chapter 6 사이에 새로운 Chapter를 추가하여야 할 경우에는 Chapter 5A, Chapter 5B, Chapter 5C와 같은 방법으로 추가하면 된다. Chapter에 관한 신·구조문 대비표로 만들면 아래와 같다.

〈표 3-10〉 Chapter 신·구조문 대비표

구 조문번호	개정안
Chapter 5	Chapter 5
〈새로운 Chapter 신설〉	Chapter 5A
〈새로운 Chaper 신설〉	Chapter 5B
〈새로운 Chaper 신설〉	Chapter 5C
Chapter 6	Chapter 6

하나의 Chapter는 다시 여러 Part로 세분되는데, Part의 번호는 dash(-)에 의해서 구분되는 2가지 구성요소로 표기하는 것으로 정하였다. 2가지 구성요소 중 앞자리는 해당 Part가 속한 Chapter를 의미하고, 뒷자리는 Chapter 내의 해당 Part를 의미한다. 예를 들면, Part 5-6은 Chapter 5안에 있는 Part 6을 의미한다. 이처럼 Part의 번호를 2가지 구성요소로 표기하는 이유는 상호참조(cross-references)를 보다 간단하게 하려는 것이다. Part의 번호는 각각의 Chapter 안에서 새로운 번호로 시작하되, 장래에 새로운 Part가 추가될 것에 대비하여 번호와 번호 사이에 5의 간격을 두기로 결정하였다. Chapter 2 내에 있는 여러 Part를 예로 들어 설명하면, Part 2-1, Part 2-5, Part 2-10처럼 Part에 번호를 매기는 것이다. Part와 Part 사이에 숫자 간격이 모두 메워진 후에 새로운 Part를 신설할 필요가 있는 경우에는 알파벳 대문자를 사용한다. Part 5-5와 Part 5-6 사이에 새로운 Part를 신설하려는 경우에는 Part 5-5A, Part 5-5B, Part 5-5C 와 같은 방법으로 추가하게 된다.

하나의 Part 내에는 여러 개의 Division이 위치할 수 있는데, Division 번호는 법률의 처음부터 연속적으로 부여하도록 하였고, 장래에 새로운 Division이 추가될 것에 대비하여 Division과 Division 사이에 5의 간격을 두는 것을 원칙으로 하였다. Division에 관한 번호부여 방법에 관한 예를 들어보면 다음과 같다.

```
    Chapter 1
      Part 1-1
        Division 1

    Chapter 2
      Part 2-1
        Division 15
        Division 20
      Part 2-5
        Division 25

    Chapter 3
```

　　Division 번호를 종전과 달리 법 전체에 걸쳐 순차적으로 부여하도록 한 이유는 Section 번호를 보다 효율적으로 부여할 수 있기 때문이다. 이러한 Division의 번호부여 방식을 채택하게 되면 Division 자체의 번호는 그 Division이 속한 Chapter나 Part에 관계없이 법 전체 속에서 순차적으로 위치한 Division 번호를 나타내므로 Section 번호를 탄력적으로 부여할 수 있게 된다. 나중에 법 조문이 계속 추가되어 Division 사이의 숫자간격이 촘촘해지고, 그 사이에 다시 새로운 Division을 추가할 필요가 생기면 Division 5A-Division 5B-Division 5C와 같은 방식으로 추가하면 된다.

　　하나의 Division 내에는 다시 여러 개의 Subdivision이 위치할 수 있는데, Subdivision은 dash(-)로 구분되는 2가지 구성요소로 표기한다. 앞부분은 Division 번호를 쓰고 뒷부분은 영문 알파벳을 사용하여 표현하는데, 예를 들면 Subdivision 165-A는 Division 165의 Subdivision A를 의미한다. 만일, Subdivision 165-B와 Subdivision 165-C 사이에 새로운 Subdivision을 신설할 필요가 있는 경우에는 Subdivision 165-B와 Subdivision 165-C 사이에 Subdivision 165-BA, Subdivision 165-BB, Subdivision 165-BC와 같은 방법으로 추가하게 된다.

　　Section은 우리나라의 법률의 조(條)에 해당되는데, Section 번호는

dash(-)에 의해서 구분되는 2가지 구성요소로 표기한다. 앞부분은 Division 번호를 사용하고, 뒷부분은 해당 Section 자체의 번호를 의미한다. 이때 해당 Section 자체의 번호를 부여할 때에는 Division마다 Section 번호를 항상 1부터 새로 시작하도록 하고, Section과 Section 사이에는 새로운 Section이 추가될 것에 대비하여 5의 간격을 두는 것으로 정하였다. 예를 들면, Section 5-1은 Division 5의 Section 1을 의미하고, Section 5-5와 Section 5-10은 Division 5의 Section 5와 Section 10을 각각 의미한다. 새로운 법률이 제정된 후에 다시 새로운 Section을 신설할 필요가 있는 경우에는 우선적으로 Section 사이에 있는 숫자 간격부터 채우고, 숫자 간격이 채워진 후에도 그 사이에 새로운 Section을 신설할 필요가 있는 경우에는 알파벳 대문자를 사용하게 된다. 예를 들어, Section 5-15와 Section 5-16 사이에 새로운 Section을 추가하려는 경우에는 Section 5-15A, Section 5-15B, Section 5-15C와 같은 방법으로 추가한다. 각각의 Section 번호는 Division 번호가 법률 전체에 순차적으로 부여되기 때문에 2가지 구성요소 자체만으로도 다른 Section 번호와 식별되기 때문에 다른 상위의 단위(예: Chapter, Part 등)를 인용하여 사용할 필요는 없다.

 Section의 하부단위인 Subsection(우리나라 법률의 項과 유사), Paragraph 및 Subparagraph는 새로운 방식을 도입할 필요성이 거의 없어 종전의 방식을 대부분 그대로 사용하였다. 위에서 설명한 새로운 조문번호 체계는 1997년 소득과세법(the Income Tax Assessment 1997)의 Subdivision 2-D(Section 2-25와 Section 2-30)에 명문으로 입법화되어 있다.

Subdivision 2-D - The numbering system

  Section 2-25 Purposes

Two main purpose of the numbering systems in this Act are:
• To indicate the relationship between units at different levels.
  For example, the number of Part 2-15 indicates that the Part is in Chapter 2.

> Similarly, the number of section 165-70 indicates that the section is in Division 165.
> - To allow for future expansion of the Act, the main technique here is leaving gaps between numbers.
>
> Section 2-30 Gaps in the numbering
>
> There are gaps in the numbering system to allow for the insertion of new Divisions and Sections.

새로운 조문번호 체계의 실제 사례로서, 1997년 소득과세법(Income tax assessment Act 1997)의 Chapter 1의 내용을 살펴보면 아래와 같다.

> CHAPTER 1--Introduction and core provisions
>
> PART 1-1--PRELIMINARY
>
>   Division 1--Preliminary
>
> Section 1-1   Short title [see Note 1]
> Section 1-2   Commencement
> Section 1-3   Differences in style not to affect meaning
> Section 1-7   Administration of this Act
>
> PART 1-2--A GUIDE TO THIS ACT
>
>   Division 2--How to use this Act
>
>   Subdivision 2-A--How to find your way around
>
> Section 2-1   The design
>
>   Subdivision 2-B--How the Act is arranged
>
> Section 2-5   The pyramid
>
>   Subdivision 2-C-- How to identify defined terms and find the definitions

Section 2-10   When defined terms are identified
Section 2-15   When terms are not identified
Section 2-20   Identifying the defined term in a definition

      Subdivision 2-D--The numbering system

Section 2-25   Purposes
Section 2-30   Gaps in the numbering

      Subdivision 2-E--Status of Guides and other non-operative material

Section 2-35   Non-operative material
Section 2-40   Guides
Section 2-45   Other material

      Division 3--What this Act is about

Section 3-1   What this Act is about
Section 3-5   Annual income tax
Section 3-10   Your other obligations as a taxpayer
Section 3-15   Your obligations other than as a taxpayer

PART 1-3--CORE PROVISIONS

      Division 4--How to work out the income tax payable on your taxable income

Section 4-1   Who must pay income tax
Section 4-5   Meaning of you
Section 4-10   How to work out how much income tax you must pay
Section 4-15   How to work out your taxable income
Section 4-25   Special provisions for working out your basic income tax liability

      Division 6--Assessable income and exempt income

Section 6-1   Diagram showing relationships among concepts in this Division
Section 6-5   Income according to ordinary concepts (ordinary income)
Section 6-10   Other assessable income (statutory income)
Section 6-15   What is not assessable income
Section 6-20   Exempt income

> Section 6-23   Non-assessable non-exempt income
> Section 6-25   Relationships among various rules about ordinary income
>
>   Division 8--Deductions
>
> Section 8-1   General deductions
> Section 8-5   Specific deductions
> Section 8-10   No double deductions
>
>   PART 1-4--CHECKLISTS OF WHAT IS COVERED BY CONCEPTS USED IN THE
>   CORE PROVISIONS
>
>   Division 9--Entities that must pay income tax
>
> Section 9-1A   Effect of this Division
> Section 9-1   List of entities
> Section 9-5   Entities that work out their income tax by reference to something
>   other than taxable income

다. Guide와 Signposts 등의 도입

　TLIP팀은 종전의 세법을 쉬운 용어(plain language)로 고쳐 쓰는 것만으로는 국민들이 세법에 쉽게 접근하고 이해할 수 있도록 하기에 불충분하다고 판단하였고, TLIP팀은 세법의 이용자가 새로운 법률의 중요한 부분을 개관하고, 필요한 부분을 정확하고 신속하게 찾아가는 데 도움을 줄 수 있는 특별한 방향지시장치(orientation material)을 고안하였는데, 그 방향지시장치로는 Guide와 Signposts 등이 있다.

① Guides

　오스트레일리아 세법에서 Guides는 Subdivision이나 Division 등이 다루는 내용이 무엇인지 안내하는 조문(Sections)이며, 그 Subsection은 세법의 이용자로 하여금 Subdivision이나 Division 등이 자신들과 관련이 있는지 여부를 결정하는 데 도움을 주고 있다.

새로운 세법에 도입되는 Guides 중 가장 특징적인 것은 theme statements인데, 이것은 그 뒤에 오는 조문들의 핵심적인 내용을 간략하게 요약한 조문이다. 이러한 theme statements는 쉽게 찾아볼 수 있는데, "what this Division is about" 등과 같은 표제 바로 밑에 위치하거나 사각형 모양의 박스 안에 있다. 1997년 소득과세법(Income tax assessment Act 1997)의 Division 25 부분의 Guide(Section 25-1)를 예로 들면 다음과 같다.

> Division 25- Some amounts you can deduct
>
> Section 25-1 What this Division is about
>
> This Division sets out some amounts you can deduct. Remember that the general rules about deductions in Division (which is about general deductions) apply to this Division

Theme statements는 법률의 다른 부분을 참조할 필요 없이 그 자체로서 의미가 전달되도록 구성되었다. theme statements의 목적은 독자들로 하여금 특정 Subdivision이나 Division을 참조할 필요가 있는지를 판단할 수 있도록 하는 것이다. 이러한 theme statements는 다른 몇 가지 측면에서도 유용한 면이 있는데, 우선 세법을 이용하는 사람들이 그 법률의 전체적인 개요를 파악하는 데 매우 유용한 디딤돌이 될 수 있고, 해당 법률의 특정한 분야가 어떠한 구조로 짜여져 있는지 알 수 있도록 해주며, 그 법의 목적과 실제 개별적으로 적용되는 조문의 관계를 보여주는 데에도 도움이 될 수 있다.

그 밖에 theme statements 외에도 목적조항(purpose or object statements), Section의 번호 및 제목을 도표로 만든 것, 흐름도(flow chart) 혹은 다이어그램(diagram) 등과 같은 것들이 있는데, 이러한 Guide는 새로

운 법률의 모든 부분에 적용하는 것이 아니라 해당 Subdivision이나 Division의 난이도 등에 따라 선별적으로 사용된다.

1997년 소득과세법(Income tax assessment Act 1997)에서 흐름도가 사용된 조문의 예로는 Section 165-30을 들 수 있다.

Section 165-30 Flow chart showing the application of this Subdivision

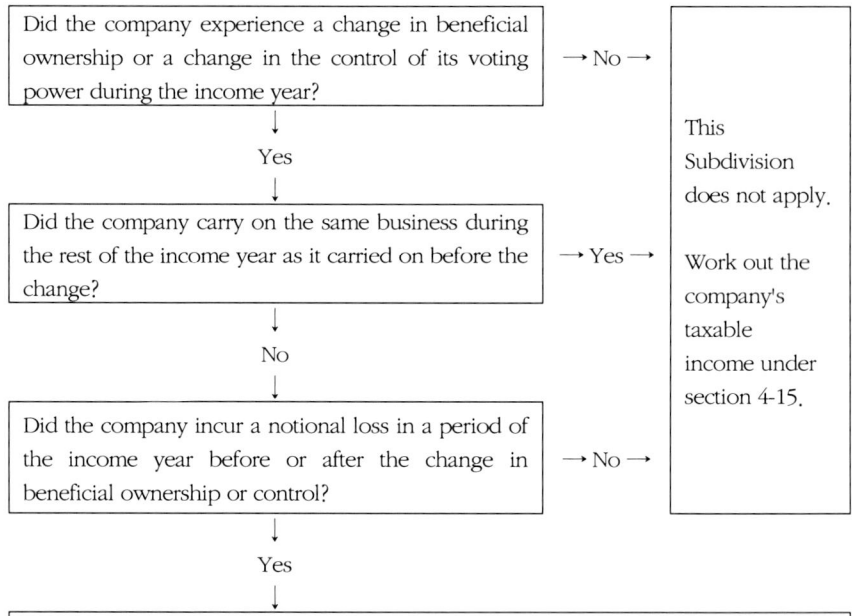

1997년 소득과세법(Income tax assessment Act 1997)에서 다이어그램(diagram)이 사용된 조문은 section 6-1이 있다.

Section 6-1 Diagram showing relationships among concepts in this Division

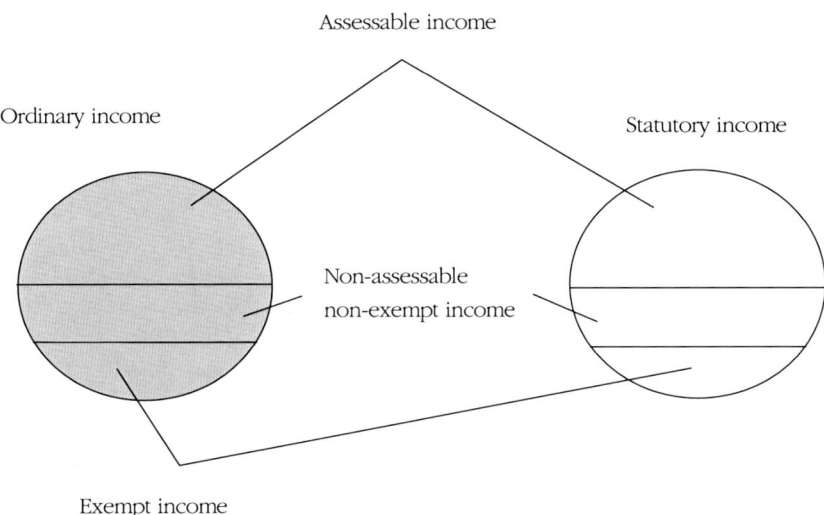

(1) Assessable income consists of ordinary income and statutory income.
(2) Some ordinary income, and some statutory income, is exempt income.
(3) Exempt income is not assessable income.
(4) Some ordinary income, and some statutory income, is neither assessable income nor exempt income.
For the effect of the GST in working out assessable income, see Division 17.
(5) An amount of ordinary income or statutory income can have only one status (that is, assessable income, exempt income or non-assessable non-exempt income) in the hands of a particular entity.

Guides는 법률의 일부이긴 하지만, 실제 적용되는 조문과는 분리되어 있어, 집행력을 갖지 않는다. 그러나 operative provision을 해석할 때에 Guide는 아래와 같은 경우 하나의 기준으로 활용될 수 있다.

○ operative provision의 목적을 해석할 때
○ operative provision의 의미가 문자 그대로의 통상적인 의미인지 아니면 법률의 전체적인 문맥하에서 무언가를 추가로 고려해야 하는지 확인할 필요가 있을 때
○ operative provision의 의미가 모호할 경우 그 의미를 결정할 필요가 있을 때
○ 만일 operative provision을 문자 그대로 통상적인 의미로 해석할 경우 너무나 비합리적인 결과를 초래하기 때문에 그 해당 조문의 의미를 새롭게 해석할 필요가 있을 때

이러한 Guides는 법률의 일부이기 때문에 입법절차를 거쳐야 수정될 수 있다.

② Signposts

TLIP팀은 새로운 법률의 층(layers) 구조를 조직하면서 일반적인 사항으로부터 세부적인 사항으로 옮겨가도록 구성하였는데, 새로운 법률에 도입된 Signposts는 독자들이 법률의 특정한 한 분야로부터 그와 관련된 다른 수준의 한 분야로 신속하게 이동하는 데 도움을 주고 있다. 1997년 소득과세법(Income tax assessment Act 1997)에서 Signpost 예는 Section 4-1에서 볼 수 있다.

Section 4-1 Who must pay income tax

Income tax is payable by each individual and company, and by some other entities.
Note: The actual amount of income tax payable may be nil.
For a list of the entities that must pay income tax,
see Division 9, starting at section 9-1.

③ Headers

Headers를 도입하여, 페이지마다 맨 윗부분에 해당 장(Division)과 조문(Section)을 표시하고 있다.

④ Examples

보다 복잡한 이슈에 대하여는 구체적인 사례들이 법률에 제공되고 있다.

⑤ Dictionary

정의되는 모든 단어들이 마지막 장에 목록으로 나열되어 있다.

라. 쉬운 용어의 사용과 법조항의 축소

① 쉬운 용어의 사용

1936년 세법에서는 문장당 평균 140개의 단어로 구성되어 있었으나, 새 법에서는 문장당 40개의 단어로 줄어들어 읽기가 용이하게 되었다. 또한,

법률적인 어려운 용어들이 많았던 옛법에 비하여, 쉬운 단어로 구성되어 이해가 쉽도록 변화되었다.

새로운 언어들이 법을 바꿀 수 있다는 비판이 제기되었으나 개정작업에서 변화된 새로운 스타일의 법들은 기존 법의 의미에 영향을 미치지 않는 범위 내에서 개정되었고, 따라서 새 법은 기존의 법과 같은 방식으로 해석할 수 있으며 프로젝트팀이 만든 변화들은 Explanatory Memorandum에 설명되어 있다.

② 법조항의 축소

표현이 길거나 중복되는 법조항들을 삭제하고, 더 나은 구조와 새로운 입법화 방법은 50~60%정도로 법조항들을 줄이는 효과를 보게 되었다. 법조항의 축소로 이용자들은 같은 효과를 보면서 법을 읽고 이해하는 시간이 줄게 되어 많은 혜택을 볼 수 있게 되었다.

4. 조세법 개편의 실적과 주요 내용

가. 1994년 세법개혁(입증조항)법안(Tax Law Improvement(Substantiation) Bill)

납세자들이 새로운 법들을 보다 쉽게 지킬 수 있도록 상당한 변화들이 여러 단계의 개정작업 과정을 통하여 이루어졌는데, 이러한 세법개혁의 첫번째 단계로서 1936년 소득과세법의 입증조항(substantiation provision)이 과제로 채택되었다. 입증조항은 오스트레일리아의 납세자에게 영향을 주는 조항이지만, 이해하기가 어렵고 운영도 어렵다는 비판이 많이 제기되었기 때문이다. 프로젝트팀이 입안한 입증조항에 대한 법안은 1994년 12월

의회에 세법개혁법안(Tax Law Improvement(Substantiation) Bill)으로 제출되었다.

이러한 세법개혁법안(Tax Law Improvement(Substantiation) Bill)은 1995년 4월 7일에 발효되었는데, 입증조항은 1936년 소득과세법(Income Tax Assessment Act 1936 as amended)에 첨부되는 형식을 취하다가, 1997년 소득과세법(Income Tax Assessment 1997)에 수용되었다. 입증조항 개정의 결과로 중복규정들이 축소되면서, 19,000개의 단어 수가 11,000개로 감소하였다. 또한 더욱 명확하고 짧은 문장이 사용되었고, 한 문장당 평균 단어 수는 241개에서 37개로 감소하였다.

나. 1996년 소득과세법안(Income Tax Assessment Bill 1996)

그 이후 Tax Law Improvement Project팀이 ITAA36 다시 쓰기 작업을 진행한 이래 총 3회(instalments)에 거쳐 법안들을 만들었고, 연방의회를 통과하여 1997년 소득과세법(Income Tax Assesssment Act 1997)으로 정리되어 시행되고 있다.

소득과세법 다시 쓰기의 첫 번째 작업은 1996년 소득과세법안(Income Tax Assessment Bill 1996)으로 시작되었는데, 여기에서 진행된 범위는 아래와 같다.

- ○ 소득과 공제에 관한 핵심규정(the key provisions about income and deductions)
- ○ 당해 과세연도 또는 이전 과세연도 손실의 공제와 기업집단의 손실 이전(deductions for current and prior year losses and company group loss transfers)
- ○ 차량 비용을 산정하고, 업무와 관련된 비용을 입증하는 규칙(the rules for calculating car expenses and substantiating work-related

expenses)
- ○ 광산업이나 채석산업에 있어서 특별한 자본적 지출의 상각(the special capital expenditure write-off)
- ○ 빌딩이나 다른 자본재에 대한 자본공제(capital allowances for buildings and other capital works)

다. 1997년 세법개혁법안(The Tax Law Improvement Bill 1997)

TLIP팀은 두 번째 단계의 소득과세법 개정작업으로 1997년 세법개혁법안(The Tax Law Improvement Bill 1997)을 입안하였다. 이 법안은 법률을 읽고 사용하고 적용하기 쉽도록 하기 위하여 1996년 소득과세법안(the Income Tax Assessment Bill 1996)에서 채택한 입법방식을 그대로 채택하였는데, 여기에서 다시 쓰기 작업을 한 분야는 아래와 같다.

- ○ assessable income에 추가로 포함할 다양한 소득(including various miscellaneous amounts in assessable income)
- ○ 비과세소득(exempt income)
- ○ 공제대상에 추가로 포함되는 사항(deductions for various miscellaneous amounts)
- ○ trading stock(goods, land, intangible property)과 관련된 assessable income의 계산 및 공제 등
- ○ 이미 임대된 차의 매매로 인한 이득(profits from the sale of previously leased cars)
- ○ 공장의 감가상각에 대한 공제(deductions for depreciation of plant)
- ○ 영업 목적으로 땅을 사용하는 사람들의 자본적 지출에 대한 공제(decutions for capital expenditure of primary producers and some

land-holders using land for business purposes)
- ○ 접대비(entertainment expenses)
- ○ 증여에 대한 공제(deductions for gifts)
- ○ 공제받을 수 있는 비용의 총액(the treatment of amounts that recoup deductible expenses)
- ○ 독자들의 이해를 돕기 위한 임시적이거나 최종적인 개정들(설명서 등)

라. 1998년 세법개혁법안(The Tax Law Improvement Bill 1998)

TLIP팀의 세 번째 입안 법률은 1998년 세법개혁법안(the Tax Law Improvement Bill 1998)이며, 이 또한 앞서 추진된 법안들과 동일한 입법방식으로 입안되었다. 이 법안은 1997년 소득과세법((Income Tax Assessment Act 1997)의 일부를 이루어 1998년 7월 1일에 발효되었다. 주요 내용은 아래와 같다.

- ○ 자본이득 및 자본손실(Capital gains and losses)
- ○ 회사의 악성부채(company bad debts)
- ○ 지적 재산권(intellectual property)
- ○ 원예작물(horticulturea plants)
- ○ 1차 산업 종사자의 조세부담을 덜어 주기 위한 소득평균법(averaging of primary producers tax liability)
- ○ 환경보호와 관련된 공제(environment protection)
- ○ 평균 소득 이상의 전문직 종사자의 소득에 대한 과세(above-average special profession income)

마. 1997년 소득과세법(Income tax assessment Act 1997)

1997년 소득과세법(Income tax assessment Act 1997)은 위와 같이 세 단계(instalment)를 거쳐 만들어진 법안이며, 연방의회를 통과하여 시행되고 있다. 1997년 소득과세법(Income tax assessment Act 1997)은 세법이 보다 단순하고 명료하며 납세자가 쉽게 준수할 수 있도록 하는 입법내용들을 포함하고 있는데, 이러한 입법내용들은 납세자 순응을 돕기 위하여 비실용적인 법들을 바꾸고, 복잡한 법들을 단순하게 바꾸며, 불필요하거나 변칙적인 법들은 삭제하고, 불명확한 내용들을 명확하게 수정하는 내용들을 포함하고 있다. 이러한 변화들 중 절반은 납세자들에게 이익을 주는 행정실제에 대한 내용에 초점이 맞추어져 있다.

Ⅲ. 시사점

이상에서 살펴본 영국과 오스트레일리아의 조세법 개편사례를 통해 다음과 같은 시사점을 도출할 수 있다.

1. 전담기구의 구성

세법을 알기 쉽게 개편하기 위해서는 알기 쉬운 세법 개편을 전담할 기구 및 자문기구의 설치와 충분한 예산의 뒷받침이 필요하다. 세법의 개편 작업은 세법체계를 개편함과 동시에 세법을 알기 쉽게 고쳐 써야 하기 때문에 고도의 전문성을 가진 정책입안 공무원과 세무공무원, 조세법학자, 재정학자, 세무회계를 전공하는 학자, 변호사, 공인회계사, 세무사, 관련 전문가 및 국어학자 등의 전문 인력을 확보한 상설기구에서 전담해야 한다. 그리고 이와 같은 상설기구와는 별도로 자문위원회를 구성하여 필요한 자문을 받도록 하는 것이 효과적인 방법으로 보인다.

영국은 세법 다시 쓰기 작업을 전담하는 프로젝트팀을 구성하는 한편, 법률, 회계, 기업출신 등 관련 전문가들로 운영위원회와 자문위원회를 구성하여 전담기구의 활동을 보완하고 세법 수요자의 입장을 반영하도록 하였다. 특히 프로젝트팀은 공무원으로만 구성하는 것이 아니라, 민간부문의 배경을 가진 전문가들을 참여시켜 법안 준비 단계부터 세법 수요자의 시각에서 접근하기 쉬운 세법령을 만들 수 있도록 설계하였다.

오스트레일리아의 경우 '세법개혁프로그램'을 수행하기 위하여 프로젝트팀(Project Team), 자문위원회(Consultative Committee), the Assistant Treasurer의 세 파트로 조직을 구성하였다. 그 중 프로젝트팀에는 40명 이상의 정규직원팀과 2개의 민간부문 단체들로 구성되었는데, 정규직원들은 재무부와 국세청, 그리고 의회사무처의 시니어 패널들로 이루어졌고 민간부문 단체들로는 New South Wales 대학의 '오스트레일리아 조세연구프로그램'에 참여하고 있는 조세전공 교수들 단체와, Coopers and Lybrand사의 Brisbane 지사소속 조세전문가들로 이루어진 단체로 구성되었다. 오스트레일리아의 '세법개혁프로그램'의 핵심 특성은 자문위원회에 있다고도 볼 수 있는데, 자문위원회에는 사업분야, 세법 등의 각종 분야의 대표자들로 구성되며 정기적으로 만나서 내용을 검토하고 프로젝트팀에게 여러 방안을 제시하는 역할들을 수행하였다. 이러한 자문위원회를 통하여 프로젝트팀은 실무가들과 민간인들의 소득세법 해석과 적용에 대한 어려움들을 좀 더 이해할 수 있는 기회가 되었고 프로젝트팀은 세법을 다시 쓰는 데에 실무상의 어려움을 최소화할 수 있는 기회가 되었다. 또한 자문위원회에서의 작업들을 통하여 개정작업의 수준이 민간인들의 피드백을 통하여 높아질 수 있었으며, 입법과정에서 문장들이 좀 더 쉽게 만들어질 수 있는 계기가 되었다고 사료된다.

2. 법령 구조의 변화

　법률의 구조는 그 법을 쉽게 따라가고 사용하기 편리하게 하는 것이 중요하다. 독자들이 보다 쉽게 이해할 수 있도록 하고, 독자들이 찾으려는 조문에 도달하는 방법을 보다 쉽게 찾을 수 있는 구조를 만드는 것이 필요할 것이다.

　영국의 2007년 소득세법 구조를 살펴보면, Part 2. 기본조항에 이 법에서 공통되고 핵심적인 주제인 계산방식과 세율을 규정하고, Part 3~15까지 공제에 관한 세부규정과 특별규정을 포함하며, Part 16, 17에 전체적인 정의규정을 두어 독자가 이해하기 편한 구조로 설계되어 있다.

　오스트레일리아의 1997년 소득과세법(Income tax assessment Act 1997)은 피라미드 구조로 구성되어 있다. 맨 위층은 중심적이고 핵심적인 개념을 기술하고 아래로 내려올수록 점점 전문적인 주제를 규정하는 방식으로 구조화되어 있다.

3. 개관규정의 활용

　이용자 입장에서 볼 때 세법에서 찾으려는 내용이 어디에 있는지를 파악하고 처음에 무엇부터 보아야 할지를 결정하기 위해 법률의 전체적인 맥락과 각 장, 절의 세부 구성을 보여주는 것은 매우 중요하다. 이러한 역할을 하는 것이 바로 개관규정이다.

　영국의 조세법 개편사례에서도 개관조항을 사용하고 있는데, 법률의 맨 앞부분에 독립된 Part로 "Part 1. Overview"를 두어 이 법률에서 다루고자 하는 Part의 구성을 보여주고 있다. 또한 2007년 소득세법 제22조[59])와 같

---

59) 22 Overview of Chapter.
　(1) This Chapter deals with the calculation of a person's income tax liability for a

이 하위목차인 Chapter에서도 개관조항을 두어 해당 Chapter에서 다루지 않는 부분과 관련 Chapter의 규정 번호를 명시하여 독자의 이해를 돕고 있다.

오스트레일리아의 경우에는 Guide 조문(section)에서 이러한 개관내용들을 담고 있다. Guides 중 가장 특징적인 것이 theme statements이며, 이것은 뒤에 오는 조문들의 핵심적인 내용을 간략하게 요약하여 독자들로 하여금 특정 Subdivision이나 Division을 참조할 필요가 있는지 여부를 판단할 수 있도록 안내하는 조문이다. theme statements 외에도 목적조항(purpose or object statements), section의 번호 및 제목을 도표로 만든 것, 흐름도(flow chart) 혹은 다이어그램(diagram) 등을 통하여 뒤에 오는 내용들을 설명하고 있다. 이러한 Guide는 법률 전체에 적용하는 것이 아니라 해당 Subdivision이나 Division의 난이도 등에 따라 선별적으로 사용된다.

4. 정의규정의 활용

정의규정의 유무와 위치는 법령의 이해도에 큰 영향을 미친다. 용어가 의미하는 바가 세법상 불확실한 경우 용어의 의미를 한정하는 정의규정이 없다면 통일적인 해석이 불가능하다. 또한 규정을 읽기 전에 반드시 알아야 하는 용어가 해당규정 앞부분에 위치하지 않으면 해당규정을 정확하게 이해할 수 없게 된다.

영국의 조세법 개편사례에서는 정의규정을 적극적으로 활용하고 있다. 예를 들어, 2007년 소득세법은 총 1,207개의 조항으로 구성되어 있는데, 그

---

tax year.
(2) But it does not deal with any income tax liability mentioned in section 32.
(3) This Chapter needs to be read with Chapter 1 of Part 14 (limits on liability to income tax of non-UK residents).

중 정의규정이 140개나 된다. 또한 기혼자에 대한 감면(Part 3. Chapter 3. Tax reductions for married couples and civil partners) 부분에서는 반드시 알아야 할 최소금액(the minimum amount)의 의미를 해당 Chapter의 앞부분에서 규정하는 반면, 세율(Part 2. Chapter 2. Rates at which income tax is charged) 부분에서 중요하지 않은 용어인 배당소득(Dividend income)은 해당 Chapter의 뒷부분에서 정의하고 있다.

오스트레일리아의 1997년 소득과세법(Income tax assessment Act 1997)의 경우 제일 마지막 부분에 용어사전이 작성되어서 해당 용어들의 해석을 돕고 있다. 그러나 해당 법률의 모든 용어의 정의가 용어사전에 있는 것은 아니며, 상당수의 용어는 그 용어를 가장 잘 이해할 수 있는 위치에 배치되어 있다.

5. 산식, 흐름도, 도표 등의 활용

세법은 수학계산을 통해 정확한 금액을 산출하는 것을 기초로 한다. 따라서 문장으로만 표현되는 다른 법률과 달리 세법에서는 이용자의 이해도를 높이기 위해 수학적 표현에서 이용되는 산식과 도표 등을 활용할 필요가 있다. 또한 세법상 요건을 충족하기 위해 여러 개의 하위요건을 두고 있는 경우 표로 간명하게 보여주는 것도 이용자의 이해도를 높일 수 있는 방법이다. 물론 산식과 도표의 내용을 문장으로 설명할 수 있지만, 경우에 따라서 여러 개의 산식과 도표를 이용하는 것이 계산과정을 표현하고 이해하기에 더 효과적이고 용이할 수 있다.

영국의 조세법 개편사례에서도 이러한 예를 찾아볼 수 있다. 즉, 2007년 소득세법 제23조에서 소득세 납세액의 계산을 7단계로 나누어 설명하고 있으며, 동법 274조에는 벤처 캐피털 트러스트로 승인받기 위한 요건을 도표로 설명하고 있다.

오스트레일리아의 경우에는 각종 도표, 흐름도 혹은 다이어그램 등을 활용하여 조세법의 이해를 좀 더 효율적으로 돕고 있다.

6. 참조조항의 활용

세법 규정을 기술할 때 다른 법률이나 같은 법 다른 조항의 요건이나 개념을 인용하거나 다른 조항의 효력을 그대로 따르도록 규정하는 경우가 있다. 이때 참조조항을 단지 "××법 ××조에 의한…"으로 표시할 수도 있지만, 독자의 이해도를 높이기 위해 참조조항의 내용을 알 수 있는 제목을 삽입하여 "××법 ××조(○○○)에 의한…"으로 표시할 수도 있다.

영국의 조세법 개편사례에서도 다음과 같이 참조조항의 제목까지 표기하도록 하여 세법의 이해도를 높이고 있다.

2007년 소득세법 제20조 The starting rate limit and the basic rate limit

(1) The starting rate limit is £2,150.

(2) The basic rate limit is £33,300.

(3) The basic rate limit is increased in some circumstances: see −.

　(a) section 414(2) (gift aid relief), and

　(b) section 192(4) of FA 2004 (relief for pension contributions).

오스트레일리아의 경우에도 1997년 소득과세법(Income tax assessment Act 1997)에서는 조문에 대한 상호참조 기능을 보다 명확하게 하기 위하여 조문의 번호뿐만 아니라 조문의 제목도 함께 명시하도록 하였다.

7. 조항의 번호체계

법률조항의 번호를 부여하는 체계(numbering system)는 항구적이고 간결한 것이 바람직하고, 더욱이 조항이 색인의 역할을 수행할 수 있다면 더욱 이상적이라 할 것이다.

오스트레일리아의 경우 기존의 1993년 소득과세법(Income tax assessment Act 1993)의 조문번호 체계는 납세의무자와 조세관련 전문가들을 혼란스럽게 하고, 조세법을 이해하는 데 시간과 비용을 낭비하게 만드는 문제가 있었다. 이러한 기존 조문번호 체계의 단점들을 보완한 새로운 조문번호 시스템이 만들어지게 되었고, 법률의 주된 흐름에 영향을 주지 않고 이후의 개정된 내용들을 취소할 수 있도록 구성되었다. 오스트레일리아의 TLIP팀이 개발한 조문번호 체계는 크게 Chapter-Part-Division-Subdivision-Section으로 나누어 볼 수 있는데, Chapter와 Subdivision 경우에는 후에 추가되는 경우 알파벳을 사용하여 번호를 부여하는 방식을 취하고 있고, Part와 Division 그리고 Section 경우에는 장래에 새로운 번호가 추가될 것에 대비하여 번호와 번호 사이에 5의 간격을 두었고, 숫자 간격이 채워진 후에도 그 사이에 새로운 조항이 신설될 필요가 생기면 알파벳 문자를 사용하는 방식을 취하고 있다.

8. 쉬운 용어와 문장 길이의 축소

세법이 알기 쉽게 이해되기 위해서는 입법형식과 법령의 용어나 문장이 가능한 한 알기 쉽게 표현되어야 한다. 조세법은 쉽게 이해될 수 있도록 알기 쉬운 용어로 쓰여져야 하고, 문장의 길이를 적절하게 조절하여 문장의 내용이 쉽게 파악될 수 있도록 해야 한다.

영국은 기존의 세법에 비해 다시 쓴 세법에서는 문장이 비교적 간결하며, 고어와 약칭의 사용을 최소화하여 훨씬 쉽게 문장을 이해할 수 있도록 하였다.

오스트레일리아 1936년 소득과세법(Income tax assessment Act 1936)의

경우에는 문장당 평균 140개의 단어로 구성되어 있었으나, TLIP을 통하여 만들어진 1997년 소득과세법(Income tax assessment Act 1936)에서는 문장당 40개의 단어로 줄어 읽기가 용이하게 되었다. 또한 법률적인 어려운 용어들이 많았던 옛법에 비하여 쉬운 단어로 구성되어 이해가 쉽도록 변화되었다. 표현이 길고 중복되는 법조항들은 삭제하고 더 나은 구조와 새로운 입법화 방법들을 통하여 약 50%에 해당하는 법조항들을 줄이는 효과도 보게 되었다.

제 4 장
알기 쉬운 조세법 개편방안

Ⅰ. 알기 쉬운 조세법으로의 개편을 위한 기본방향

1. 조세개혁 또는 알기 쉬운 조세법으로 고쳐 쓰기
   －알기 쉬운 조세법으로 고쳐 쓰기

　알기 쉬운 조세법 개편작업은 크게 2가지 방향에서 이루어지는 것이 바람직하다. 그 하나는 조세법의 실체적 내용의 어려움 및 복잡성을 해결하기 위하여 조세법의 실체적 내용을 변경하는 조세개혁(Tax Reform)이다. 그리고 다른 하나는 조세법의 실체적 내용은 바꾸지 않고 그대로 유지하면서 종전의 법률체계를 개편하고 법문을 알기 쉽게 다시 고쳐 쓰는 알기 쉬운 조세법으로 고쳐 쓰기(Tax Law Rewrite)이다.
　조세법이 어려운 것은 조세법의 실체적 내용 자체가 어려운 경우와 조세법의 형식·체계 또는 표현 등이 어려운 것에서 비롯되는 경우로 나눌 수 있다.
　조세법의 실체적 내용이 어려운 것은 주로 과세 형평성의 확보 필요성, 조세회피행위의 규제, 정책수단으로서의 조세의 역할 증대, 경제의 성장에 따른 다양하고 복잡한 경제거래의 출현과 이에 따른 조세법상의 대응의 필요성, 조세법의 기술성 등에 기인한다. 이와 같은 조세법의 실체적 내용의 어려움을 해결하기 위해서는 조세정책의 실체적 내용을 변경하여야 한다. 조세정책의 실체적 내용을 변경하여 조세법을 알기 쉽게 고치기 위한 가장 근원적인 방안은 세목을 대폭 줄이면서 과세구조가 단순한 조세, 예를 들면 복잡한 소득세나 법인세를 폐지하는 대신에 Flat Tax와 같은 단순한 조세를 도입하는 방안이다. 그러나 이와 같은 방안은 실행 가능성이 높지 않다.

조세법의 실체적 내용의 어려움을 해결하기 위한 차선의 방안으로서는 현행 조세제도의 기본골격은 그대로 유지하면서 복잡하고 어려운 과세요건 및 확정절차에 관한 규정을 단순화화는 방안을 제시할 수 있다. 예를 들면 최저한세 제도의 폐지 또는 단순화, 인적공제 및 특별공제를 포함한 종합소득공제의 개선, 세액공제 및 세율구조의 단순화, 금융소득에 대한 세액계산의 특례 규정의 폐지 또는 개선, 의제배당소득의 단순화 등과 같이 복잡하고 어려운 세법규정을 단순화하는 방안이 이에 해당한다.

다음으로 조세법의 형식·체계 또는 표현 등이 어려운 것은 조세법령체계의 복잡성, 법령의 통일성 및 법령체계의 일관성 결여, 조세법령 편제의 난잡성, 세법상의 문언 및 표현의 어려움, 법문의 지나친 축약성과 추상성 등에서 비롯한다. 이와 같은 조세법의 형식·체계 또는 표현 등에 기인한 해석상의 어려움을 해결하기 위해서는 조세법령의 체계·편제 및 표현방식을 전면적으로 고칠 필요가 있다. 즉 조세정책의 실체적 내용은 바꾸지 않고 그대로 유지하면서 종전의 법률체계를 개편함과 동시에 법문을 알기 쉽게 다시 고쳐 쓰는 방안이다. 종전의 조세법령의 내용은 그대로 유지하면서 해석이 어렵거나 불명확하거나 복잡한 법문을 알기 쉽게 다시 고쳐 쓰는 것이다. 이와 같은 접근방법에 의한 개선은 최근 영국·오스트레일리아 등에서 이루어진 바 있다.

결론적으로 조세법을 알기 쉽게 고치기 위해서는 조세법의 실체적 내용의 어려움을 개선하기 위한 방안과 조세법의 형식·체계 또는 표현 등의 어려움을 해소하기 위한 방안을 동시에 병행하여 실시하는 것이 가장 바람직하다고 하겠다. 그런데 조세법의 실체적 내용의 어려움을 해소하기 위해서는 복잡한 조세를 폐지함과 동시에 단순한 조세를 신설하거나 복잡하고 어려운 조세제도를 폐지하거나 단순화하는 것과 같은 조세법의 실체적 내용을 바꾸어야 한다. 즉 조세개혁(Tax Reform)을 통하여 해결하여야 한다. 조세개혁은 조세법의 영역 밖인 국민경제·국가의 경제정책 및 사회정책·국가의 재정수지·세무행정의 수준 등을 고려하여야 할 뿐만 아니라 개혁작업에는 방대한 전문인력과 오랜 시간과 막대한 예산을 필요로 한다. 뿐만 아니라 조세정책수단의 타당성이나 그 선택을 둘러싼 논쟁으로 인하여 알기 쉬운 세법 개편작업이 장기간 교착상태에 빠질 위험성이 크다.

그러므로 알기 쉬운 조세법 개편작업은 조세법령의 통일성 및 법령체계의 일관성 확보, 법령편제의 재편, 세법상의 문언 및 표현의 개선, 법문의 축약성과 추상성 등의 지양 등과 같은 조세법의 형식상·체제상에서 기인하는 조세법의 어려움을 해소하기 위한 방안, 즉 알기 쉬운 세법 다시 고쳐 쓰기(Tax Law Rewrite)에 초점을 맞추어 진행하여야 한다.

2. 조세법 개편의 추진범위와 시행방법

가. 단계적 접근방안 또는 일괄적 접근방안
  －단계적 접근방안

알기 쉬운 조세법 개편작업은 모든 조세법령이 그 대상이다. 즉 모든 조세법령을 알기 쉽게 다시 고쳐 써야 한다. 법률은 물론이고 대통령령과 부령까지 포함하여 수행하여야 한다.

이와 같은 알기 쉬운 조세법의 개편작업의 시행방법은 크게 일괄적 접근방안과 단계적 접근방안으로 나눌 수 있다.

일괄적 접근방안(Big Bang Implementation)은 모든 조세법령에 관한 알기 쉬운 조세법의 개편작업을 동시에 진행하여 한꺼번에 개편작업을 마치는 방안이다. 이 방안을 채택하는 경우에는 모든 조세법령에 관한 알기 쉬운 조세법 개편작업을 동시에 진행하여 그 개편작업을 마친 후 같은 시기에 그 개편된 법령을 시행하는 것이다.

이에 대하여 단계적 접근방안(Staged Implementation)은 조세법령을 연차적인 계획에 따라 매년 일부의 법령을 단계적으로 고쳐나가는 방안이다.

방대한 조세법령의 개편작업을 수행하면서 모든 조세법령의 개편작업을 동시에 진행한다는 것은 그 기구의 구성이나 인력의 확보 등에 비추어 볼 때 사실상 어려운 일이다. 그러므로 알기 쉬운 조세법 개편작업은 연차적인 계획에 따라 단계적으로 진행하는 것이 바람직하다고 하겠다. 오스트레일리아나 영국에서도 단계적 접근법으로 세법 고쳐 쓰기 프로젝트를 수행하였다. 다만, 이와 같은 단계적 접근방안은 정권의 교체, 장관 또는 기관장의 경질, 경제적 상황이나 정책의 변화 등과 같은 외부환경의 변화에 따라 언제든지 개편작업이 중단될 수 있는 위험성을 안고 있기 때문에 이에 관한 별도의 장치를 마련할 필요가 있다.

나. 알기 쉬운 세법 개편작업의 시행방법
   - 연차계획에 따른 단계적 개편

조세법의 개편작업은 많은 시간이 소요되는 장기적인 과제이므로 최소한 5년 내지 10년의 작업기간을 설정하여 수행하지 않으면 그 목적을 달성하기 어렵다. 영국은 1997년부터 현재까지 약 12년 동안 세법 다시 쓰기 프로젝트(Tax Law Rewrite Project)를 수행하고 있다. 그리고 오스트레일리아에서는 1993년 12월에 세법개선프로그램(Tax Law Improvement Program)을 수립하고 프로젝트팀을 구성하여 1998년까지 1936년 소득과세법(Income Tax Assessment Act 1936)에 대한 세법 다시 고쳐 쓰기 작업을 수행하였으며, 1999년부터는 조세개혁(Tax Reform)과 병행하여 세법 다시 고쳐 쓰기 작업(Tax Law Rewrite)을 속행하였다.

알기 쉬운 세법 고쳐 쓰기 작업은 2010년부터 2011년까지 2년간에 걸쳐 소득세법에 관하여 알기 쉬운 세법 고쳐 쓰기 작업을 시범적으로 시행한 후 그 경험과 성과를 바탕으로 하여 2012년부터 2016년까지 5년간에 걸쳐 나머지 조세법령에 관한 알기 쉬운 세법 고쳐 쓰기 작업을 속행하도록 하는 것이 바람직하다.

근로소득이나 양도소득에 대한 소득세는 대부분의 국민을 납세의무자로 하거나 잠재적 납세의무자로 하는 대중세의 성격을 지니고 있다. 그럼에도 소득세법령은 그 편제가 복잡할 뿐만 아니라 난잡하고 그 표현 등이 어렵기 때문에 조세법령 중 가장 어려운 법령 중의 하나로 인식되고 있다. 그러므로 이와 같은 근로소득이나 양도소득에 대한 소득세를 규율하고 있는 소득세법령을 알기 쉽게 고치는 경우 그 개선의 효과는 매우 크다고 하겠다.

이와 같이 국민에게 가장 영향력이 클 뿐만 아니라 가장 어려운 법령으로 인식되는 소득세법령의 개편작업을 시범사업으로 선정하여 먼저 시행하여 본 후 그 경험 및 성과를 바탕으로 하여 나머지 조세법령에 대한 개편작업을 계속 수행하는 것이 능률 면이나 예산절감의 측면에서 볼 때 훨씬 바람직하다고 하겠다.

3. 알기 쉬운 법령의 판단 기준과 법령의 수준
   － 조세전문가

성문법에서 법령의 내용은 법문의 표현을 통하여 인식되는 것이므로 입법형식, 법령에서의 용어·문장 등은 가능한 한 알기 쉽게 표현되어야 한다. 모든 국민을 잠재적 납세의무자로 삼고 있기 때문에 가능하다면 조세법령은 누구든지 쉽게 읽을 수 있고 이해할 수 있도록 알기 쉽게 만들 필요가 있다.

그런데 조세법을 알기 쉽게 고쳐 쓴다고 하더라도 누구를 기준으로 한 알기 쉬운 조세법인지에 관하여는 논란이 있다. 이론상 조세법은 평균수준의 일반인이라면 누구든지 쉽게 이해할 수 있도록 만드는 것이 바람직하다. 법제처가 발간한 법령입안 심사기준에서는 일반 국민의 눈높이에서 모든 법령을 쉽게 만들어 의무교육을 받은 국민이면 누구나 쉽게 읽고 이해할 수 있어야 한다고 적고 있다[60].

그러나 세법을 아무리 쉽게 만든다고 하더라도 의무교육을 받은 국민이면 누구나 쉽게 읽고 이해할 수 있을 정도로 만드는 것에는 한계가 있다. 조세법은 복잡하고 어려운 경제거래 내지 법률행위를 과세대상으로 삼고 있으므로 용어(금융파생상품, 신탁 등) 자체부터 어려울 뿐만 아니라 그 내용 또한 기술성·전문성을 띠고 있기 때문이다. 특히 과세표준의 계산에 관한 규정은 고도의 회계지식이 필요하기 때문에 일반인이 쉽게 이해할 수 있는 성질이 아니다.

헌법재판소는 법문의 이해 가능성과 관련하여 국세기본법 "제56조 제2항 중 괄호부분은 일반인의 주의력으로는 쉽게 정확하게 이해하기도 어렵게 하였거니와 중요규정을 괄호 내에 압축하여 불충실하게 불완전하게 규정함으로써 그 적용을 받은 국민으로 하여금 재판권행사에 당혹과 혼선을 일으키게 하였다. 60일이라는 짧은 제소기간인데도 그 기간계산에 있어서 착오가 생기기 쉽게 함은 입법의 신중성의 결여이고 조잡이라 하지 않을 수 없으며, 다단계의 행정심판전치절차를 거치게 하면서 이른바 기각간주 과정과 연계시켜야 행정소송의 제소기간을 정확하게 파악을 할 수 있게 한 것도 입법체제로서는 매우 이례적인 일이다. 이 규정은 위법한 과세처분에 대한 국민의 재판을 받을 권리에 직접 관련된 불변기간에 관한 규정이다. 돌이켜 불변기간들을 살펴볼 때에 이 규정처럼 불변기간에 관하여 불명확·모호하게 규정함으로써 그 기산점에 관하여 혼선을 일으키게 한 예는 발견하기 어려우며, 이 때문에 지금까지 조세부과처분에 대한 행정소송에 이르는 길에 큰 장애요인이 되어 왔던 것이 또한 실증적 경험이기도 하다.

---

60) 법제처, 『법령입안 심사기준』, 2007, p. 56.

원래 제소기간과 같은 불변기간은 늘릴 수도 줄일 수도 없는 기간이며, 국민의 기본권의 하나인 재판을 받을 권리행사와 직접 관련되기 때문에 그 기간계산에 있어서 나무랄 수 없는 법의 오해로 재판을 받을 권리를 상실하는 일이 없도록 쉽게 이해되게, 그리고 명확하게 규정되어야 한다. 변호사강제주의를 채택하지 아니한 법제이기 때문에 그와 같은 요청은 더욱 강조된다고 할 것이다. 그것이 재판을 받을 권리의 기본권 행사에 있어서 예측 가능성의 보장이요, 재판을 받을 권리의 실질적인 존중이며 나아가 법치주의의 이상을 실현시키는 길이다. 이러한 의미에서 국세기본법 제56조 제2항 괄호규정 부분은 재판을 받을 권리의 파생인 불변기간 명확화의 원칙에 반한다고 할 것이며, 이렇듯 법률전문가의 입장에서도 그 내용파악이 어렵고 모호한 것이라면 신속한 재판을 받는데 기대만큼의 도움이 될 수 없을 것임은 물론 이를 내세워 정당화시킬 수도 없을 것이므로, 결국 헌법 제27조 제1항의 규정에 위반된다고 할 것이다."고 하여 법률전문가의 입장에서도 그 내용파악이 어렵고 모호한 규정이라면 헌법에 위반된다고 판시한 바 있다[61].

결론적으로 조세법령은 평균수준의 일반인이 쉽게 이해하는 수준을 유지하지는 못한다고 하더라도 최소한 변호사·공인회계사 및 세무사 등과 같은 조세전문가가 쉽게 이해하는 수준은 유지되어야 한다. 다만, 국민의 대다수를 수요자로 하는 대중세적인 성격을 띠고 있는 근로소득이나 양도소득에 대한 소득세 등에 관한 법령은 좀 더 눈높이를 낮추어 규율하는 것이 바람직하다고 하겠다.

오스트레일리아의 세법개선프로그램(Tax Law Improvement Project)에서도 다시 고쳐 쓰는 조세법의 눈높이에 관하여 논란이 있었다. 즉 모든 납세자의 눈높이에 맞출 것인가, 아니면 조세전문가의 눈높이에 맞출 것인가에 관하여 다툼이 있었던 것이다. 세법개선프로그램에서는 법조인과 같이

---

[61] 헌법재판소 1992.07.23. 선고 90헌바2 결정.

가장 뛰어난 조세전문가 집단(the most expert professional advisers)만을 대상으로 삼지 않고 가장 넓은 범위의 조세전문가, 즉 모든 조세전문가 집단(all professional tax practioners)이 쉽게 이해할 수 있도록 작성하도록 하였다[62].

4. 조세법령 통폐합의 방향과 범위

알기 쉬운 조세법 고쳐 쓰기 작업을 수행할 경우 내국세에 관한 법률·관세법 및 지방세법을 통합한 후 그 통합한 단일법전에 대하여 수행할 것인지 또는 현행의 법령체제를 그대로 유지하면서 각각의 법률에 대하여 수행할 것인지가 문제가 된다. 만일 내국세에 관한 법률·관세법 및 지방세법별로 각각 알기 쉬운 조세법 고쳐 쓰기 작업을 한다면 내국세의 경우 19개에 이르는 조세법률을 통합한 후 그 통합법에 대하여 알기 쉬운 조세법 고쳐 쓰기 작업을 수행할 것인지 또는 통합함이 없이 개별법률 단위로 알기 쉬운 조세법 고쳐 쓰기 작업을 수행할 것인지를 결정하여야 한다.

가. 내국세법·관세법 및 지방세법의 통합

내국세·관세 및 지방세를 아우르는 조세에 관한 규정을 통합하는 통일법전을 제정할 것인지에 관하여는 견해의 대립이 있다. 내국세·관세 및 지방세법을 통합하는 방안, 내국세·관세 및 지방세의 통칙법을 통합하는 방안, 현행대로 존치하는 방안이 대립되고 있다.

---

[62] The Parliament of the Commomwealth of Australia, Explanatory memorandum to the Income Tax Assessment Bill 1996, the Income Tax(Transitional Provisions) Bill 1996 and the Income Tax(Consequential Amendments) Chapter 1.

1) 내국세·관세 및 지방세법을 통합하는 방안

내국세·관세 및 지방세법을 통합하는 방안이다. 즉 「조세법」(가칭)이라는 단일법전 안에 내국세·관세 및 지방세에 관한 사항을 통합하여 규정하는 방안이다.

2) 내국세·관세 및 지방세의 통칙법을 통합하는 방안

내국세·관세 및 지방세의 통칙법을 통합하는 방안이다. 즉 「조세통칙법」(가칭)이라는 단일법전 안에 내국세·관세 및 지방세에 관한 통칙적인 사항을 통합하여 규정하는 방안이다. 이 경우 각 세목의 과세요건과 확정절차를 정하고 있는 개별세법은 현행대로 존치한다.

3) 현행대로 존치하는 방안

현행과 같이 내국세·관세 및 지방세에 관한 법률을 각각 제정하여 운영하는 방안이다. 현행법상 내국세에 관한 법률은 국세기본법·국세징수법·조세범처벌법·조세범처벌절차법 등과 같은 다수의 통칙법과 하나의 세목마다 하나의 세법으로 이루어진 개별세법의 체제를 유지하고 있다. 그러나 관세와 지방세는 내국세와는 달리 관세법과 지방세법이라는 단일법전으로 이루어져 있다.

4) 결어

제3방안과 같이 현행의 내국세·관세 및 지방세에 관한 법률을 각각 제정하여 운영하는 방안이 가장 바람직하다고 하겠다. 그 논거는 다음과 같다.

첫째, 지방세는 조례를 그 법원으로 하기 때문에 국세에 관한 법률과 지방세법을 단일세법전으로 통합하는 데에 장애가 되고 있다. 그리고 지방세의 경우에는 과세객체, 과세표준, 세율, 기타 부과징수에 관한 필요한 사항의 조례에의 위임의 정도는 내국세에 관한 법규명령의 경우와는 달라서 법률에 의한 광범위한 위임도 허용된다고 새기고 있다[63]. 왜냐하면 조례제정권자인 지방의회는 선거를 통하여 지역적인 정당성을 가진 주민의 대표기관이고, 헌법이 지방자치단체에 대하여 포괄적인 자치권을 보장하고 있는 취지에 비추어 볼 때 수권법의 내용이 법규명령에서와 같은 정도의 개별성·구체성을 요구하는 것이 아니기 때문이다[64]. 또한 지방세를 국세와 함께 단일세법전으로 규율할 경우에는 헌법상 지방자치권의 핵심적 내용을 이루는 자치입법권을 침해함으로써 위헌논쟁을 불러일으킬 소지가 높다.

둘째, 내국세와 관세의 이질성으로 말미암아 내국세법과 관세법을 하나의 단일법전으로 통합하는 것도 어렵다고 하겠다. 미국의 경우에도 관세에 관한 법률(Title 19-Customs Duties)과 내국세에 관한 법률(Title 26-Internal Revenue Code)을 별도의 편제로 구성하고 있다.

결론적으로 내국세법·관세법 및 지방세법의 단일법전화는 바람직하지 않다. 그러나 현행의 내국세·관세 및 지방세에 관한 법률을 각각 제정하여 운영하는 제3방안을 그대로 유지하는 경우에도 내국세·관세 및 지방세의 통칙적인 사항에 관하여는 당해 조세의 특성상 불가피한 경우를 제외하고는 그 규정의 내용을 가능한 한 통일하여 규정하도록 하여야 한다.

---

[63] 김철수, 『헌법학개론』, 박영사, 2003, p. 1065; 김계환, 『헌법학정해』, 박영사, 1997, p. 1068; 정하중, 「조례제정권의 범위와 한계」, 『고시연구』 1998. 8월호, p. 21.

[64] 헌법재판소는, 지방세조례는 지방세법 등의 위임이 있는 경우에 제정할 수 있다는 입장을 취하면서도 법규명령에서와는 달리 지방자치단체에게 폭넓은 수권을 허용하고 있다. 헌법재판소는 과세면제 또는 불균일과세 등에 관한 특별감면조례의 제정 근거가 되는 지방세법 제7조 제2항에 대하여 지방세법의 요강적 성격, 지방의회의 주민의 대표성 등을 내세워 합헌이라고 판시하였다(헌법재판소 1995.10.26, 94헌마242).

나. 내국세에 관한 법률의 통합

현행 국세(관세를 제외한 내국세를 말한다. 이하 같다)에 관한 법률은 무려 19개[65]에 이른다. 이로 인하여 각 실정세법 간에 규정이 중복되고 통일성이 결여됨으로써 조세법을 복잡하게 하고 어렵게 하는 요인이 되고 있다.

이를 개선하기 위해서는 복잡한 현행의 실정세법을 통·폐합할 필요가 있다. 조세법령의 통·폐합 방안으로서는 다음과 같은 4가지 방안을 고려하여 볼 수 있다.

1) 단일법체계로 바꾸는 방안

내국세의 모든 세목을 하나의 법률로 규율하는 방안이다. 단일법률 안에는 개별 세목의 과세요건에 관한 규정은 물론이고 국세통칙에 관한 규정도 함께 규정하도록 한다. 그 입법례로서는 미국의 내국세법(Internal Revenue Code)를 들 수 있다.

단일법전체계는 색인표 등에 의하여 관련 조항을 쉽게 찾을 수 있기 때문에 접근이 용이하며, 1세목 1세법주의에서 야기되는 중복규정을 줄일 수 있는 장점이 있다. 그리고 단일법전 안에 수록된 전체의 조세 중에서 개별 세목을 조망할 수 있기 때문에 세목 간에 형평 및 통일성을 유지할 수 있다[66].

---

[65] 국세통칙법에 해당하는 국세기본법·국세징수법·조세범처벌법·조세범처벌절차법·과세자료의 제출 및 관리에 관한 법률이 포함되어 있다.
[66] 실정세법의 통·폐합과 관련하여 체계성기준·실용성기준 및 즉응성기준에 의하여 비교하는 견해가 있다(송쌍종, 『조세법론-조세법의 이론체계-』, 법문사, 1993, pp. 264~267).

2) 국세절차법과 국세실체법의 2개의 법률로 규율하는 방안

내국세에 관한 규정을 절차법적인 사항과 실체법적인 사항으로 나누어 절차법적인 사항은 국세절차법에서, 그리고 실체법적인 것은 국세실체법에서 규율하는 방안이다. 그 입법례로서는 프랑스의 조세절차법(Livre des Procédures Fiscales)과 조세실체법(Code Général des Impôts)의 이원화 체계를 들 수 있다.

3) 성질이 유사한 법령을 통합하는 방안

내국세에 관한 사항을 국세통칙법과 개별세법으로 나누되, 개별세법은 다시 그 성격이 유사한 세목을 통합하여 규율하는 방안이다. 먼저 현행의 국세기본법·국세징수법·조세범처벌법·조세범처벌절차법·과세자료의 제출 및 관리에 관한 법률을 통합하여 '국세통칙법'(가칭)이라는 하나의 통칙법을 제정하도록 한다.

다음으로 개별세법은 소득세법(소득세법·법인세법), 소비세법(부가가치세법, 개별소비세법, 교통·에너지·환경세법, 주세법), 상속세및증여세법, 종합부동산세법, 인지세법, 증권거래세법, 농어촌특별세법 및 교육세법으로 통·폐합하도록 한다. 그리고 조세특례제한법·국제조세조정에관한법률의 내용은 각 개별 세법에서 수용하도록 한다. 위의 내용에 따르면 국세에 관한 법률은 다음과 같이 국세통칙법과 8개의 개별세법으로 이루어지게 된다.

① 국세통칙법
② 소득세법(소득세법·법인세법)
③ 상속세및증여세법
④ 종합부동산세법
⑤ 소비세법(부가가치세법[67], 개별소비세법, 주세법, 교통·에너지·환

경세법)
⑥ 인지세법
⑦ 증권거래세법
⑧ 농어촌특별세법
⑨ 교육세법

4) 통칙법은 통합하되, 개별세법은 현행대로 존치하는 방안

현행의 국세기본법·국세징수법·조세범처벌법 및 조세범처벌절차법을 통합하여 '국세통칙법'(가칭)을 제정하되, 개별세법은 현행대로 존치하는 방안이다. 즉 개별세법은 현행의 소득세법, 법인세법, 상속세및증여세법, 종합부동산세법, 부가가치세법, 개별소비세법, 교통·에너지·환경세법, 주세법, 인지세법·증권거래세법·농어촌특별세법·교육세법을 그대로 유지하는 것이다.

한편, 국세통칙에 관한 사항을 하나의 단일법전으로 통합할 때에는 다음과 같은 장점이 있다.

첫째, 세법을 체계적으로 이해하는 데에 도움이 된다. 그리고 단일법전(국세통칙법)의 말미에 색인표를 둠으로써 특정 사항과 관련된 조항을 쉽게 찾을 수 있기 때문에 접근이 쉽다.

둘째, 세법마다 중복적인 규정을 줄일 수 있기 때문에 세법의 간소화에 기여한다. 즉 1세목 1세법주의에 의하여 필연적으로 야기되는 중복규정을 줄일 수 있는 장점이 있다.

셋째, 단일법전 안에 수록된 전체 조세와의 관련 아래에서 특정 세목의 조세를 바라보기 때문에 세목 간에 규정의 형평 및 균형을 유지할 수 있다.

---

67) 부가가치세법과 그 밖의 소비세에 관한 법률 간에 이질적인 내용이 있기 때문에 소비세에 관한 법률을 부가가치세법과 개별소비세법으로 2분하는 방안도 고려하여 볼 수 있다.

현행 독일의 조세법체계는 제4방안의 유형에 속한다. 독일은 단일의 통칙법으로서 조세기본법(Abgabenordnung: AO)을 제정·유지하고 있고, 개별세법으로서는 소득세법·법인세법·부가가치세법 등과 같은 1세목 1법률주의의 체계를 채택하고 있다. 그리고 이전가격의 조작·경과세국에 대한 투자 등과 같은 국가 간의 조세회피를 규제하기 위하여 개별세법과는 별도로 대외세법(Außensteuergesetz: Gesetz über die Besteuerung bei Auslandsbeziehungen)을 두고 있다[68].

5) 결어

장기적인 관점에서는 제1방안과 같이 내국세에 관한 법률을 단일법전으로 제정하는 방안이 바람직하다고 본다. 그러나 조세법전의 단일법전화는 작업량이 방대하여 장기간의 작업기간이 소요될 뿐만 아니라 충분하고 치밀한 연구와 방대한 예산 및 조직이 필요하다. 그러므로 본 연구에서는 제4방안을 전제로 하여 알기 쉬운 조세법 개선방안을 제시하고자 한다. 즉 내국세에 관한 통칙법은 단일법전으로 통합하면서, 개별세법은 현행의 세법체계를 유지하는 것으로 하여 그 개선방안을 검토하고자 한다.

다음으로 조세특례제한법 및 국제조세조정에 관한 법률은 현행대로 존치하되, 다만 조세특례제한법 등에서 규정하고 있는 내용 중 개별세법에서 규정하였어야 할 사항, 예를 들면 조세특례제한법 제104조의 10의 해운기업에 대한 법인세 과세표준 계산 특례, 제136조의 접대비의 손금산입 특례, 제138조의 임대보증금 등의 간주익금에 관한 사항 등은 법인세법 또는 소득세법과 같은 개별세법으로 그 조항을 옮기는 것이 바람직하다고 하겠다.

---

[68] 이 밖에 회사의 구조조정을 지원하기 위한 조직재편세법(Umwandlungssteuergesetz) 과 투자를 세제상 지원하기 위한 투자세법(Investmentsteuergesetz)을 두고 있다.

5. 간결성 또는 상세성
   －상세하면서도 의미가 명확한 세법

　알기 쉬운 세법으로 만들기 위하여 세법의 내용을 축약하여 분량을 줄이는 것이 바람직한 것인지 아니면 세법의 분량은 방대하지만 세법의 내용을 상세하게 다루면서도 의미를 분명하게 하는 것이 바람직한 것인지에 관하여는 논란의 여지가 있다. 즉 조세법령을 고쳐 쓸 경우 간결성(brevity)을 선택할 것인지 아니면 상세성(detail)을 선택할 것인지에 관한 문제이다.

　법조문의 축약성과 간결성을 중요시하는 견해는, 법령에서는 일반적인 원칙만을 담아 그 법령의 의도를 분명히 표현하되, 세부적인 사항은 법원의 판례 등의 형성에 맡겨야 한다고 주장한다. Fuzzy Law 입법방식이라 한다[69]. 이 방식을 따를 경우에는 해당 법령을 탄력적으로 적용할 수 있기 때문에 조세회피에 효과적으로 대처할 수 있다.

　이에 대하여 법조문의 상세성과 명확성을 중요시하는 견해는, 일반적인 원칙은 물론이고 구체적이고 세부적인 사항까지 상세하게 법령에 담아야 한다고 주장한다. 이를 Black Letter Law 입법방식이라 한다[70]. 즉 법령의 분량은 방대하지만 그 내용이 구체적이고 상세하여 의미가 분명한 법령을 만들어야 한다고 한다. 법조문에 일반적 원칙만 담는 경우에는 법령의 공백을 초래하여 납세자의 예측가능성과 법적 안정성을 침해하며 많은 납세순응비용을 필요로 한다는 것이다.

　영국과 오스트레일리아는 법조문의 상세성과 명확성을 중요시하여 법령에 일반적인 원칙은 물론이고 구체적이고 세부적인 사항까지 모두 상세하게 담고 있다. 예를 들면 영국의 Capital Allowance Act 2001(2001 Chapter 2)[71], Income Tax(Earnings and Pensions) Act 2003(2003 Chapter

---

[69] 김창범, 『호주 조세법제 사례분석에 기초한 알기 쉬운 조세법령 마련 방안 연구』, 해외훈련결과 보고서(미간행), 2009, p. 56.
[70] 김창범, 위의 보고서, p. 56.

1)⁷²⁾ 및 Income Tax(Trading and Other Income) Act 2005(2005 Chapter 5)⁷³⁾, 오스트레일리아의 Income Tax Assessment Act 1997과 Goods and Services Tax Act 1999는 모두 내용을 상세하게, 그리고 평이한 용어로 알기 쉽게 개편하였다. 미국의 Internal Revenue Code 또한 구체적이고 세부적인 사항까지 상세하게 규정하고 있다.

우리나라의 세법은 법문이 지나치게 추상적이고 내용이 축약되어 있기 때문에 내용을 이해하기 어렵고 해석상 다툼이 속출하고 있으며, 조세법령의 지나친 축약성에 따른 공백을 기본통칙 · 해석편람 · 예규 또는 질의회신 등의 양산(量産)에 의하여 메워 나가고 있다. 이로 인한 납세순응비용과 조세행정비용은 엄청난 수준이다.

이와 관련하여 우리나라의 부가가치세법과 오스트레일리아의 Goods and Services Tax⁷⁴⁾ Act 1999(이하에서 "GST Act"라 한다)을 비교하여 보기로 한다. 우리나라의 현행 부가가치세법은 전문이 47개 조문⁷⁵⁾에 지나지 않는 조문 수가 극히 적은 법률인데, 이 조문에서 재화 또는 용역의 공급과 재화의 수입에 대한 부가가치세의 과세요건과 그 확정절차 등에 관한 모든 사항을 담고 있다. 이와 같이 복잡하고 광범위한 거래를 과세대상으로 삼고 있는 점에 비추어 볼 때 현행 부가가치세법 조문의 개수는 지나치게 적다고 하지 않을 수 없다. 즉 부가가치세법의 조문을 지나치게 줄이고, 내용을 축약적 · 추상적으로 표현하다 보니 부가가치세법의 해석을 둘러싸고

---

71) 전문이 581개 조항으로 되어 있다.
72) 전문이 725개 조항으로 되어 있다.
73) 전문이 886개 조항으로 되어 있다.
74) 오스트레일리아의 Goods and Services Tax는 우리나라의 부가가치세와 유사한 조세이다.
75) 부가가치세법의 마지막 조문은 제36조인데, 중간에 삽입된 조문 수는 보태고 삭제된 조문 수는 뺀 실제의 조문 수로 표시한 것이다. 한편, 부가가치세법시행령이 116개 조문으로 되어 있는데, 이는 상위법인 부가가치세법의 위임에 따른 규정이 대부분이다. 그리고 부가가치세법시행규칙이 78개 조문으로 되어 있는데, 대부분이 상위법인 부가가치세법시행령의 위임에 따른 규정이거나 세무서식에 관한 규정이다.

끊임없이 다툼이 제기되고 있는 것이다. 우리나라의 부가가치세와 같은 오스트레일리아의 Goods and Services Tax에 관한 근거법률인 GST Act의 조항 수가 749개 조문인 것과 비교하여 보더라도 우리나라의 부가가치세법이 얼마나 축약적·추상적으로 표현되어 있는지를 미루어 짐작할 수 있을 것이다.

이는 부가가체세제를 처음으로 도입·시행하는 과정에서 미처 예측하지 못한 문제들이 발생하더라도 과세관청에게 어느 정도의 행정재량을 허용함으로써 유연한 운영을 도모하기 위하여 법령조문을 줄이면서 그 법문을 추상적·축약적으로 표현한 데에서 기인한다고 하겠다[76]. 이의 필연적인 결과로서 행정해석인 부가가치세법 기본통칙이 241개 조문이나 되며, 부가가치세법 해석편람이 1,983개 조문에 이르고 있어서 이 둘을 합치면 2,200여 조문이 넘는다. 이 밖에도 부가가치세법에 관한 예규와 질의에 관한 회신이 엄청나게 쌓여 있다.

이와 같은 법문의 지나친 축약성과 추상성은 부가가치세법만이 안고 있는 문제가 아니고 조세법 전반의 문제이다. 이 밖에도 우리나라의 소득세법 전문은 202개 조문[77]으로 이루어져 있지만, 영국의 소득세법의 일부인 Income Tax (Trading and Other Income) Act는 그 전문이 무려 886개 조항에 이르고 있다.

세법의 내용을 구체적이고 상세하고 명료하게 개선함으로써 법령해석과정에서 빚어지는 무익한 다툼을 완화하고 납세자에게 예측가능성과 법적 안정성을 확보하여 줄 필요가 있다. 따라서 법령의 분량은 방대하지만 그 내용이 구체적이고 상세하며 의미가 분명한 알기 쉬운 세법으로 개편할 필요가 있는 것이다.

---

76) 이성식, 「부가가치세법의 합리적 개선방안에 관한 연구」, 서울시립대학교 세무대학원 박사학위논문, 2005, p. 5.

77) 소득세법의 마지막 조문은 제175조인데, 중간에 삽입된 조문 수는 추가하고 삭제된 조문 수는 뺀 실제의 조문 수를 표시한 것이다.

법제처의 법령입안심사기준에서도 "법령이 간결하고 함축적이어야 할 필요도 있지만, 해석상 논란의 소지가 조금이라도 있으면 문장의 간결성과 함축성을 유지하기보다는 입법 의도를 정확하고 충분히 나타내는 내용이 법령문에 반영되도록 해야 한다. 예를 들어, 조세나 기술 관계 법령 등과 같이 그 제도 자체의 성격상 복잡할 뿐만 아니라 전문성과 기술성이 반영되어야 하는 법령은 내용이 어느 정도 복잡하고 어려워지는 것을 피할 수 없다. 이런 경우에도 논리의 흐름에 따라 그 내용을 쉽게 서술하면서 정확성과 치밀성을 높이는 노력을 포기해서는 안 된다. 다시 말해서, 일반인에게 적용되는 조문과 특정인에게 적용되는 조문을 구분한다든지, 실체 규정과 절차 규정을 나눈다든지, 수식과 도표를 적절히 활용한다든지 하는 방법 등으로 조항을 체계적으로 나누고 조항 배열의 순서도 조정해서 간결하면서도 정확한 법령을 쓰도록 노력해야 한다." 고 하여 상세하면서도 의미가 명확한 법령의 제정에 중점을 두고 있다[78].

그러나 내용이 상세하면서도 의미가 분명한 세법으로 개편하는 과정에서 법령의 분량이 지나치게 방대하여 납세의무자가 법령의 홍수 속에 허우적거리는 사례는 경계하여야 한다.

Ⅱ. 알기 쉬운 조세법 개편방안의 연구기구의 구성

알기 쉬운 조세법 개편안의 연구를 수행할 추진기구로서 한국조세연구원에 알기 쉬운 조세법 개편연구단을 신설한다. 알기 쉬운 조세법 개편연구단에는 알기 쉬운 조세법 개편 운영위원회(이하에서 "운영위원회"라 한다)와 알기 쉬운 조세법 개편 실무팀(이하에서 "실무팀"이라 한다)을 둔다.

---

[78] 법제처, 『법령입안심사기준』, 2007, pp. 57-58.

1. 운영위원회

가. 임무

운영위원회는 알기 쉬운 조세법 개편안 연구의 기본방향과 개편지침을 마련하고 실무팀이 수행하고 있는 알기 쉬운 조세법 개편안 연구가 기본방향과 개편지침에 맞게 진행되는지의 여부를 평가·검토한다. 그 구체적인 임무는 다음과 같다.

첫째, 알기 쉬운 조세법 개편안 연구의 기본방향과 개편지침을 정하여 실무팀에게 제시한다.

둘째, 실무팀이 수행한 알기 쉬운 조세법 개편안의 연구내용을 평가·검토·확인한다.

셋째, 실무팀에 대하여 알기 쉬운 조세법 개편안 연구와 관련하여 필요한 자문을 제공한다.

나. 구성

운영위원회는 12인 이내의 운영위원으로 구성하되, 운영위원은 다음에 해당하는 자 중에서 선임한다.
① 한국조세연구원 세법연구센터장
② 기획재정부 조세정책국장, 국세청 법무심사국장 및 법제처의 경제법제국 법제심의관
③ 국회사무처의 법제실장
④ 교수(조세법·세무회계 및 조세정책 전공)로서 위촉하는 자
⑤ 변호사, 공인회계사, 세무사의 직역단체가 추천하는 자로서 위촉하는 자

2. 실무팀

가. 임무

실무팀은 알기 쉬운 조세법 개편안 연구의 기본방향과 개편지침에 따라 현행 조세법령을 알기 쉽게 고쳐 쓰는 작업을 수행한다. 즉 현행의 조세법령을 알기 쉬운 조세법 개편안 연구의 기본방향과 개편지침에 따라 알기 쉽게 다시 고쳐 쓰고 그 개정안을 제시하는 것을 그 임무로 한다.

실무팀은 알기 쉬운 조세법 고쳐 쓰기와 관련된 입법자료(외국의 입법례 등)를 수집·정리하는 부서, 알기 쉬운 조세법 고쳐 쓰기 지침에 따라 법문을 다시 고쳐 쓰는 부서, 알기 쉬운 조세법 고쳐 쓰기 지침에 따라 알기 쉽게 다시 고쳐 쓴 법문을 축조적으로 검토하는 부서로 나누어서 업무를 수행하도록 한다.

나. 구성

실무팀은 20인 이내의 인원으로 구성하되, 구성원은 다음에 해당하는 자 중에서 선임한다. 실무팀은 기존의 조세연구원 조직과는 별개의 조직으로 신설한다.
① 한국조세연구원 연구원
② 기획재정부 해당부서의 공무원, 국세청 해당부서의 공무원 및 법제처의 공무원
③ 국회사무처 법제실의 공무원
④ 교수(조세법·세무회계 및 조세정책 전공)로서 위촉하는 자
⑤ 변호사, 공인회계사, 세무사, 공인감정사로서 위촉하는 자
⑥ 국어학자로서 위촉하는 자

Ⅲ. 알기 쉬운 조세법 개편 지침

1. 조세법 구조 및 편제의 개편 지침

가. 조세법 구조 및 편제의 개편 기준

1) 법령편제의 기준

법령편제(법령의 외적 체계, 법령구조)란 법령의 규율 내용을 장·절·관·조·항·호·목 등으로 배열하는 것을 말한다. 법령편제는 크게 다음과 같은 2가지 기능을 수행한다[79].

첫째, 법령편제는 법령의 전체적인 조망을 가능하게 함으로써 법소재의 기억과 전달을 용이하게 한다. 즉 법령편제는 규율의 발견·인식 및 기억에 기여하는 것이다. 이를 법령편제의 정보기능이라고 한다[80].

둘째, 법령편제는 법령의 이해 가능성, 법령의 해석 및 그 실효성을 위하여 중요한 의미를 갖는다. 어떤 규정의 의미는 해당 규정이 속한 전체적 맥락으로부터 비로소 드러나는 경우가 많다. 따라서 법령편제는 법령규정에 대하여 특정한 의미를 부여하고 목적을 이해할 수 있도록 하는 데에 기여한다. 이를 법령편제의 이해기능이라고 한다[81].

그러므로 법령편제는 그 기능을 극대화할 수 있도록 구성될 필요가 있다. 즉 수범자가 규율의 내용을 가능한 한 쉽게 발견하고 올바르게 이해하며 잘 기억할 수 있도록 구성하는 것이 바람직하다. 그리고 규율의 목적에 대한 인식과 법규범의 해석에 도움을 줄 수 있어야 한다.

---

[79] 박영도, 『법령입안기준개발에 관한 연구(Ⅱ) 연구보고 2004-02』, 한국법제연구원, 2004, p. 71.

[80] Peter Noll, Gesetzgebungslehre, Reinbeck, 1973, S. 205.

[81] Georg Müller, *Elemente einerRechtssetzungslehre*, Zürich, 1999, S. 139.

일반적으로 법령을 새로 제정하거나 전면개정을 하는 경우 법령편제의 기본구조는 다음과 같이 이루어진다.

① 도입부

법령의 목적, 용어의 정의, 법령의 적용범위에 관한 규정을 둔다.

② 본문

본문의 편제에서는 논리적 기준, 실질적 기준, 시간적 기준, 규범적 기준을 준수하여야 한다[82].

㉮ 논리적 기준

법령은 일반규정과 특별규정, 상위개념과 하위개념, 원칙과 예외의 순서로 편제가 이루어져야 한다.

㉯ 실질적 기준

법령은 규율하여야 할 문제나 대상 또는 해당 규정의 적용을 받는 수범자를 기준으로 구성하여야 한다. 규율소재에 따라 관련 당사자, 규율대상 행위, 보호법익, 운용되어야 할 시간적 진행에 따라 편제가 이루어질 필요가 있다.

㉰ 시간적 기준

현상이나 행위의 시간적 진행에 따라 편제가 이루어진다.

㉱ 규범적 기준

편제단위의 구성에서 결정적인 것은 이론을 통하여 발전된 개념이나 법제도이다.

③ 조직·절차·집행에 관한 규정
④ 벌칙규정
⑤ 종결규정: 부칙(시행일, 경과규정, 종전 규정의 개폐 등)

---

[82] 박영도, 위의 책, p. 73.

2) 조세법 구조 및 편제의 개편기준

조세법은 조세법의 이용자가 찾기 쉽고 올바르게 이해하는 데에 도움이 되도록 그 편제가 개편되어야 한다. 조세법의 이용자들이 관련 규정을 쉽게 찾고 이해력을 증진시키기 위해서는 다음과 같이 조세법을 편제할 필요가 있다.

가) 조세법의 편제기준

법령 본칙의 조문 수가 많은 경우, 통상적으로는 조문 수가 30개조 이상이 되는 경우에는 법령을 쉽게 이해할 수 있도록 그 규정 내용의 성질에 따라 몇 개의 '장'으로 나누어 규정하는 것이 바람직하다[83]. 장의 조문 수가 많으면 장의 조문들을 다시 절·관·항의 순서로 그 정도에 따라 좀 더 세분할 수 있다. 특히 조문 수가 많으면 '장'의 상위 단위구분으로서 '편'을 둘 수 있다.

그리고 규정 내용의 성질을 구분할 필요가 있으면 비록 조문 수가 적더라도 독립된 편·장·절·관을 두어 법령 전체의 체계를 쉽게 파악할 수 있도록 한다[84].

나) 개관규정의 도입

법령의 도입부, 각 장의 초두 또는 각 절의 초두에 법령, 장 또는 절에서 규율하고 있는 내용을 개괄적으로 소개하는 개관규정(Overview)의 도입 여부를 검토할 필요가 있다. 법령의 도입부, 각 장의 초두 또는 각 절의 초

---

[83] 장은 총칙, 실체규정, 보칙, 벌칙으로 구분할 수도 있으나, 대개 장의 제목으로 '실체규정'이란 용어는 쓰지 않고, 그 규정 내용을 대표할 수 있는 적절한 명칭을 사용한다. 편·장·절·관을 두는 경우에는 그 규정 내용을 대표할 수 있는 제목을 붙여야 한다.

[84] 법제처, 『법령입안심사기준』, 2007, pp. 590-591.

두에 개관규정을 두는 경우에는 수요자인 납세자의 이해력 및 가독성(readability)을 크게 높일 수 있다.

그런데 현행 우리나라 조세법령의 입법기술상 이와 같은 개관규정이나 뒤에서 다룰 흐름도(flowchart), 로드 맵 조항, 도표(diagram), 사례(Examples), 참조조항(cross references) 등을 도입한 규정은 없다. 법이란 인간의 공동생활에서 행위의 준칙으로서 국가가 강제하는 사회규범이다. 그렇다면 법은 수범자인 국민이 가장 잘 이해하고 받아들일 수 있도록 만드는 것이 가장 바람직한 것이다. 개관규정, 흐름도, 도표, 사례, 참조조항, 색인표 등은 모두 조세법령이 담는 내용의 의미를 보다 쉽게 전달하기 위한 수단이므로 이와 같은 납세자의 이해력과 가독성을 높이기 위한 수단의 도입에 반대할 이유는 없다.

그러므로 조세법령의 입법에 개관규정, 흐름도, 도표, 사례, 참조조항, 색인표 등을 적극적으로 도입하여야 한다.

영국의 세법 다시 쓰기 프로젝트에 따라서 다시 고쳐 쓴 법률과 오스트레일리아의 세법개혁프로그램에 따라서 다시 고쳐 쓴 법률에서는 모두 개관조항을 두고 있다.

이하에서는 영국의 The Income Tax(Trading and Other Income) Act 2005에서의 개관규정을 소개하고, 이를 우리 세법에서 도입할 때의 예시규정을 제시하여 보기로 한다.

(1) 영국의 The Income Tax(Trading and Other Income) Act 2005에서의 개관규정

(가) 전체 법률의 개관조항

The Income Tax(Trading and Other Income) Act 2005의 제1편(PART 1)은 The Income Tax(Trading and Other Income) Act 2005의 개관조항(Overview)이다. 그리고 제1편 제1조에서는 위의 법률에 관한 개관조항

(Overview of Act)을 두고 있다. 그 내용은 다음과 같다.

1. Overview of Act
    (1) This Act imposes charges to income tax under-
        (a) Part 2 (trading income),
        (b) Part 3 (property income),
        (c) Part 4 (savings and investment income), and
        (d) Part 5 (certain miscellaneous income).
    (2) Those charges to tax have effect for the purposes of section 1(1) of ICTA (the general charge to income tax).
    (3) Exemptions from those charges are dealt with in Part 6 (exempt income) but any Part 6 exemptions which are most obviously relevant to particular types of income are also mentioned in the provisions about those types of income.
    (4) What is or is not mentioned in those provisions does not limit the effect of Part 6.
    (5) This Act also contains-
        (a) provision about rent-a-room relief and foster-care relief (see Part 7),
        (b) special rules for foreign income (see Part 8),
        (c) special rules for partnerships (see Part 9), and
        (d) certain calculation rules and general provisions (see Part 10).
    (6) For abbreviations and defined expressions used in this Act, see section 885 and Schedule 4.

(나) 각 장의 개관규정

제3조는 제2편(PART 2 TRADING INCOME)의 개관조항이다. 그 내용은 다음과 같다.

3 Overview of Part 2
   (1) This Part imposes charges to income tax under-
       (a) Chapter 2 (the profits of a trade, profession or vocation which meet the territorial conditions mentioned in section 6),
       (b) Chapter 17 (amounts treated as adjustment income under section 228), and
       (c) Chapter 18 (post-cessation receipts that are chargeable under this Part).
   (2) Part 6 deals with exemptions from the charges under this Part.
   (3) See, in particular, the exemptions under sections 777 (VAT repayment supplements) and 778 (incentives to use electronic communications).
   (4) The charges under this Part apply to non-UK residents as well as UK residents but this is subject to sections 6(2) and (3) and 243(3) and (4) (charges on non-UK residents only on UK income).
   (5) The rest of this Part contains rules relevant to the charges to tax under this Part.
   (6) This section needs to be read with the relevant priority rules (see sections 2 and 4).

(2) 개관규정의 예시

현행 소득세법 제3장은 '거주자의 양도소득에 대한 납세의무'에 관하여 규정하고 있다. 만일 제3장의 개관조항을 신설한다고 가정하고 그 전문을 예시하여 보면 다음과 같다.

소득세법 87조의 2 (양도소득세의 개요)
① 양도소득의 정의

양도소득이란 토지·건물·부동산에 관한 권리·주식 또는 출자지분·기타자산과 같은 자본적 자산의 양도로 인하여 발생하는 소득이다.

② 양도소득세의 계산 과정

구분	관련조항	참고
1. 양도가액	제96조	
2. 필요경비	제97조	취득가액, 자본적 지출액, 양도비용
3. 양도차익(1-2)		실지거래가액방법과 추계방법
4. 장기보유특별공제	제95조	토지 및 건물로서 보유기간이 3년 이상인 것
5. 양도소득금액(3-4)		토지 등과 주식으로 구분하여 계산
6. 양도소득기본공제	제103조	토지 등과 주식별로 각 연 250만원
7. 양도소득과세표준 (5-6)		
8. 세율	제104조	
9. 산출세액(0037×8)		
10. 예정신고납부세액 공제, 감면세액	제108조, 제90조	
11. 결정세액(9-10)		
12. 가산세	제115조, 국세기본법 제47조의2부터 제47조의5까지	
13. 총결정세액(11+12)		

③ 양도소득세의 신고와 납부

구분	관련조항	신고 및 납부기한
양도소득과세표준예정신고	제105조	양도일이 속하는 달의 말일(주식의 경우에는 그 양도일이 속하는 분기의 말일)부터 2월 이내
양도소득과세표준확정신고	제110조	해당 연도의 다음 연도 5월 1일부터 5월 31일까지

다) 개별세법의 편제기준

개별세법의 편제는 원칙적으로 제1장 총칙, 제2장 과세요건, 제3장 납세의무의 확정과 세액의 징수 및 환급, 제4장 보칙의 순서로 구성한다. 제2장의 과세요건에 관한 사항은 조세법 이용자의 이해력을 높이기 위하여 납세의무자, 과세물건 및 과세물건 제외(비과세), 과세표준의 계산, 세율과 세액의 계산, 세액공제·세액면제와 감면, 가산세의 순서로 구성하도록 한다.

제3장에서는 납세의무의 확정절차와 세액의 징수 및 환급절차에 관하여 규정하는데, 그 배열은 과세표준 및 세액의 신고와 납부, 과세표준 및 세액의 결정 및 경정, 세액의 징수와 환급의 순서로 규정하도록 한다.

라) 소득세법 및 법인세법의 편제기준

개별세법 중 조문이 많고 내용이 복잡한 소득세법·법인세법은 납세의무자의 구분 및 소득의 구분 등과 같은 일정한 편제기준에 따라 법령을 세분하여 편제할 필요가 있다.

(1) 소득세법

현행 소득세법은 납세의무자에 따라 거주자와 비거주자로 구분하고, 거주자에 대한 납세의무는 다시 거주자의 종합소득 및 퇴직소득에 대한 납세의무와 거주자의 양도소득에 대한 납세의무로 세분하여 편제하고 있다.
현행 소득세법의 편제는 다음과 같다.
제1장 총칙
제2장 거주자의 종합소득 및 퇴직소득에 대한 납세의무
제3장 거주자의 양도소득에 대한 납세의무
제4장 비거주자의 납세의무
제5장 원천징수
제6장 보칙

소득세의 편제에서 제2장 거주자의 종합소득 및 퇴직소득에 대한 납세의무와 제3장 거주자의 양도소득에 대한 납세의무에 관한 규정을 통합하여 제2장에 거주자의 납세의무에 관한 규정을 둔다. 그리고 제2장은 다시 소득세법의 이용자에 따라 제1절 사업자(사업소득 및 부동산임대소득을 얻는 거주자)에 대한 납세의무, 제2절 근로소득자에 대한 납세의무, 제3절 양도소득자에 대한 납세의무, 제4절 그 밖의 소득자에 대한 납세의무로 세분하도록 한다.

다음으로 제2장 거주자의 납세의무 중 제1절 사업자(사업소득 및 부동산임대소득을 얻는 거주자)에 대한 납세의무·제2절 근로소득자에 대한 납세의무·제3절 양도소득자에 대한 납세의무 및 제4절 그 밖의 소득자에 대한 납세의무와 제3장 비거주자의 납세의무는 다시 위의 '다) 개별세법의 편제기준'에 따라 편제하도록 한다. 즉 과세요건, 납세의무의 확정·세액의 징수 및 환급절차로 배열하되, 과세요건에 관한 사항은 납세의무자, 과세물건 및 과세물건 제외(비과세), 과세표준의 계산, 세율과 세액의 계산, 세액공제·면제와 감면, 가산세의 순서로 규정하도록 한다. 다음으로 과세표준 및 세액의 확정절차·세액의 징수 및 환급절차에 관한 규정의 배열은 과세표준 및 세액의 신고와 납부, 과세표준 및 세액의 결정 및 경정, 세액의 징수와 환급의 순서로 규정하도록 한다.

한편 제2장에 이어 제3장 비거주자의 납세의무, 제4장 원천징수, 제5장 보칙에 관한 규정을 둔다.

(2) 법인세법

법인세법은 법인세의 납세의무를 내국법인의 각 사업연도의 소득에 대한 법인세, 내국법인의 청산소득에 대한 법인세 및 외국법인의 각 사업연도의 소득에 대한 법인세 납세의무로 구분하여 편제하고 있다. 납세의무의 범위, 과세표준의 산정, 과세방법 등에 차이가 있기 때문에 위와 같은 편제방법을 유지하는 것이 바람직하다고 하겠다.

그리고 내국법인의 각 사업연도의 소득에 대한 법인세·내국법인의 청산소득에 대한 법인세 및 외국법인의 법인세는 다시 위의 '다) 개별세법의 편제기준'에 따라 편제하도록 한다. 즉 과세요건, 납세의무의 확정·세액의 징수 및 환급절차로 배열하되, 과세요건에 관한 사항은 납세의무자, 과세물건 및 과세물건 제외(비과세), 과세표준의 계산, 세율과 세액의 계산, 세액공제·면제와 감면, 가산세의 순서로 규정하도록 한다. 다음으로 과세표준 및 세액의 확정절차·세액의 징수 및 환급절차에 관한 규정의 배열은 과세표준 및 세액의 신고와 납부, 과세표준 및 세액의 결정 및 경정, 세액의 징수와 환급의 순서로 규정하도록 한다.

마) 동일한 편제기준의 적용

조세법령의 편제는 어느 법령이든 모두 동일한 편제기준에 따라서 편제하여야 한다. 조세법령을 동일한 편제기준에 따라서 정비하면 납세자의 이해 가능성과 가독성을 높일 수 있다. 현행 세법은 법령마다 제각기 다른 기준에 따라 편제가 이루어지고 있기 때문에 찾고자 하는 관련 조항을 찾기가 쉽지 않을 뿐만 아니라 세법에 대한 이해 가능성과 가독성을 떨어뜨리는 요인이 되고 있다.

나. 조문 번호체계의 개선

조문에 번호를 부여하는 체계(numbering system)는 항구적이고 간결한 것이 이상적이다. 더욱이 조문이 색인의 역할을 할 수 있다면 금상첨화라고 하겠다. 그러나 어떠한 번호부여의 체계도 이러한 기준을 모두 충족시키지는 못한다.

우리나라의 현행 조문의 부여 체계는 하나의 법률 안에서 연속적으로 일련의 번호를 부여하는 형태를 채택하고 있다. 법률의 개정에 따라 새로운 조문을 신설할 필요가 있는 경우에는 조와 조 사이에 "○○조의 2, ○○○조의 3, ○○○조의 4" 등과 같이 "제 ○○조의 ×"에서 "×"에 2 이하의 일련번호를 부여하는 가지번호방식을 채택하고 있다. 그리고 특정 조문을 폐지하려는 경우에는 그 조문을 삭제하고 공란으로 비워 두는 형태를 취한다.

조문의 번호를 부여하는 체계는 대체로 다음과 같이 4가지로 유형화할 수 있다.

첫째, 여러 형태의 문자 또는 숫자를 함께 사용하여 번호를 부여하는 방안이다. 영국의 Income and Corporation Taxes Act(ICTA) 1988의 section 159AB, 미국의 내국세법(Internal Revenue Code) section 25A, section 25B, 독일의 소득세법(Einkommensteuergesetz) 4a, 4b, 4c, 4d 등이 이에 해당한다.

둘째, 조문들 사이에 번호를 비워 두는 방안을 고려할 수 있다. 법령을 절 또는 관 단위로 10단위 번호로 새로 시작하도록 하는 방안이다. 미국의 내국세법은 Part별로 번호를 부여하는 방식을 채택하고 있다.

셋째, 하나의 법률 안에서 일련번호를 부여하되, 법률의 개정에 따라 새로운 조문을 신설할 필요가 있는 경우에는 조와 조 사이에 "○○○조의 2, ○○○조의 3, ○○○조의 4" 등과 같이 "제 ××조의 ○"에서 "○"에 2 이하의 일련번호를 부여하는 가지번호방식에 따른다. 일본과 우리나라가 이 방식을 채택하고 있다.

넷째, 비워 두는 번호 없이 2가지 혹은 3가지의 캐릭터를 사용하여 조문번호를 부여하는 방안이다. 이 방법은 세법을 더 명확하고 이용하기 쉽게 만들 뿐만 아니라 현재의 시스템보다 이후에 있을 변화를 더 잘 수용할 수 있다. 예를 들자면 1.1.3으로 표시하는 방안으로서 첫 번째 캐릭터는 법령의 편(Part)을, 두 번째 캐릭터는 편(Part) 안의 장(Chapter)을, 그리고 세 번째 캐릭터는 장(Chapter) 안의 조(section)를 표시한다. 법률의 편제에 따라 특정 법률이 장·절·관으로 세분되어 있는 경우에는 제1장 제1절 제1관 제3조는 1.1.1.3으로 표시하게 된다.

우리나라는 위의 4가지 방식 중 셋째 방식에 따라 법령조문의 번호를 부여하고 있으므로 법령 중 조세법령만 따로 떼어내어 다른 법령과 전혀 다른 조문의 번호체계를 도입하는 것은 현실적으로 어려워 보인다. 그렇다면 현행의 방식을 그대로 유지하여 하나의 법률 안에서 일련번호를 부여하되, 법률의 개정에 따라 새로운 조문을 신설할 필요가 있는 경우에는 가지번호 방식에 따라서 새로운 번호를 부여하도록 한다.

다만, 가지번호 사이에 새로운 조문을 신설하여야 할 경우에 그 신설하는 조문의 부여방법이 문제가 된다. 예를 들어 제2조의 2와 제2조의 3 사이에 새로운 조문을 신설할 필요성이 있는 경우이다. 현행의 방법은 신설하려는 조문을 제2조의 3으로 하고 종전의 제2조의 3은 제2조의 4로, 그리고 종전의 제2조의 4는 제2조의 5로 한 번호씩 뒤로 밀어내는 방법이다. 그런데 이 방법은 종전의 법령 조문을 변경하는 것이기 때문에 바람직하지 않다고 하겠다.

이 경우에 신설하려는 조문은 제2조의 2와 제2조의 3 사이에 '제2조의 2가'로 하고, 종전의 제2조의 3 이하의 조문의 번호는 종전의 번호를 그대로 유지하는 방법이 바람직할 것으로 보인다. 즉 가지번호의 일련번호 뒤에 '가, 나, 다, 라, 마, 바…' 등과 같이 한글을 배합하여 번호를 부여하는 방식이다. 제2조의 2와 제2조의 3 사이에 4개의 조문을 신설하는 경우에는 조문의 배열은 제2조의 2, 제2조의 2가, 제2조의 2나, 제2조의 2다, 제2조의 2라, 제2조의 3이 된다.

조세법을 비롯한 모든 법령은 역사가 있으며, 그 변천의 역사가 법조문에 그대로 유지되도록 하는 것이 법령의 해석·이용이나 개선에 도움이 된다. 뿐만 아니라 기존법령의 조문을 중심으로 하여 판례나 행정심판례가 집적·정리되기 때문에 종전의 조문 번호를 유지하는 것은 법령해석의 흐름의 파악에 도움이 된다.

위의 방안에 따라 조문의 순서를 예시하여 보면 다음과 같다.

제1조
제2조
제2조의 2
제2조의 2가
제2조의 2나
제2조의 2다
제2조의 2라
제2조의 3
제2조의 4
제3조

다. 시행령 및 시행규칙 조문의 법률 조문과의 연결

법률·시행령 및 시행규칙의 조문번호가 서로 다르기 때문에 법령의 해석에 어려움이 적지 않고, 해당 조문을 찾는 데에 불편이 많다. 특히 한 조문의 상위법령에서 복수, 예를 들면 5개 또는 6개의 하위법령에의 위임규정을 두는 경우에는 관련된 하위법령의 조문을 찾는 데 어려움이 적지 않다. 이와 같은 문제점을 해소하기 위해서는 다음과 같이 시행령 및 시행규칙의 조문번호를 법률의 조문번호와 일치시킬 필요가 있다.

법률의 조문번호·시행령의 조문번호와 시행규칙의 조문번호를 서로 일치시키는 경우에도 구체적인 번호부여방법에 관하여는 다음과 같은 3가지 방식으로 갈라진다.

1) 제1방안 — 법률·시행령 및 시행규칙의 조문번호를 일치시키는 방안

제1방안은 법률의 조문·시행령의 조문번호와 시행규칙의 조문번호를 일치시키는 방안이다. 예를 들면 국세의 우선에 관한 국세기본법 제35조와 관련된 시행령은 국세기본법시행령 제35조로, 그리고 국세기본법 제35조

와 관련된 시행규칙은 국세기본법시행규칙 제35조로 하는 방안이다. 만일 시행령이나 시행규칙에서 정할 사항이 없는 경우에는 그 시행령 및 시행규칙의 조문은 결번으로 한다.

문제는 하위법령에 복수의 조문을 두는 경우이다. 현행법상 하위법령에 복수의 조문을 두는 경우에도 그 복수의 조문을 하나의 조문 안에 통합하여 규율하도록 한다. 현행 국세기본법 제35조와 관련된 국세기본법시행령으로서는 제18조와 제18조의 2가 있는데, 국세기본법시행령 제18조와 제18조의 2를 모두 국세기본법시행령 제35조에 통합하여 규정하는 방안이다. 그리고 국세기본법 제35조와 관련된 현행의 국세기본법시행규칙으로서는 제11조의2가 있는데, 이는 국세기본법시행규칙 제35조로 한다.

이 방안은 한 조문의 법률에 따르는 시행령 및 시행규칙 조문의 개수가 적을 때에는 선택이 가능하나, 시행령 및 시행규칙 조문의 개수가 많을 때(뒤에서 예를 든 소득세법 제89조와 관련된 소득세법시행령 및 소득세법시행규칙의 경우)에는 채택하는 데에 어려움이 있다. 왜냐하면 시행령 및 시행규칙 1개의 조문에서 규율하기에는 그 분량이 너무 방대하기 때문에 조문이 지나치게 길게 되고, 이로 인하여 이용자로 하여금 오히려 혼란에 빠뜨리는 결과를 초래할 수 있기 때문이다.

2) 제2방안 – 법률·시행령 및 시행규칙의 조문번호를 일치시키되, 시행령 및 시행규칙의 조문의 개수가 복수인 경우에는 그 시행령 및 시행규칙의 조문번호는 가지번호를 부여하는 방안

제2방안은 법률의 조문번호·시행령의 조문번호 및 시행규칙의 조문번호를 일치시키되, 현행의 시행령 및 시행규칙의 조문의 개수가 복수인 경우에는 그 시행령 및 시행규칙의 조문의 번호는 "○조, ○조의2, ○조의3, ○조의4…"와 같이 가지번호를 부여하는 방안이다. 예를 들면 국세의 우선에 관한 국세기본법 제35조와 관련된 국세기본법시행령은 "국세기본법시행령 제35조, 제35조의2, 제35조의3, 제35조의4…"와 같이 조문의 번호를 부여

한다. 그리고 국세기본법 제35조와 관련된 국세기본법시행규칙은 국세기본법시행규칙 제35조, 제35조의2, 제35조의3, 제35조의4…와 같이 조문의 번호를 부여한다. 이 경우에 시행령 및 시행규칙에서 정할 사항이 없는 경우에 제1방안에서와 마찬가지로 당해 시행령 및 시행규칙의 조문번호는 결번으로 한다.

국세기본법 제35조와 관련된 국세기본법시행령 및 국세기본법시행규칙의 조문번호의 개선방안을 예시하여 보면 현행 국세기본법시행령 제18조는 국세기본법시행령 제35조로, 그리고 현행의 국세기본법시행령 제18조의 2는 국세기본법시행령 제35조의 2로 고친다. 그리고 국세기본법 제35조와 관련된 현행의 국세기본법시행규칙 제11조의2는 국세기본법시행규칙 제35조로 고친다.

3) 제3방안 - 법률의 조문을 비워 두는 번호 없이 2가지 혹은 3가지의 캐릭터를 사용하여 부여하는 방안

제3방안은 법률의 조문을 비워 두는 번호 없이 2가지 혹은 3가지의 캐릭터를 사용하여 부여하는 경우(예를 들면 1.1.3으로 표시하는 방안인데, 첫 번째 캐릭터는 법령의 편을, 두 번째 캐릭터는 편 안의 장을, 그리고 세 번째 캐릭터는 장 안의 조를 표시한다)에는 이를 기준으로 하여 일련번호를 부여한다. 법률의 조문번호를 법률의 장·절·관과 같은 편제에 따라 1.1.1.3(제1장 제1절 제1관 제3조)으로 표시하는 경우의 시행령의 조문번호는 1.1.1.3-1(일련번호), 1.1.1.3-2, 1.1.1.3-3으로 표시한다. 이 방안은 미국의 시행령 조항의 부여방안과 유사하다. 미국의 시행령(Regulation) 조문의 예를 보면 §1.165-5로 표기하고 있는데, 위에서 1은 소득세, 165는 법률조문의 번호, 5는 같은 사항에 관한 시행령의 일련번호이다.

3) 소결

위에서 제시한 세 방안 중 제2방안이 보다 합리적인 것으로 판단된다. 즉 시행령 조문번호 및 시행규칙의 조문번호는 제2방안에 따라 법률의 조문번호와 일치시키는 것이 바람직한 것으로 보인다. 위의 제2방안에 의하여 소득세법 제89조와 관련된 소득세법시행령 및 소득세법시행규칙의 조문을 고쳐서 예시하여 보면 〈표 4-1〉과 같다.

〈표 4-1〉 소득세법 제89조 관련 소득세법시행령 및 소득세법시행규칙의 조문 예시

소득세법	소득세법시행령	소득세법시행규칙
제89조(비과세 양도소득)	제89조[85](농지의 비과세) 제89조의2[86](1세대1주택의 범위) 제89조의3[87] (1세대1주택의 특례) 제89조의4[88] (장기저당담보주택에 대한 1세대1주택의 특례) 제89조의5[89] (고가주택의 범위) 제89조의6[90] (주택과 조합원입주권을 소유한 1세대1주택의 특례)	제89조[91](농지의 범위 등) 제89조의2[92](1세대1주택의 범위) 제89조의3[93](1세대1주택의 특례) 제89조의4[94](농어촌주택) 제89조의5[95] (양도소득세 관련 서식) 제89조의6[96](다가구주택) 제89조의7[97] (주택과 조합원입주권을 소유한 경우의 경매 등으로 인한 1세대1주택 특례의 요건) 제89조의8[98] (주택과 조합원입주권을 소유한 경우의 취학 등으로 인한 1세대1주택 특례의 요건)

---

[85] 현행 소득세법시행령 제153조.
[86] 현행 소득세법시행령 제154조.
[87] 현행 소득세법시행령 제155조.
[88] 현행 소득세법시행령 제155조의 2.
[89] 현행 소득세법시행령 제156조.

라. 정의규정의 정비

모든 조세법령에서 빈번하게 사용하거나 하나의 조세법령 안에서 반복하여 사용하는 중요한 용어를 찾아 국세통칙법 및 개별세법상의 정의규정에 추가·신설함과 동시에 내국세법령 간에 용어를 통일하도록 하여야 한다.

먼저 조세법 전반에서 빈번하게 사용하는 용어에 대하여는 국세통칙법(현행 국세기본법 제2조)의 정의규정에 추가하도록 한다. 현행 국세기본법 제2조에서는 국세, 세법, 원천징수, 가산세, 가산금, 체납처분비, 지방세, 공과금, 납세의무자, 납세자, 제2차 납세의무자, 보증인, 과세기간, 과세표준, 과세표준신고서, 과세표준수정신고서, 법정신고기한, 세무공무원, 정보통신망, 전자신고와 같은 20개 용어에 대하여 정의규정을 두고 있다. 국세통칙법(현행 국세기본법 제2조)에 추가할 용어를 예시하여 보면 중소기업, 주권상장법인, 코스닥상장법인, 금융기관, 주소, 거소, 본점, 주사무소, 지점, 수도권, 대도시, 과점주주, 소액주주, 지배주주, 우리사주조합, 임원, 사용인 등을 들 수 있다.

소득세법, 법인세법, 상속세및증여세법, 부가가치세법 등과 같은 개별세법에서는 용어의 정의규정에 관한 조문을 별도로 두고 있지 않거나 두고 있는 경우에도 형식적인 모양만을 갖추고 있는 실정이다[99]. 해당 개별세법

---

90) 현행 소득세법시행령 제156조의 2.
91) 현행 소득세법시행규칙 제70조.
92) 현행 소득세법시행규칙 제71조.
93) 현행 소득세법시행규칙 제72조.
94) 현행 소득세법시행규칙 제73조.
95) 현행 소득세법시행규칙 제103조 제1항.
96) 현행 소득세법시행규칙 제74조.
97) 현행 소득세법시행규칙 제75조.
98) 현행 소득세법시행규칙 제75조의 2.

에서 반복적으로 사용하는 용어에 대하여는 그 법률의 서두(제1조 또는 제2조)에 별도의 정의규정에 관한 조문을 두는 것이 바람직하다.

참고로 일본의 경우에는 소득세법 제2조에서 국내, 국외, 거주자, 비영주자, 비거주자 등과 같은 55개의 용어에 관한 정의규정을, 그리고 법인세법 제2조에서 국내, 국외, 내국법인, 외국법인, 공공법인, 공익법인 등과 같은 76개의 용어에 관한 정의규정을 두고 있다.

한편, 동일한 용어는 기본적으로는 같은 법령에서는 물론이고 가능한 한 전체 법질서 어디에서나 동일한 의미로 사용되는 것이 바람직하다. 뿐만 아니라 같은 대상물의 표현에는 항상 같은 용어가 사용되어야 한다. 즉 동일한 대상에 대하여는 세법상 통일적 개념의 설정이 요구되는 것이다.

그런데 현행법상 하나의 법령용어에 대하여 각 세법이나 규정마다 다른 의미로 사용하는 경우가 적지 않다. 친족, 특수관계인, 정상가액 등이 그 예이다.

그리고 같은 대상에 대하여는 항상 같은 용어가 사용되어야 함에도 같은 대상에 대하여 개별세법마다 또는 규정마다 서로 다른 용어를 쓰는 경우가 적지 않다. 동일한 하나의 대상에 대하여 그 용어가 달라지는 경우 납세자는 조세법령의 해석에 있어서 엄청난 혼란에 직면하게 된다. 그러므로 같은 대상의 표현에는 언제나 동일한 용어가 쓰이도록 배려할 필요가 있다. 현행법상 같은 대상을 서로 다른 용어로 표현하고 있는 예로서는 '국세환급가산금'과 '과오납금의 환급금에 대한 이자', '정부'·'관할세무서장' 또는 '행정기관의 장' 등, '근로자'·'사용인'·'종업원'·'사용인 기타 종업원'·'사용인 기타 종업인'·'임직원' 등을 들 수 있다.

---

99) 법인세법 제1조에서는 내국법인, 비영리내국법인, 외국법인, 비영리외국법인, 사업연도와 같은 5개의 용어에 대하여, 그리고 종합부동산세법 제2조에서는 시·군·구, 시장·군수·구청장, 주택, 재산, 주택분 재산세, 토지분 재산세, 세대, 공시가격과 같은 8개의 용어에 대하여, 주세법 제3조에서는 주류 등 9개 용어에 대하여 정의규정을 두고 있다. 그 밖의 개별세법, 즉 소득세법, 상속세 및 증여세법, 부가가치세법 등에서는 용어의 정의규정에 관한 조문을 두고 있지 아니하다.

'정부'·'관할세무서장' 또는 '행정기관의 장' 등
국세기본법 제16조(근거과세)

현행법	다시 고쳐 쓴 법안
第16條 (根據課稅) ① 納稅義務者가 稅法에 의하여 帳簿를 備置·記帳하고 있는 때에는 당해 國稅의 課稅標準의 調査와 決定은 그 備置·記帳한 帳簿와 이에 관계되는 證憑資料에 의하여야 한다. ② 第1項의 規定에 의하여 國稅를 調査·決定함에 있어서 記帳의 內容이 事實과 다르거나 記帳에 漏落된 것이 있는 때에는 그 部分에 한하여 政府가 調査한 事實에 따라 決定할 수 있다. ③ 政府는 第2項의 規定에 의하여 記帳의 內容과 相異한 事實이나 記帳에 漏落된 것을 調査하여 決定한 때에는 政府가 調査한 事實과 決定의 根據를 決定書에 附記하여야 한다. ④ 行政機關의 長은 당해 納稅義務者 또는 그 代理人의 要求가 있는 때에는 第3項의 決定書를 閱覽 또는 謄抄하게 하거나 그 謄本 또는 抄本이 原本과 相違없음을 확인하여야 한다. ⑤ 第4項의 要求는 口述에 의한다. 다만, 당해 行政機關의 長이 필요하다고 인정하는 때에는 그 閱覽 또는 謄抄한 者의 署名을 要求할 수 있다.	제16조 (근거과세) ① 납세의무자가 세법에 의하여 장부를 갖추어 기장하고 있는 때에는 해당 국세의 과세표준의 조사와 결정은 그 기장한 장부와 이에 관계되는 증빙자료에 의하여야 한다. ② 제1항의 규정에 따라 국세를 조사·결정할 경우 기장의 내용이 사실과 다르거나 기장에 빠지거나 빠뜨린 것이 있는 때에는 그 부분에 한정하여 관할세무서장(관할지방국세청장 및 국세청장을 포함한다. 이하 이 조에서 같다)이 조사한 사실에 따라 결정할 수 있다. ③ 관할세무서장은 제2항의 규정에 의하여 기장의 내용과 다른 사실이나 기장에 빠지거나 빠뜨린 것을 조사하여 결정한 때에는 그 조사한 사실과 결정의 근거를 결정서에 적어야 한다. ④ 관할세무서장은 납세의무자 또는 그 대리인의 요구가 있는 경우 제3항의 결정서를 보여주거나 등본 또는 초본을 주거나 그 등본 또는 초본이 원본과 같음을 확인하여야 한다. ⑤ 제4항의 요구는 구술에 의한다. 다만, 관할세무서장이 필요하다고 인정하는 때에는 그 납세의무자 또는 대리인의 서명을 요구할 수 있다.

마. 위임입법의 한계 준수 및 과다위임의 지양

헌법은 제38조에서 "모든 국민은 법률이 정하는 바에 의하여 납세의 의무를 진다."라고 규정하였고, 제59조에서 "조세의 종목과 세율은 법률로 정한다."라고 규정하여 조세법률주의를 선언하고 있다. 이러한 헌법규정에 근거를 둔 조세법률주의의 이념은 과세요건을 국민의 대표기관인 국회가 제정한 법률로 규정하도록 하여 국민의 재산권을 보장하고, 과세요건을 명확하게 규정하여 국민생활의 법적 안정성과 예측 가능성을 보장하기 위한 것이다. 그러나 사회현상의 복잡다기화와 국회의 전문적·기술적 능력의 한계 및 시간적 적응능력의 한계로 조세부과에 관련된 모든 법규를 예외 없이 형식적 의미의 법률에 의하여 규정한다는 것은 사실상 불가능할 뿐만 아니라 실제에 적합하지도 않다. 그렇기 때문에, 경제현실의 변화나 전문적 기술의 발달에 즉시 대응하여야 할 필요 등과 같은 부득이한 사정이 있는 경우에는 법률로 규정하여야 할 사항에 관하여 국회 제정의 형식적 법률보다 더 탄력성이 있는 행정입법에 위임하는 것이 허용되는 것이다.

우리 헌법도 제75조에서 "대통령은 법률에서 구체적으로 범위를 정하여 위임받은 사항 …… 에 관하여 대통령령을 발할 수 있다." 고 규정함으로써 위임입법의 근거를 마련함과 동시에 위임은 '구체적으로 범위를 정하여' 하도록 하여 그 한계를 제시하고 있다. 즉 하위명령에의 위임은 개별적·구체적 위임이어야 하며, 일반적·포괄적 위임은 허용되지 않는다.

과세요건에 관한 사항의 규율을 대통령령 등에 위임할 경우에는 법률에 미리 대통령령 등으로 규정될 내용 및 범위의 기본사항을 구체적으로 규정하여 둠으로써 행정권에 의한 자의적인 법률의 해석과 집행을 방지하고 의회입법과 법치주의의 원칙을 달성할 필요가 있다. 헌법 제75조의 입법취지에 비추어 볼 때 "구체적으로 범위를 정하여"라 함은 법률에 대통령령 등 하위법규에 규정될 내용 및 범위의 기본사항이 가능한 한 구체적이고도 명확하게 규정되어 있어서 누구라도 해당 법률 그 자체로부터 대통령령 등에 규정될 내용의 대강을 예측할 수 있어야 함을 의미한다고 할 것이다. 이 경우에 예측 가능성의 유무는 해당 특정조항 하나만을 가지고 판단할 것은 아니고 관련 법조항 전체를 유기적·체계적으로 종합 판단하여야 하며, 각 대상 법률의 성질에 따라 구체적·개별적으로 검토하여야 한다. 그리고 이와 같은 위임의 구체성·명확성의 요구 정도는 그 규율대상의 종류와 성격에 따라 달라질 것이지만 특히 처벌법규나 조세법규와 같이 국민의 기본권을 직접 제한하거나 침해할 소지가 있는 법규에서는 구체성·명확성의 요구가 강화되어 그 위임의 요건과 범위가 일반적인 급부행정의 경우보다 더 엄격하게 제한적으로 규정되어야 하는 반면에, 규율대상이 지극히 다양하거나 수시로 변화하는 성질의 것일 때에는 위임의 구체성·명확성의 요건이 완화되어야 할 것이다.

현행 세법에서는 폭 넓은 위임입법이 이루어지고 있다. 현행 세법상의 위임입법에 관한 규정 중 위임입법의 필요성이 없음에도 불구하고 하위법령에 위임하고 있는 사례와 위임입법의 한계를 일탈하고 있는 사례를 찾아내어 개선하도록 하여야 한다. 위임입법의 한계를 일탈하여 위헌판결을 받은 경우로서는 지방세법 제112조 제2항(헌법재판소 1998.7.16 선고 96헌바52 외 병합), 지방세법 제188조 제1항(헌법재판소 1999.3.25 선고 98헌가11 외 병합), 법인세법 제32조 제5항(헌법재판소 1995.11.30 선고 93헌바32), 법인세법 제18조 제1항(헌법재판소 1997.10.30 선고 96헌바92), 소득세법 제23조 제2항(헌법재판소 1995.11.30 선고 94헌바40 외 병합), 상속세및증여세법 제9조 제4항(헌법재판소 1998.4.30 선고 96헌바78), 상속세및증여세법시행령 제27조 제5항(대법원 2003.10.16 선고 2001두5682), 법인세법시행령 제44조의 2(대법원 1981.2.10 판결, 79누403), 부가가치세법시행령 제18조 제3항(대법원 1987.9.22 판결, 86누694) 등 무수히 많다.

다음으로 한 조문 안에 과다하게 많은 위임규정을 두어 사실상 법률에는 실체적인 규율내용이 거의 없는 경우가 있고, 또한 과다한 위임규정으로 말미암아 법률 조항의 해석을 어렵게 하거나 법률의 내용을 이해하기 어렵게 하는 경우도 적지 않다. 앞에서 예로 든 부가가치세법의 경우 부가가치세법의 조문은 전문이 47개인데 비하여, 부가가치세법시행령의 조문은 116개이고 부가가치세법시행규칙의 조문은 78개로 되어 있다. 매우 기형적이고 이상한 입법행태라고 하겠다. 이에 비하여 오스트레일리아의 GST ACT의 조문은 전문이 749개이지만 그 하위법령인 GST Regulations의 조문은 전문이 70개에 지나지 않는다.

생각건대 과다한 하위법령에의 위임은 조세법률주의를 형해화할 뿐만 아니라 조세법률의 해석이나 이해를 어렵게 하는 요인이 되고 있으므로 그 개선이 요망된다고 하겠다.

현행법상 하위법령에 과다위임을 하고 있는 규정들을 찾아보면 소득세법 제52조(특별공제) 제2항을 비롯하여 소득세법 제46조 (채권 등에 대한 소득금액의 계산과 지급명세서의 제출 등에 대한 특례), 상속세및증여세법 제48조 (공익법인 등이 출연받은 재산에 대한 과세가액 불산입 등) 등 무수히 많다. 이하에서 그 전문을 소개하고자 한다.

1) 소득세법 제52조(특별공제) 제2항

소득세법 제52조(특별공제) ② 과세기간 종료일 현재 주택을 소유하지 아니한 대통령령으로 정하는 세대(이하 제3항에서 "세대"라 한다)의 세대주로서 대통령령으로 정하는 주택마련저축에 가입한 근로소득이 있는 거주자(일용근로자는 제외한다)가 대통령령으로 정하는 일정 규모 이하의 주택(주택에 부수되는 토지를 포함하며, 그 부수되는 토지가 건물이 정착된 면적에 지역별로 대통령령으로 정하는 배율을 곱하여 산정한 면적을 초과하는 경우 해당 주택은 제외한다. 이하 이 조에서 "국민주택규모의 주택"이라 한다)을 임차하기 위하여 대통령령으로 정하는 금융기관 등으로부터 대통령령으로 정하는 주택임차자금을 차입하고 차입금의 원리금을 상환하는 경우 상환금액의 100분의 40에 상당하는 금액을 해당 연도의 근로소득금액에서 공제한다.

2) 소득세법 제46조 (채권등에 대한 소득금액의 계산과 지급명세서의 제출 등에 대한 특례)

소득세법 제46조 (채권등에 대한 소득금액의 계산과 지급명세서의 제출 등에 대한 특례) ①제16조제1항제1호・제2호・제6호 및 제7호에 규정하는 채권 또는 증권과 다른 사람에게 양도가 가능한 증권으로서 대통령령이 정하는 것(이하 이 조에서 "채권등"이라 한다)에서 발생하는 이자, 할인액 및 집합투자기구로부터의 이익(이하 이 조에서 "이자등"이라 한다)은 당해 채권등의 상환기간중에 보유한 거주자 또는 비거주자(이하 이 조에서 "거주자등"이라 한다)에게 그 보유기간별 이자등 상당액이 각각 귀속되는 것으로 보아 소득금액을 계산한다.

② 거주자등이 발행법인 또는 대통령령이 정하는 법인(이하 이 조에서 "발행법인등"이라 한다)으로부터 채권등의 이자등을 지급(전환사채의 주식전환 및 교환사채의 주식교환의 경우를 포함한다. 이하 같다)받거나 채권등의 이자등을 받기 전에 발행법인등에게 매도(증여・변제 및 출자 등 채권등의 소유권 또는 이자소득의 수급권의 변동이 있는 경우와 매도를 위탁・중개・알선시키는 경우를 포함하되, 환매조건부채권매매거래 등 대통령령이 정하는 경우를 제외한다. 이하 이 조에서 같다)하는 경우 세액의 징수에 관하여는 그 채권등의 발행일 또는 직전 원천징수일을 시기로 하고, 이자등의 지급일 등 또는 채권등의 매도일 등을 종기로 하여 대통령령이 정하는 기간계산방법에 따른 기간(이하 이 조에서 "원천징수기간"이라 한다)의 이자등 상당액을 제16조 및 제17조에 따른 이자소득 또는 배당소득으로 보고, 당해 발행법인등을 원천징수의무자로 하며, 이자등의 지급일 등 또는 채권등의 매도일 등 대통령령이 정하는 날을 원천징수시기로 하여 제127조부터 제131조까지・제133조・제156조・제164조 및 제164조의2의 규정을 적용한다.

③ 제1항 및 제2항의 규정을 적용함에 있어서 당해 거주자등이 원천징수기간중 당해 채권등을 보유한 기간을 대통령령이 정하는 바에 따라 입증하지 못하는 경우에는 원천징수기간의 이자등 상당액이 당해 거주자등에게 귀속되는 것으로 보아 소득금액을 계산한다.
④ 삭제
⑤ 제1항부터 제3항까지의 규정에 의한 채권등의 보유기간 및 원천징수기간의 이자등 상당액의 계산방법과 보유기간의 입증방법 그 밖에 원천징수에 관하여 필요한 사항은 대통령령으로 정한다.

3) 상속세및증여세법 제48조 (공익법인등이 출연받은 재산에 대한 과세가액 불산입등)

상속세및증여세법 제48조 (공익법인등이 출연받은 재산에 대한 과세가액 불산입등)
① 공익법인등이 출연받은 재산의 가액은 증여세과세가액에 산입하지 아니한다. 다만, 공익법인등이 내국법인의 주식등을 출연받은 경우로서 출연받은 주식등과 다음 각 호의 어느 하나의 주식등을 합한 것이 당해 내국법인의 의결권있는 발행주식총수등의 100분의 5(성실공익법인등에 해당하는 경우에는 100분의 10)를 초과하는 경우(제16조제2항 각 호 외의 부분 단서의 규정에 해당하는 경우를 제외한다)에는 대통령령이 정하는 방법에 의하여 계산한 초과부분을 제외한다.
1. 출연자가 출연할 당시 당해 공익법인등이 보유하고 있는 동일한 내국법인의 주식등
2. 출연자 및 그와 특수관계에 있는 자가 당해 공익법인등 외의 다른 공익법인등에 출연한 동일한 내국법인의 주식등
② 세무서장등은 제1항 및 제16조제1항의 규정에 의하여 재산을 출연받은 공익법인등이 다음 제1호 내지 제4호 및 제5호의 1에 해당하는 경우에

는 대통령령이 정하는 가액을 공익법인등이 증여받은 것으로 보아 즉시 증여세를 부과하고, 제4호의2에 해당하는 경우에는 제78조제9항의 규정에 의한 가산세를 부과한다. 다만, 불특정다수인으로부터 출연받은 재산중 출연자별로 출연받은 재산가액의 산정이 어려운 재산으로서 대통령령이 정하는 재산을 제외한다.

1. 출연받은 재산을 직접 공익목적사업등(직접 공익목적사업에 충당하기 위하여 수익용 또는 수익사업용으로 운용하는 경우를 포함한다. 이하 이 호에서 같다) 외에 사용하거나 출연받은 날부터 3년이내에 직접 공익목적사업등에 사용하지 아니하는 경우. 다만, 그 사용에 장기간을 요하는 등 대통령령이 정하는 부득이한 사유가 있는 경우로서 제5항의 규정에 의한 보고서의 제출과 함께 납세지관할세무서장에게 그 사실을 보고한 경우를 제외한다.
2. 출연받은 재산(당해 재산을 수익용 또는 수익사업용으로 운용하는 경우 및 그 운용소득이 있는 경우를 포함한다)을 내국법인의 주식등을 취득하는 데 사용하는 경우로서 그 취득하는 주식등과 다음 각 목의 어느 하나의 주식등을 합한 것이 당해 내국법인의 의결권있는 발행주식총수등의 100분의 5(성실공익법인등에 해당하는 경우에는 100분의 10)를 초과하는 경우. 다만, 제49조제1항 각호외의 부분 단서에 해당하는 것으로서 상호출자제한기업집단과 특수관계에 있지 아니하는 공익법인등이 당해 공익법인등의 출연자와 특수관계에 있지 아니하는 내국법인의 주식등을 취득하는 경우로서 대통령령으로 정하는 경우와 「산업교육진흥 및 산학협력촉진에 관한 법률」에 따른 산학협력단이 대통령령으로 정하는 주식등을 취득하는 경우에는 그러하지 아니하다.
    가. 취득당시 당해 공익법인등이 보유하고 있는 동일한 내국법인의 주식등
    나. 당해 내국법인과 특수관계에 있는 출연자가 당해 공익법인등 외의

다른 공익법인등에 출연한 동일한 내국법인의 주식등
3. 출연받은 재산을 수익용 또는 수익사업용으로 운용하는 경우로서 그 운용소득을 직접 공익목적사업 외에 사용한 경우
4. 출연받은 재산을 매각하고 그 매각대금(매각대금에 의하여 증가된 재산을 포함하며 대통령령이 정하는 공과금 등을 제외한다)을 공익목적사업 외에 사용하거나 매각한 날부터 3년이 지난 날까지 대통령령이 정하는 바에 따라 공익목적사업에 사용하지 아니한 경우
4의2. 제3호의 규정에 의한 운용소득을 대통령령이 정하는 기준금액에 미달하게 사용하거나 제4호의 규정에 의한 매각대금을 매각한 날부터 3년의 기간중 대통령령이 정하는 기준금액에 미달하게 사용한 경우
5. 기타 출연받은 재산 및 직접 공익목적사업의 운용에 있어서 대통령령이 정하는 바에 의하여 운용하지 아니하는 경우
③ 제1항의 규정에 의하여 공익법인등이 출연받은 재산등을 다음 각 호의 1에 해당하는 자에게 당해 재산의 임대차·소비대차 및 사용대차등의 방법으로 사용·수익하게 하는 경우에는 대통령령이 정하는 가액을 공익법인등이 증여받은 것으로 보아 즉시 증여세를 부과한다. 다만, 공익법인등의 직접 공익목적사업과 관련하여 용역을 제공받고 정상적인 대가를 지급하는 등 대통령령이 정하는 경우에는 그러하지 아니하다.
1. 출연자 및 그 친족
2. 출연자가 출연한 다른 공익법인등
3. 제1호 및 제2호와 특수관계에 있는 자
④ 제1항 내지 제3항 및 제8항의 규정을 적용함에 있어서 특수관계에 있는 자의 범위, 직접 공익목적사업에의 사용여부의 판정기준, 상호출자제한 기업집단과 특수관계에 있지 아니하는 공익법인등의 범위, 당해 공익법인등의 출연자와 특수관계에 있지 아니하는 내국법인의 범위, 특수관계에 있는 출연자의 범위 기타 필요한 사항은 대통령령으로 정한다.
⑤ 제1항 및 제16조제1항의 규정에 의하여 공익법인등이 재산을 출연받은

경우에는 그 출연받은 재산의 사용에 대한 계획 및 진도에 관한 보고서를 대통령령이 정하는 바에 의하여 납세지관할세무서장에게 제출하여야 한다.

⑥ 세무서장은 공익법인등에 대하여 상속세 또는 증여세를 부과하는 경우에는 당해 공익법인등의 주무관청에 그 사실을 통보하여야 한다.

⑦ 공익법인등의 주무관청은 공익법인등에 대하여 설립허가, 설립허가의 취소 또는 시정명령을 하거나 감독의 결과 제1항 단서·제2항 및 제3항에 해당하는 사실을 발견한 경우에는 대통령령이 정하는 바에 의하여 당해 공익법인등의 납세지관할세무서장에게 그 사실을 통보하여야 한다.

⑧ 출연자 또는 그와 특수관계에 있는 자가 대통령령이 정하는 공익법인등의 이사 현원(이사 현원이 5인에 미달하는 경우에는 5인으로 본다)의 5분의 1을 초과하여 이사가 되거나, 당해 공익법인등의 임·직원(이사를 제외한다. 이하 같다)으로 되는 경우에는 제78조제6항의 규정에 의한 가산세를 부과한다.

⑨ 공익법인등(국가·지방자치단체가 설립한 공익법인등 및 이에 준하는 것으로서 대통령령으로 정하는 공익법인등과 성실공익법인등을 제외한다)이 대통령령이 정하는 특수관계에 있는 내국법인의 주식등을 보유하는 경우로서 당해 내국법인의 주식등의 가액이 총재산가액의 100분의 30(제50조제3항에 따른 외부감사, 제50조의2에 따른 전용계좌의 개설 및 사용과 제50조의3에 따른 결산서류등의 공시를 이행하는 공익법인등에 해당하는 경우에는 100분의 50)을 초과하는 때에는 제78조제7항의 규정에 의한 가산세를 부과한다. 이 경우 그 초과하는 내국법인의 주식등의 가액의 산정에 관하여는 대통령령으로 정한다.

⑩ 공익법인등이 특수관계에 있는 내국법인의 이익을 증가시키기 위하여 정당한 대가를 받지 아니하고 광고·홍보를 하는 경우에는 제78조제8항의 규정에 의한 가산세를 부과한다. 이 경우 특수관계에 있는 내국법인의 범위, 광고·홍보의 방법 기타 필요한 사항은 대통령령으로 정한다.

⑪ 공익법인등의 주식등의 출연·취득 및 보유와 관련하여 다음 각 호의 어느 하나에 해당하는 경우에는 대통령령으로 정하는 바에 따라 제16조제2항 각 호 외의 부분 본문 또는 제48조제1항에 따라 상속세 또는 증여세 과세가액에 산입하거나 제48조제2항에 따라 즉시 증여세를 부과한다.
1. 성실공익법인등이 내국법인의 의결권 있는 발행주식총수등의 100분의 5를 초과하여 주식등을 출연(출연받은 재산으로 주식등을 취득하는 경우를 포함한다)받은 후 성실공익법인등에 해당하지 아니하게 된 경우
2. 제16조제2항 각 호 외의 부분 단서 또는 제48조제2항제2호 단서에 따른 공익법인등이 제49조제1항 각 호 외의 부분 단서에 따른 공익법인등에 해당하지 아니하게 되거나 해당 출연자와 특수관계에 있는 내국법인의 주식등을 해당 법인의 발행주식총수등의 100분의 5를 초과하여 보유하게 된 경우

2. 알기 쉬운 조세법 고쳐 쓰기 지침

성문법은 문자 및 문장의 표현방법을 통하여 인식되는 법이기 때문에 성문법에서 표현방법의 역할은 매우 중요하다. 법이 일단 성문화되어 성립하게 되면 당해 성문법상의 문자 및 문장의 표현방법을 통하여 획득된 의미내용을 기초로 하여 인식되고 운용되기 때문이다.

그러므로 법령은 법령의 내용이 입법자가 의도하는 대로 정확하고, 명료하며, 또한 쉽게 표현되어야 한다. 예링(Rudolf Von Jhering)은 "입법자는 철학자처럼 생각하고 농부처럼 말해야 한다."고 충고하였다. 철학자처럼 생각하라고 한 것은 사고가 분명하여야 함을 말하는 것으로서 애매모호함을 철저하게 배격하라는 뜻이고, 농부처럼 말하라고 한 것은 법령문은 누구나 알아들을 수 있게 쉽고 꾸밈없이 서술하여야 한다는 의미이다.

아래에서 알기 쉬운 조세법으로 개편하기 위한 알기 쉬운 조세법 고쳐

쓰기 지침을 제시하기로 한다.

가. 표현의 정확성과 명확성 확보

1) 표현의 정확성과 명확성

조세법의 법문을 작성할 때에는 입법자의 입법의도를 정확하게 반영하여야 한다. 규율하려는 대상·요건과 그에 따른 법률 효과를 가장 정확하고 적절한 용어로, 그리고 가능한 한 명백하고 확정적인 개념을 사용하여 표현함으로써 해석상 논란의 여지를 가능한 한 제거해야 한다[100].

표현의 정확성과 명확성은 입법자가 법령에 담으려는 법규범의 내용이 수범자인 국민으로 하여금 법령에서 사용되는 문자와 문장으로부터 원래의 취지대로 틀림없이 받아들여지게 하려는 데에 그 의의가 있다. 그러므로 입법자는 부정확하거나 애매모호한 법문을 작성하여서는 안 된다. 법령이란 개개의 구체적인 사건을 그 규제의 대상으로 하는 것이 아니고 국가나 사회에서 일어날 가능성이 있는 일정한 사항에 일반적·보편적으로 적용될 수 있게 하려는 취지로 제정된 것이므로 법령의 형식이나 법문의 표현은 어느 정도 일반적·추상적인 용어나 불확정개념을 사용하지 않을 수 없다.

법령은 문자 또는 문장에 의한 표현능력의 한계, 지나치게 간결한 법문의 고집, 전문용어의 사용, 법령에서의 복잡다기한 사실관계의 규율, 입법자의 실수, 입법과정 중 정치적 이유나 타협 등에 기인한 본래 법문의 변질 등으로 인하여 정확성이 결여되거나 불명확하게 되는 경우가 생길 수 있다.

예를 들면 국세징수법 제20조(징수유예의 취소)에서 징수유예의 철회에

---

[100] 법제처, 『법령입안심사기준』, 2007, p. 56.

관하여 규정하고 있는데, 법문은 징수유예의 취소로 표현하여 해석상 혼란을 주고 있다. 즉 국세징수법 제20조의 징수유예의 취소는 강학상의 징수유예의 철회에 해당하는 것이므로 그 표현을 강학상의 용어에 맞추어 징수유예의 철회로 고치는 것이 바람직하다[101].

국세징수법 제20조를 알기 쉬운 세법 다시 고쳐 쓰기 지침에 따라 고쳐 쓰면 다음과 같다.

현행법	다시 고쳐 쓴 법안
第20條 (徵收猶豫의 取消) ① 稅務署長은 第15條 또는 第17條의 規定에 의하여 徵收를 猶豫한 경우에 당해 納稅者가 다음 各號의 1에 해당하게 된 때에는 그 徵收猶豫를 取消하고, 猶豫에 관계되는 國稅 또는 滯納額을 一時에 徵收할 수 있다. 1. 國稅와 滯納額을 指定된 期限까지 納付하지 아니한 때 2. 擔保의 變更 기타 擔保保全에 필요한 稅務署長의 命令에 응하지 아니한 때 3. 財産狀況 기타 事情의 變化로 인하여 그 猶豫의 필요가 없다고 인정되는 때 4. 第14條第1項第2號 내지 第8號의 規定에 해당되어 그 猶豫한 期限까지 猶豫에 관계되는 國稅 또는 滯納額의 全額을 徵收할 수 없다고 인정되는 때 ② 稅務署長은 第1項의 規定에 의하여 徵收猶豫를 取消한 때에는 納稅者에게 그 뜻을 통지하여야 한다.	제20조 (징수유예의 철회) ① 세무서장은 제15조 또는 제17조의 규정에 따라 징수를 유예한 경우 해당 납세자가 다음 각 호의 어느 하나에 해당하게 된 때에는 그 징수유예를 철회하고, 유예에 관계되는 국세 또는 체납액을 일시에 징수할 수 있다. 1. 국세와 체납액을 지정된 기한까지 납부하지 아니하는 때[102] 2. 담보의 변경 그 밖에 담보보전에 필요한 세무서장의 명령에 따르지 아니하는 때 3. 재산상황 그 밖의 사정의 변화로 인하여 유예할 필요가 없다고 인정되는 때 4. 제14조제1항제2호부터 제8호까지의 규정에 해당되어 그 유예한 기한까지 유예에 관계되는 국세나 체납액의 전액을 징수할 수 없다고 인정되는 때 ② 세무서장은 제1항에 따라 징수유예를 철회한 때에는 납세자에게 그 뜻을 통지하여야 한다.

---

101) 국세징수법 제16조(송달불능으로 인한 징수유예와 부과철회)에서는 철회라는 용어를 강학상의 용어에 맞추어 정확하게 쓰고 있다.
102) 제1항 각 호의 시제를 현재형으로 일치시킨 것이다.

2) 불확정개념의 사용 지양

과세요건을 법률이라는 형식으로 규율하고 있다고 하더라도 그 규정의 내용이 추상적이고 다의적이어서 명확하지 않은 경우에는 과세관청에게 판단의 여지 또는 재량의 폭을 넓혀줄 뿐만 아니라 자의적 해석을 허용하게 되어 과세요건 등을 법률사항으로 유보시킨 의의가 상실된다. 뿐만 아니라 납세자의 예측 가능성을 침해하는 결과를 초래한다. 그러므로 과세요건을 정할 때에는 가능한 한 확정적·일의적인 개념을 사용하여야 하며, 불확정개념의 사용은 피하는 것이 바람직하다.

헌법재판소가 불확정개념의 위헌 여부를 판단할 때 도출한 판단기준을 제시하여 보면 다음과 같다[103].

첫째, 당해 조문 규정의 예측 가능성의 여부

둘째, 법관의 법 보충작용으로서의 해석에 따라서 그 의미가 구체적으로 명확화 될 수 있는지의 여부

셋째, 규율대상의 가변성 또는 불확정개념의 불가피성의 유무

---

[103] 헌법재판소 2002.05.30 선고 2000헌바81 결정, 부가가치세법 제13조 제1항 제3호 위헌소원
〈결정요지〉 이 사건에서 과세요건 명확주의 문제는, 납세자의 입장에서 어떠한 행위가 당해 문구에 해당하여 과세의 대상이 되는 것인지 예견할 수 있을 것인가, 당해 문구의 불확정성이 행정관청의 입장에서 자의적이고 차별적으로 법률을 적용할 가능성을 부여하는가, 입법 기술적으로 보다 확정적인 문구를 선택할 것을 기대할 수 있을 것인가 여부 등의 기준에 따른 종합적인 판단을 요한다.
"부당하게 낮은 대가"란 것은 "정당하지 않거나 이치에 맞지 않게 낮은 대가" 혹은 "현저하게 낮은 대가"라는 의미로 일상생활에서 사용되는 용어로서, 일반인의 관점에서 부가가치세 대상으로 예정하고 있는 행위의 범위를 예측할 수 있으며 과세관청의 자의적 적용가능성도 크지 않다고 보여진다. 즉 이는 통상의 상거래에서 있을 수 있는 시가와의 편차를 넘어서서 훨씬 더 낮은, 즉 거래관행에 비추어 객관적으로 조세회피의 의도가 인식될 정도의 것으로서, 합리적인 경제적 관점에서 볼 때 지나치게 낮은 것을 의미한다고 볼 수 있다. 한편 법원의 판례에 의하여 예측 가능성이 더 확보될 수도 있으며, 입법 기술적으로 보다 확정적인 문구의 선택도 쉽게 예상된다고 하기 어렵다. 따라서 이 사건 조항은 과세요건명확주의 원칙에 반하지 아니한다.

넷째, 입법기술상 적정성이 인정되는지의 여부

이하에서 불확정개념을 사용하거나 지나치게 불명확한 표현을 쓰고 있는 규정과 그 규정을 다시 고쳐 쓴 법안을 예시하여 보기로 한다.

가) 국세기본법 제57조(심사청구 등이 집행에 미치는 효력)

이의신청·심사청구 또는 심판청구를 제기하더라도 그 처분의 집행에 효력을 미치지 않지만, 당해 재결청이 필요하다고 인정하는 때에는 그 처분의 집행을 중지하게 하거나 중지할 수 있도록 하고 있다. 즉 집행의 정지 또는 중지사유를 특정함이 없이 막연히 "재결청이 필요하다고 인정하는 때"라는 불확정개념을 쓰고 있다. 집행의 정지 또는 중지사유를 구체화하여 다시 고쳐 쓴 법안을 제시하면 다음과 같다.

현행법	고쳐 쓴 법안
제57조(심사청구 등이 집행에 미치는 효력) 이의신청·심사청구 또는 심판청구는 세법에 특별한 규정이 있는 것을 제외하고는 당해 처분의 집행에 효력을 미치지 아니한다. 다만, 당해 재결청이 필요하다고 인정하는 때에는 그 처분의 집행을 중지하게 하거나 중지할 수 있다.	제57조(심사청구 등이 처분이나 집행 등에 미치는 효력) ① 이의신청·심사청구 또는 심판청구는 세법에 특별한 규정이 있는 것을 제외하고 처분의 효력이나 그 집행 또는 절차의 진행에 효력을 미치지 않는다. ② 재결청은 처분이나 그 집행 또는 절차의 진행으로 인하여 생길 회복하기 어려운 손해를 예방하기 위하여 긴급한 필요가 있다고 인정하는 때에는 당사자의 신청 또는 직권에 의하여 처분의 효력이나 그 집행 또는 절차의 진행의 전부 또는 일부의 정지(이하에서 "집행정지"라 한다)를 결정할 수 있다. 다만, 처분의 효력정지는 처분의 집행 또는 절차의 진행을 정지함으로써 그 목적을 달성할 수 있는 때에는 허용되지 않는다. ③ 집행정지는 공공복리에 중대한 영향을 미칠 우려가 있을 때에는 허용되지 않는다. ④ 재결청은 집행정지의 결정을 한 후에 집행정지가 공공복리에 중대한 영향을 미치거나 그 정지사유가 없어진 때에는 당사자의 신청 또는 직권에 의하여 집행정지의 결정을 철회할 수 있다.

나) 국세기본법 제29조(담보의 종류)

국세기본법 제29조에서 납세담보의 종류를 열거하고 있는데, 제3호에서 "세무서장…이 확실하다고 인정하는 유가증권"을, 그리고 제5호에서 "세무서장이 확실하다고 인정하는 보증인의 납세보증서"를 들고 있다, 그런데 "세무서장…이 확실하다고 인정하는 유가증권"이 어떤 유가증권을 의미하는지, 그리고 "세무서장이 확실하다고 인정하는 보증인"은 어떤 보증인을 가리키는지에 관하여 그 내용이 명확하지 않아 해석상 다툼의 소지가 적지 않다. 따라서 이를 구체화하여 다시 고쳐 쓰면 다음과 같다.

현행법	고쳐 쓴 법안
제29조(담보의 종류) 세법에 의하여 제공하는 담보는 다음 각호의 1에 해당하는 것이어야 한다. 1. ─ 2. ─ 3. 세무서장(세법에 의하여 국세에 관한 사무를 세관장이 관장하는 경우에는 세관장. 이하 같다)이 확실하다고 인정하는 유가증권 4. ─ 5. 세무서장이 확실하다고 인정하는 보증인의 납세보증서	제29조(담보의 종류) 세법에 의하여 제공하는 담보는 다음 각호의 어느 하나에 해당하는 것이어야 한다. 1. ─ 2. ─ 3. 세무서장(세법에 의하여 국세에 관한 사무를 세관장이 관장하는 경우에는 세관장. 이하 같다)이 확실하다고 인정하는 다음 각 목의 유가증권 가. 국가 또는 지방자치단체가 발행한 증권 또는 채권 나. 한국은행이 발행한 통화안정증권, 한국산업은행이 발행한 산업금융채권, 그 밖에 특별법에 따라 성립된 법인이 발행한 채권 다. 증권거래법에 의한 유가증권시장 또는 코스닥시장에 상장된 주권상장법인 또는 코스닥상장법인의 주식 등 라. 증권거래법에 의한 유가증권시장 또는 코스닥시장에 상장된 주권상장법인 또는 코스닥상장법인의 사채권 중 보증사채 및 전환사채 마. 양도성예금증서 바. 신탁업법에 의한 수익증권 중 무기명수익증권 사. 증권투자신탁업법에 의한 수익증권 중 환매청구가 가능한 수익증권 아. 위의 "가"부터 "사"까지의 유가증권과 유사한 것으로서 세무서장이 확실하다고 인정하는 유가증권 4. ─ 5. 은행법의 규정에 따른 금융기관, 신용보증기금법의 규정에 따른 신용보증기금, 기술신용보증기금법의 규정에 따른 기술신용보증기금, 그 밖에 보증채무를 이행할 수 있는 자력이 충분하다고 세무서장이 인정하는 보증인의 납세보증서

3) 기속행위에 관한 표현의 명료화

조세법상 기속행위에 해당함에도 마치 재량행위처럼 표현하고 있는 경우가 있어서 세법의 이용자에게 혼란을 주는 경우가 적지 않다. 현행 세법의 규정을 보면 명백히 기속행위임에도 일정한 요건을 갖춘 경우에 일정한 처분을 할 것인지의 여부가 마치 과세관청의 재량사항인 것처럼 "…을 할 수 있다."라는 표현을 쓰고 있다. 이와 같은 조항의 경우에는 법문에서의 "…을 할 수 있다."라는 표현을 "…을 하여야 한다."라는 표현으로 바꾸어야 한다.

참고로 이에 해당하는 조항들을 예시하여 보면 다음과 같다.

가) 국세기본법 제47조 제1항

정부는 세법에 규정하는 의무를 위반하는 자에 대하여 세법이 정하는 바에 의하여 가산세를 부과할 수 있다.

나) 국세징수법 제57조 제1항

① 세무서장은 압류하고자 하는 재산이 이미 다른 기관에서 압류하고 있는 재산인 때에는 제56조의 규정에 의한 교부청구에 갈음하여 참가압류통지서를 그 재산을 이미 압류한 기관(이하 "기압류기관"이라 한다)에 송달함으로써 그 압류에 참가할 수 있다.

다) 소득세법 제41조 제1항

납세지 관할세무서장 또는 지방국세청장은 부동산임대소득·사업소득·일시재산소득·기타소득 또는 산림소득이 있는 거주자의 행위 또는 계산이 그 거주자와 특수관계 있는 자와의 거래로 인하여 당해 소득에 대한 조세의 부담을 부당하게 감소시킨 것으로 인정되는 때에는 그 거주자의 행위 또는 계산에 관계없이 당해 연도의 소득금액을 계산할 수 있다.

라) 소득세법 제101조 제1항

납세지 관할세무서장 또는 지방국세청장은 양도소득이 있는 거주자의 행위 또는 계산이 그 거주자와 특수관계 있는 자와의 거래로 인하여 당해 소득에 대한 조세의 부담을 부당하게 감소시킨 것으로 인정되는 때에는 그 거주자의 행위 또는 계산에 관계없이 당해 연도의 소득금액을 계산할 수 있다.

마) 법인세법 제52조 제1항

납세지 관할세무서장 또는 관할지방국세청장은 내국법인의 행위 또는 소득금액의 계산이 대통령령이 정하는 특수관계에 있는 자(이하 "특수관계자"라 한다)와의 거래로 인하여 그 법인의 소득에 대한 조세의 부담을 부당히 감소시킨 것으로 인정되는 경우에는 그 법인의 행위 또는 소득금액의 계산(이하 "부당행위계산"이라 한다)에 관계없이 그 법인의 각 사업연도의 소득금액을 계산할 수 있다.

나. 쉬운 표현으로 고쳐 쓰기

1) 쉬운 용어로 고쳐 쓰기

법령은 쉽게 읽을 수 있고 이해할 수 있어야 한다. 기본적으로 법령은 일반적으로 사용되는 쉬운 언어로 작성되어야 한다. 위에서의 쉬운 언어가 누구를 기준으로 한 쉬운 언어인지에 관하여는 논란이 있음은 전술한 바와 같다. 조세법은 평균수준의 일반인이면 누구든지 쉽게 이해할 수 있도록 알기 쉽게 평이한 법문으로 만드는 것이 바람직하다. 법제처는 법령입안심사기준에서 "또한 일반 국민의 눈높이에서 현행의 모든 법령을 쉽게 만들어, 의무교육을 받은 국민이면 누구나 쉽게 읽고 잘 이해할 수 있는 친근한 법령이 되도록 함으로써 종래 법률 전문가 중심의 법률 문화를 이제는 국민이 중심이 되는 법률 문화로 바꾸는 데에 기여할 수 있도록 해야 한다."고 하여 일반 국민의 눈높이에 맞출 것을 요구하고 있다[104].

그러나 세법을 아무리 쉽게 만든다고 하더라도 일반인이 용이하게 이해할 수 있을 정도로 세법을 쉽게 만드는 것은 어렵다. 조세법의 규율대상이 복잡하고 어려운 경제거래 내지 법률행위(금융파생상품, 신탁 등)이며, 그 내용이 기술성·전문성을 띠고 있기 때문에 아무리 조세법을 쉽게 만든다고 하더라도 그 평이성에는 한계가 있기 때문이다. 평균수준의 일반인이 쉽게 이해하는 수준을 유지하지는 못한다고 하더라도 최소한 조세전문가가 쉽게 이해하는 수준은 유지되어야 한다[105].

---

104) 법제처, 『법령입안심사기준』, 2007, p. 56.
105) 헌법재판소는 법문의 이해 가능성과 관련하여 "제56조 제2항 중 괄호부분은 일반인의 주의력으로는 쉽게 정확하게 이해하기도 어렵게 하였거니와 중요규정을 괄호 내에 압축하여 불충실하게 불완전하게 규정함으로써 그 적용을 받은 국민으로 하여금 재판권행사에 당혹과 혼선을 일으키게 하였다. 60일이라는 짧은 제소기간인데도 그 기간계산에 있어서 착오가 생기기 쉽게 함은 입법의 신중성의 결여이고 조잡이라 하지 않을 수 없으며, 다단계의 행정심판전치절차를 거치게 하면서 이른바 기각간주 과정과 연계시켜야 행정소송의 제소기간을 정확하게 파악을 할 수 있게 한 것도 입법체제로서는 매우 이례적인 일이다. 이 규정은 위법한 과세처분에 대한 국민의 재판을 받을 권리에 직접 관련된 불변기간에 관한 규정이다. 돌이켜 불변기간들을 살펴볼 때에 이 규정처럼 불변기간에 관하여 불명확·모호하게 규정함으로써 그 기산점에 관하여 혼선을 일으키게 한 예는 발견하기 어려우며, 이 때문에 지금까지 조세부과처분에 대한 행정소송에 이르는 길에 큰 장애요인이 되어 왔던 것이 또한 실증적 경험이기도 하다. 원래 제소기간과 같은 불변기간은 늘릴 수도 줄일 수도 없는 기간이며, 국민의 기본권의 하나인 재판을 받을 권리행사와 직접 관련되기 때문에 그 기간계산에 있어서 나무랄 수 없는 법의 오해로 재판을 받을 권리를 상실하는 일이 없도록 쉽게 이해되게, 그리고 명확하게 규정되어야 한다. 변호사강제주의를 채택하지 아니한 법제이기 때문에 그와 같은 요청은 더욱 강조되는 바라고 할 것이다. 그것이 재판을 받을 권리의 기본권행사에 있어서 예측 가능성의 보장이요, 재판을 받을 권리의 실질적인 존중이며 나아가 법치주의의

법령에서 쓰이는 용어는 일반 국민이 알기 쉬워야 할 뿐만 아니라, 국민의 언어생활과 시대성에도 맞는 것이어야 한다. 그렇지 못한 용어는 적극적으로 순화하고 정비할 필요가 있다.

그런데 법령에서 사용되는 언어는 일상생활에서 사용하는 언어와는 달리 명확성과 형식성이 중시된다. 법령문에는 법령의 특수한 분야에 맞는 전문기술적인 용어가 많이 사용된다. 또한 법령은 그 대상을 일반적이고 보편적으로 규율하기 위해서 만들어지기 때문에 법령문에 사용하는 용어는 일반적이고 추상적이며 포괄적 가치 개념을 지닌 용어가 많다.

사실 법령에서 사용되는 용어에 주어지는 이러한 제약 요건은 법령이 간결성과 함축성을 지닌 명료한 것이어야 한다는 점에서 반드시 필요한 것이지만, 그것으로 인해 법령이 이해하기 어렵게 되어서는 안 된다. 물론 법령용어의 특수성을 인정하지 않을 수는 없다. 그렇지만 다른 전문적인 용어와 달리 오늘날 민주 법치국가에서의 법령문은 일반 국민이 이해할 수 있어야 한다. 국민이 이해하지 못해서 법령을 지키는 데에 어려움이 있다면 그 법령은 이미 존재의 의미를 잃은 것이다[106].

조세법령에서 쓰는 용어를 알기 쉬운 용어로 고쳐 쓰기 위한 구체적인 정비기준은 다음과 같다[107].

첫째, 일상생활에서 대부분의 사람들이 자주 쓰는 용어로 바꾸어 쓴다.

둘째, 어려운 한자어는 쉬운 우리말(고유어)로 고쳐 쓴다. 다만, 우리말

이상을 실현시키는 길이다. 이러한 의미에서 국세기본법 제56조 제2항 괄호규정 부분은 재판을 받을 권리의 파생인 불변기간 명확화의 원칙에 반한다고 할 것이며, 이렇듯 법률전문가의 입장에서도 그 내용파악이 어렵고 모호한 것이라면 신속한 재판을 받는데 기대만큼의 도움이 될 수 없을 것임은 물론 이를 내세워 정당화 시킬 수도 없을 것이므로, 결국 헌법 제27조 제1항의 규정에 위반된다고 할 것이다."고 판시한 바 있다(헌법재판소 1992.07.23. 선고 90헌바2 결정).

[106] 법제처, 『알기 쉬운 법령 정비기준』 제2판, 2009, p. 31.
[107] 법제처, 위의 책, p. 32.
용어정비의 구체적 정비기준에 관하여는 위의 책 33페이지부터 101페이지까지의 '용어정비', 239페이지부터 360페이지까지의 '정비용어사전'을 참고하기 바란다.

로 쓰면 오히려 그 뜻을 이해하기 어렵게 되는 경우에는 괄호 안에 한자를 함께 쓴다. 그리고 쉬운 한자어라도 그에 해당하는, 널리 쓰이는 쉬운 우리말이 있으면 우리말로 바꾼다. 다만, 뜻풀이 방식의 순화로 문장이 지나치게 길어지거나 오히려 이해하기 어렵게 되는 것은 피하여야 한다.

셋째, 직역된 일본어나 일본어를 한자음대로 읽은 일본식 한자어는 그에 대응하는 우리 한자어나 고유어로 순화한다.

넷째, 너무 간단해서 알기 어려운 용어나 지나치게 줄여 써서 알기 어려운 용어는 될 수 있으면 설명을 첨가하거나 쉽게 풀어 쓴다.

다섯째, 관행적으로 사용해 온 권위적인 용어와 비민주적인 용어는 시대에 맞는 적절한 용어로 바꾸어 쓴다.

여섯째, 외래어는 될 수 있으면 쓰지 않되, 이미 굳어진 외래어는 관행을 존중하며, 그 외에 부득이하게 사용해야 할 경우에는 국립국어원과 법제처 등 전문 기관에 자문한 후 사용한다.

일곱째, '한글 맞춤법', '표준어 규정', '외래어 표기법' 등 어문규정에 맞지 않는 용어는 어문규정에 맞게 고쳐 쓴다.

한편 현행세법에서 사용하고 있는 용어 중 지나치게 어려운 용어들을 예시하여 보면 다음과 같다. 주로 어려운 한자어와 일본식 한자어 들이다.

① 조세범처벌법 제7조 제3호 및 인지세법시행령 제11조 제3항에서의 "압날"
② 조세범처벌법 제12조 제1항에서의 "면탈", 재산의 "장닉·탈루"와 동조 제2항에서의 보관한 물건의 "장닉·탈루·소비 또는 훼손"
③ 조세범처벌법 제13조 제10호에서의 법에 의한 납세증명표지가 "첩용" 되어 있지 아니한 주류와 동조 제12호에서의 인지를 "첩용"함에 있어서 "소인"하지 아니한 자
④ 조세범처벌절차법 제4조 제1항에서의 범칙사건의 "증빙취집"
⑤ 조세범처벌절차법 제9조 제1항에서의 범칙사건의 조사에 의하여 "범칙의 심증을 얻는 때"와 몰수 또는 "몰취"에 해당하는 물품, 납부의 "신립",

동조 제3항에서의 정상이 징역형에 "처"할 것으로 "사료"되는 때
⑥ 국세기본법 제5조의 2 제1항에서의 "통신일부인"
⑦ 국세기본법 제16조 제3항·국세징수법시행령 제35조 제4항 및 조세범처벌절차법 제5조에서의 "부기"와 국세기본법 제16조 제4항에서의 "결정서를 열람 또는 등초하거나 그 등본 또는 초본이 원본과 상위 없음"
⑧ 국세기본법 제81조의6 제2항 제4호에서의 "탈루나 오류의 혐의"
⑨ 국세징수법 제25조에서의 증표의 "휴대"
⑩ 국세징수법 제26조 제2항에서의 재산의 "은닉"
⑪ 국세징수법 제51조 제2항에서의 등기 또는 등록의 "촉탁"
⑫ 국세기본법 제21조 제1항 제8호에서의 "반출"
⑬ 주세법시행령 제57조 제1항에서의 "첩부"
⑭ 주세법 제29조 제1호에서의 "음용"
⑮ 주세법시행령 제64조 제1항에서의 "망실"
⑯ 소득세법 제80조 제2항 제1호 및 제4항, 법인세법 제66조 제2항 제1호 및 제4항, 부가가치세법 제21조 제1항 및 제3항에서의 "오류"
⑰ 소득세법시행령 제63조의 2 제1항 제1호 및 법인세법시행령 제29조 제1항 제1호에서의 "부식·마모 및 훼손"
⑱ 소득세법시행령 제61조 제2항 및 소득세법시행규칙 제28조 제2항에서의 "멸실"

2) 문장의 형태와 어법

법령 용어를 알기 쉽게 바꾸었다고 하여 법령문이 충분히 쉬워지는 것은 아니다. 법령은 문장으로 구성되어 있으므로 법령 용어와 함께 법령 문장을 알기 쉽게 바꾸어야 할 필요가 있다[108].

---

108) 법제처, 『알기 쉬운 법령 정비기준』 제2판, 2009, pp. 103-125 참조.

법령에서의 명령과 금지는 가능한 한 명령적 형태로 표현하여야 하고, 법문의 형태는 긍정문을 사용하는 것이 바람직하다.

다음으로 법문은 가능한 한 능동태의 형태로 기술하여야 한다. 일반적으로 능동태의 문장이 수동태의 문장보다 이용자의 이해력을 높일 수 있기 때문이다. 그리고 문장의 시제는 원칙적으로 현재시제(하는 때, 되는 때)를 사용하도록 하되, 처벌 내지 제재규정 등과 같이 과거형으로 사용하여야 할 경우에는 과거시제(한 때, 된 때)로, 그리고 앞뒤 문맥과 연관지어 미래형이 분명한 경우에는 미래시제(할 때, 될 때)를 사용하도록 한다.

법문은 한글 맞춤법 등 어문 규범을 준수하여야 한다. 한글 맞춤법 등 어문 규범은 법령문이라고 해서 예외로 할 수 없는 최소한의 기준이다. 따라서 법령문 작성 시에는 원칙적으로 정부가 제정하는 한글 맞춤법에 따라야 한다. 다만, 법령에서 특별한 의미로 사용되거나 이미 많은 법령문에 사용되어 이해와 사용의 편의가 더 큰 경우 등에는 맞춤법과 달리 쓰도록 하여야 할 경우도 있다. 또한 법령 문장을 작성할 때 주어와 서술어, 목적어와 서술어 등의 문장 성분끼리 호응이 잘되도록 구성하여야 하며, 어순을 올바르고 자연스럽게 배치하여 편하게 이해할 수 있도록 해야 한다[109].

수동문의 형태로 작성된 국세징수법 제35조를 능동문의 형태로 다시 고쳐 써 보면 다음과 같다. 수동문보다는 능동문이 훨씬 이해하기 쉬운 것으로 보인다.

국세징수법 제35조(가압류·가처분재산에 대한 체납처분의 효력)

현행법	다시 고쳐 쓴 법안
第35條(假押留·假處分財産에 대한 滯納處分의 效力) 滯納處分은 裁判上의 假押留 또는 假處分으로 인하여 그 執行에 影響을 받지 아니한다.	제35조(가압류·가처분재산에 대한 체납처분의 효력) 재판상의 가압류 또는 가처분은 체납처분의 집행에 영향을 미치지 아니한다.

---

[109] 법제처,『법령입안심사기준』, 2007, pp. 57~58.

3) 긴 조문의 분리와 장문의 단문화

법령 문장은 간결하면서도 내용이 혼동되지 않도록 정확하게 표현되어야 한다.

종래에는 조세법령의 수요자에 대한 고려 없이 복잡한 내용도 한 문장에 담음으로써 이해하기 어려울 뿐만 아니라 한 번에 읽기도 어려운 문장을 많이 써 온 것이 사실이다. 따라서 법령을 쉽게 이해할 수 있도록 하기 위해서는, 용어와 표현뿐만 아니라 길고 복잡한 문장을 짧고 간결하게 다듬는 것이 매우 중요하다.

복문형태의 긴 문장은 가급적 단문형태로 바꾸어 2개 이상의 문장으로 나누어서 규정하고, 지나치게 긴 조문은 이를 2개 이상의 조문으로 분리하여 규율하거나 항·호·목으로 세분하여 규정하는 것이 바람직하다[110]. 즉 법령의 한 문장이 너무 길거나 별로 관련이 없는 사항을 한 문장으로 규정하는 경우에는 2개 이상의 조 또는 항으로 나누는 것을 고려한다. 그리고 나열하는 사항이 복잡하게 얽혀 개별적으로 구분하기 힘든 경우에는 '각 호'와 '각 목' 등으로 분리해서 규정하여야 한다[111].

지나치게 긴 문장으로 이루어져 있기 때문에 해석이나 이해가 어려운 조문의 예로서는 상속세및증여세법 제41조의 3(주식 또는 출자지분의 상장 등에 따른 이익의 증여) 제1항, 법인세법 제63조(중간예납) 제1항, 소득세법 제52조(특별공제) 제2항부터 제4항, 상속세및증여세법 제16조(공익법인 등의 출연재산에 대한 상속세 과세가액 불산입) 제2항 등 무수히 많다.

이하에서는 상속세및증여세법 제41조의 3(주식 또는 출자지분의 상장 등에 따른 이익의 증여) 제1항, 법인세법 제63조(중간예납) 제1항을 알기 쉬운 세법 다시 고쳐 쓰기 지침에 따라 다시 고쳐 쓰기로 한다.

---

110) 同旨: 山本庸幸, 『實務立法技術』, 株式會社 商事法務, 2006, pp. 399~400.
111) 법제처, 『알기 쉬운 법령 정비기준』 제2판, 2009, p. 126.

가) 상속세및증여세법 제41조의3(주식 또는 출자지분의 상장 등에 따른 이익의 증여)

현행법	다시 고쳐 쓴 법안
제41조의3 (주식 또는 출자지분의 상장 등에 따른 이익의 증여) ①기업의 경영 등에 관하여 공개되지 아니한 정보를 이용할 수 있는 지위에 있다고 인정되는 다음 각 호의 어느 하나에 해당하는 자(이하 이 조 및 제41조의5에서 "최대주주 등"이라 한다)와 특수관계에 있는 자가 최대주주 등으로부터 당해 법인의 주식 또는 출자지분(이하 이 조 및 제41조의5에서 "주식 등"이라 한다)을 증여받거나 유상으로 취득한 경우에는 증여받거나 취득한 날, 증여받은 재산(주식 등을 유상으로 취득한 날부터 소급하여 3년 이내에 최대주주등으로부터 증여받은 재산을 말한다. 이하 이 조 및 제41조의5에서 같다)으로 최대주주등외의 자로부터 당해 법인의 주식 등을 취득한 경우에는 취득한 날(이하 이 조 및 제41조의5에서 "증여일 등"이라 한다)부터 5년 이내에 당해 주식 등이 「증권거래법」에 따라 한국증권선물거래소에 상장(유가증권시장 또는 코스닥시장에 상장된 것을 말한다)됨에 따라 그 가액이 증가된 경우로서 당해 주식 등을 증여받거나 유상으로 취득한 자가 당초 증여세과세가액(증여받은 재산으로 주식 등을 취득한 경우를 제외한다. 이하 제41조의5에서 같다) 또는 취득가액을 초과하여 대통령령이 정하는 기준 이상의 이익을 얻은 때에는 당해 이익에 상당하는 금액을 그 이익을 얻은 자의 증여재산가액으로 한다. 1. 제22조제2항의 규정에 의한 최대주주	제41조의3 (주식 또는 출자지분의 상장 등에 따른 이익의 증여) ① 제1호의 최대주주 등과 특수관계에 있는 자가 취득한 제2호의 주식 등이 제3호의 증여일 등으로부터 5년 이내에 「증권거래법」에 따라 한국증권선물거래소에 상장(유가증권시장 또는 코스닥시장에 상장된 것을 말한다)됨에 따라 그 가액이 증가된 경우로서 해당 주식 등을 증여받거나 유상으로 취득한 자가 당초 증여세과세가액(증여받은 재산으로 주식 등을 취득한 경우를 제외한다. 이하 제41조의5에서 같다) 또는 취득가액을 초과하여 대통령령이 정하는 기준 이상의 이익을 얻은 때에는 당해 이익에 상당하는 금액을 그 이익을 얻은 자의 증여재산가액으로 한다. 1. 최대주주 기업의 경영 등에 관하여 공개되지 아니한 정보를 이용할 수 있는 지위에 있다고 인정되는 다음 각 목의 어느 하나에 해당하는 자(이하 이 조 및 제41조의5에서 "최대주주 등"이라 한다) 가. 제22조제2항의 규정에 의한 최대주주 또는 최대출자자 나. 내국법인의 발행주식총수 또는 출자총액의 100분의 25 이상을 소유한 자로서 대통령령이 정하는 자 2. 주식 등 주식 등이란 다음 각 목의 어느 하나에 해

또는 최대출자자 2. 내국법인의 발행주식총수 또는 출자총액의 100분의 25 이상을 소유한 자로서 대통령령이 정하는 자	당하는 주식 또는 출자지분(이하 이 조 및 제41조의5에서 "주식 등"이라 한다)을 말한다. 가. 최대주주 등으로부터 증여받거나 유상으로 취득한 해당 법인의 주식 등 나. 최대주주 등으로부터 증여받은 재산(주식 등을 유상으로 취득한 날부터 소급하여 3년 이내에 최대주주 등으로부터 증여받은 재산을 말한다. 이하 이 조 및 제41조의5에서 같다)으로 최대주주 등외의 자로부터 취득한 해당 법인의 주식 등 3. 증여일 등 증여일 등(이하 이 조 및 제41조의5에서 "증여일 등"이라 한다)이란 최대주주 등으로부터 증여받은 주식 등은 그 증여받은 날, 최대주주 등으로부터 유상으로 취득한 주식 등은 그 취득한 날, 최대주주 등으로부터 증여받은 재산으로 최대주주 등외의 자로부터 취득한 해당 법인의 주식 등은 그 취득한 날을 말한다.

나) 법인세법 제63조 (중간예납)

현행법	다시 고쳐 쓴 법안
제63조 (중간예납) ① 내국법인(「고등교육법」 제3조에 따른 사립학교를 경영하는 학교법인은 제외한다)으로서 각 사업연도(합병 또는 분할에 의하지 아니하고 새로 설립된 법인인 경우에는 설립후 최초의 사업연도를 제외한다)의 기간이 6월을 초과하는 법인은 해당 사업연도개시일부터 6월간을 중간예납기간으로 하여 해당 사업연도의 직전 사업연도의 법인세로서 확정된 산출세액(가산세를 포함하며, 제55조의2에 따른 토지등 양도소득에 대한 법인세를 제외한다)에서 다음 각 호의 금액을 공제한 금액을 직전 사업연도의 월수로 나눈 금액에 6을 곱하여 계산한 금액(이하 "중간예납세액"이라 한다)을 그 중간예납기간이 경과한 날부터 2월이내에 대통령령으로 정하는 바에 따라 납세지 관할세무서 · 한국은행(그 대리점을 포함한다) 또는 체신관서(이하 "납세지 관할세무서등"이라 한다)에 납부하여야 한다. 다만, 중간예납세액의 납부의무가 있는 내국법인으로서 직전 사업연도의 법인세로서 확정된 산출세액이 없는 법인(제51조의2제1항 각 호의 법인을 제외한다)이거나 해당 중간예납기간 만료일까지 직전 사업연도의 법인세액이 확정되지 아니한 법인인 경우와 분할신설법인 및 분할합병의 상대방법인의 분할 후 최초의 사업연도의 경우에는 제4항의 규정에 의하여 중간예납세액을 계산하여 납부하여야 한다. 1. 당해 사업연도의 직전 사업연도에 감면된 법인세액(소득에서 공제되는 금액을 제외한다) 2. 당해 사업연도의 직전 사업연도에 법인세로서 납부한 원천징수세액 3. 당해 사업연도의 직전 사업연도에 법인세로서 납부한 수시부과세액	제63조 (중간예납) ① 제1호의 대상법인은 해당 사업연도개시일부터 6개월간을 중간예납기간으로 하여 제2호의 중간예납세액을 그 중간예납기간이 경과한 날부터 2개월 안에 대통령령으로 정하는 바에 따라 납세지 관할세무서 · 한국은행(그 대리점을 포함한다) 또는 체신관서(이하 "납세지 관할세무서 등"이라 한다)에 납부하여야 한다. 다만, 제1호의 대상법인으로서 직전 사업연도의 법인세로서 확정된 산출세액이 없는 법인[제51조의2(유동화전문회사 등에 대한 소득공제) 제1항 각 호의 법인을 제외한다]이거나 해당 중간예납기간 만료일까지 직전 사업연도의 법인세액이 확정되지 아니한 법인인 경우와 분할신설법인 및 분할합병의 상대방법인의 분할 후 최초의 사업연도의 경우에는 제4항의 규정에 따라 중간예납세액을 계산하여 납부하여야 한다. 1. 대상법인: 내국법인(「고등교육법」 제3조에 따른 사립학교를 경영하는 학교법인은 제외한다)으로서 각 사업연도(합병 또는 분할에 의하지 아니하고 새로 설립된 법인인 경우에는 설립 후 최초의 사업연도를 제외한다)의 기간이 6월을 초과하는 법인 2. 중간예납세액: [직전 사업연도의 법인세로서 확정된 산출세액(가산세를 포함하며, 제55조의2에 따른 토지 등 양도소득에 대한 법인세를 제외한다) − 직전 사업연도에 감면된 법인세액(소득에서 공제되는 금액을 제외한다) − 직전 사업연도에 법인세로서 납부한 원천징수세액 − 직전 사업연도에 법인세로서 납부한 수시부과세액] × 6/직전 사업연도의 월수

다. 중복적인 예외규정의 지양과 준용규정의 정비

1) 중복적인 예외규정의 정비

이중 또는 삼중의 예외규정을 두고 있기 때문에 그 의미가 명확하지 않거나 납세의무자에게 해석상 혼란을 주는 경우가 적지 않다. 예외규정에 대한 예외규정을 둘 때에는 항을 달리하여 별도의 항으로 규정하는 것이 바람직하며, 한 문장 안에서 예외규정에 대한 예외를 설정하거나 예외규정에 대한 예외규정의 예외를 설정하는 것과 같이 이중 또는 삼중의 예외규정을 설정하는 것은 피하여야 한다. 그리고 본문 중의 괄호 안에서 예외규정을 두거나 단서조항 중의 괄호 안에서 다시 예외규정을 두는 입법방식도 지양하여야 한다.

중복적인 예외규정의 사례로서 소득세법시행령 제154조 제2항 제3호 단서 등을 들 수 있다.

소득세법시행령 제154조 (1세대1주택의 범위)
① 법 제89조제1항제3호에서 "대통령령이 정하는 1세대 1주택"이라 함은 거주자 및 그 배우자가 그들과 동일한 주소 또는 거소에서 생계를 같이 하는 가족과 함께 구성하는 1세대(이하 "1세대"라 한다)가 양도일 현재 국내에 1주택을 보유하고 있는 경우로서 당해 주택의 보유기간이 3년 이상인 것(서울특별시, 과천시 및 「택지개발촉진법」 제3조의 규정에 의하여 택지개발예정지구로 지정·고시된 분당·일산·평촌·산본·중동 신도시지역에 소재하는 주택의 경우에는 당해 주택의 보유기간이 3년 이상이고 그 보유기간중 거주기간이 2년 이상인 것)을 말한다. 다만, 1세대가 양도일 현재 국내에 1주택을 보유하고 있는 경우로서 다음 각 호의 어느 하나에 해당하는 경우에는 그 보유기간 및 거주기간의 제한을 받지 아니한다.

② 다음 각호의 1에 해당하는 경우에는 배우자가 없는 때에도 이를 제1항의 규정에 의한 1세대로 본다.
3. 법 제4조의 규정에 따른 소득이 「국민기초생활 보장법」 제2조제6호의 규정에 따른 최저생계비 수준 이상으로서 소유하고 있는 주택 또는 토지를 관리·유지하면서 독립된 생계를 유지할 수 있는 경우. 다만, 미성년자의 경우를 제외하되, 미성년자의 결혼, 가족의 사망 그 밖에 기획재정부령이 정하는 사유로 1세대의 구성이 불가피한 경우에는 그러하지 아니하다.

2) 준용규정의 명확화

가) 준용대상의 구체화

준용이란 특정조항(A사항에 관한 규정)이 준용하고자 하는 사항(A와 어느 정도 다르지만 대체로 유사한 B사항)의 성질에 따라 다소 수정되어 적용되는 경우에 이용된다. 그러므로 법령의 내용적인 반복보다 준용하는 것이 단순할 뿐만 아니라 그 준용에 의하여 내용파악에 어려움이 없을 경우에 한하여 준용이 허용된다. 준용은 그 자체가 해석상 어려움이 따르기 때문에 준용대상을 특정조문으로 명시하지 않고 포괄적이거나 애매하게 표현하지 않도록 하여야 한다.

준용을 할 경우에는 준용된 해당 법령을 참조하지 않고서도 그 근본취지가 파악될 수 있을 정도로 준용규정이 이해될 수 있어야 한다. 그리고 준용의 대상이 되는 규정의 구성요건의 어떤 요소 또는 법률효과의 어떤 부분이 준용되는지를 분명히 특정하여야 한다. 현행법상 국세기본법을 비롯하여 국세징수법과 개별세법 등에서 폭넓게 준용규정이 이용되고 있다.

그런데 현행의 세법상 준용할 조항과 그 준용범위가 명확하지 않은 준용규정이 적지 않다. 그 대표적인 예로서 국세기본법 제27조(국세징수권의 소멸시효) 제2항[112])과 제25조의 2(연대납세의무에 관한 민법규정의 준용)[113])를 들 수 있다. 국세기본법 제27조 제2항과 제25조의 2에서 준용할 민법조항과 그 준용범위에 관하여 구체적으로 적시하는 것이 바람직하다.

헌법재판소는 종전의 국세기본법 제56조 제2항이 준용규정으로 인하여 그 내용파악이 어려울 정도로 불명확하고 모호하기 때문에 위헌이라고 판시한 바 있다[114]).

위에서 예로 든 국세기본법 제27조(국세징수권의 소멸시효) 제2항과 제25조의 2(연대납세의무에 관한 민법규정의 준용)의 규정 외에도 세법상 준용규정들을 전반적으로 재검토하고 준용규정이 위의 기준에 적합한지의 여부를 따져보고 부적합한 조항을 가려내어 입법적으로 개선할 필요가 있다고 하겠다.

---

112) 국세기본법 제27조
② 제1항의 소멸시효에 관하여는 이 법 또는 세법에 특별한 규정이 있는 경우를 제외하고는 민법에 의한다.
113) 국세기본법 제25조의 2
이 법 또는 세법에 의하여 국세가산금과 체납처분비를 연대하여 납부할 의무에 관하여는 민법 제413조 내지 제416조, 제419조, 제421조, 제423조 및 제425조 내지 제427조의 규정을 준용한다.
114) 헌법재판소 1992.7.23. 선고 90헌바2, 92헌바2, 92헌바25 결정.
〈판결요지〉 종전의 국세기본법 제56조 제2항에서 조세사건에 관한 행정소송은 행정소송법 제18조 제2항·제3항 및 동법 제20조의 규정에 불구하고 심판청구에 대한 결정의 통지를 받은 날(결정의 통지를 받지 못한 경우에는 제81조 단서의 결정기간이 경과한 날)로부터 60일 내로 제기하도록 제한하고 있었고, 제81조 단서의 결정기간에 관하여는 국세기본법 제61조 제2항, 제63조 및 제65조를 준용하도록 하고 있었다. 이와 관련하여 헌법재판소는 위의 조항이 법률전문가의 입장에서도 그 내용파악이 어렵고 모호할 정도로 불명확하고 모호하게 규정되어 있으므로 헌법 제27조 제1항의 재판을 받을 권리의 파생인 불변기간 명확화의 원칙에 반하고, 또한 헌법으로 확보된 기본권이 그 하위법규로 인하여 잃기 쉽게 하였다는 점에서 헌법 제10조 후문이 규정하는 국가의 기본권보장의무에도 위반된다고 하여 위헌으로 판시한 바 있다.

나) 재준용의 지양

준용조항을 다시 준용하는 재준용 조항은 피하여야 한다[115]. 준용은 다른 조문의 내용을 그대로 적용하는 것이 아니라 준용하고자 하는 사항의 성질에 따라 수정하여 적용하여야 하는 점에 비추어 볼 때 재준용은 두 번에 걸쳐 수정하여 적용하여야 하기 때문에 그 해석에 어려움이 따른다. 특히 재준용에 있어서 여러 조문을 한꺼번에 준용하는 방식은 가급적 피하도록 할 필요가 있다.

현행 세법상 재준용조항의 예는 소득세법 제118조[116], 소득세법 제118조의 8[117], 법인세법 제62조의 2[118], 법인세법 제92조 제4항[119], 법인세법 제95조의 2[120], 법인세법 제97조 제1항, 소득세법시행령 제167조의 4 제4항, 소득세법시행령 제167조의 5 제2항, 소득세법시행령 제167조의 6 제4항, 소득세법시행령 제168조의 2, 상속세및증여세법시행령 제72조 제4항 등 무수히 많다.

---

115) 조정찬, 「준용에 관한 몇 가지 문제」, 『월간법제』 2000년 10월호, p. 35.
116) 소득세법 제118조에서는 제74조를 준용하도록 하고 있는데, 제74조 제1항 내지 제5항의 과세표준확정신고의 특례에서는 제70조 제4항 및 제5항의 규정을 준용하도록 하고 있다.
117) 소득세법 제118조의 8에서는 소득세법 제118조를 준용하도록 하고 있는데, 소득세법 제118조에서는 소득세법 제74조를 준용하도록 하고 있으며, 소득세법 제74조에서는 소득세법 제70조 제4항 및 제5항을 준용하도록 하고 있다.
118) 법인세법 제62조의 2 제5항에서 소득세법 제101조를 준용하는데, 소득세법 제101조 제3항에서 소득세법 제101조 제2항의 연수의 계산은 소득세법 제97조 제6항을 준용하도록 하고 있다.
119) 법인세법 제92조 제4항에서는 소득세법 제99조를 준용하는데, 소득세법 제99조에서는 상속세및증여세법 제63조를 준용하도록 하고 있다.
120) 법인세법 제95조의 2에서 법인세법 제92조 제3항을 준용하는데, 법인세법 제92조 제3항을 적용함에 있어서 당해 자산의 양도시기 및 취득시기에 관하여는 소득세법 제98조의 규정을 준용하도록 하고 있다.

다) 상위법령의 조문을 준용한 하위법령의 정비

　대통령령 등 하위법령에서 모법 또는 다른 법률의 일부 조문을 준용하는 규정은 법형식별 소관의 원칙에 위배되는지의 여부를 둘러싸고 다툼이 있다[121]. 상위법령의 조문을 준용한 하위법령은 정비하는 것이 바람직하다. 이에 해당하는 예로서는 소득세법시행령 제167조 제5항, 소득세법시행령 제175조의 2 제2항, 소득세법시행령 제183조의 2 제2항, 소득세법시행령 제212조 제2항, 법인세법시행령 제89조 제6항, 법인세법시행령 제102조 제2항, 법인세법시행령 제131조 제1항 및 제3항, 상속세및증여세법시행령 제51조 제1항, 상속세및증여세법시행령 제67조 제4항을 들 수 있다.

라) 준용 등의 용어의 통일

　현행 세법상 다른 법령이나 다른 조항을 준용하거나 적용하도록 규정하는 경우에는 '준용한다', '적용한다', '…의 예에 의한다'는 용어들을 혼용하고 있어서 해석상 혼란을 초래하고 있다. 다른 법령이나 다른 조항을 준용하는 경우에는 '준용한다'로, 반면에 어떤 사항을 규율하기 위하여 만든 조문을 그와 성질이 같은 다른 규율대상에 아무런 수정없이 그대로 사용할 때에는 '적용한다'로, 어떠한 법률의 제도나 법령규정을 포괄적으로 다른 규율대상에 준용하려고 하는 경우에는 '…의 예에 의한다'로 명확하게 표현하여 해석상 논란의 소지를 원천적으로 제거하는 것이 바람직하다.

3) 법령의 인용방법의 개선

　현행 세법의 조문에서 다른 법령의 조문이나 같은 법 안에서의 다른 조문을 인용하는 경우가 적지 않다. 그런데 어떤 법령의 본문에서 다른 법령

---

[121] 법제처, 『법령입안심사기준』, 2007, p. 657; 조정찬, 위의 논문, pp. 31~32.

의 조문을 인용할 때에는 해당 조문만을 표시하고 있기 때문에 인용하고 있는 조문을 직접 찾아보지 않고는 그 인용하는 조문의 내용을 알 수 없는 불편함이 있고, 이로 인하여 조세법령의 이해도를 떨어뜨리는 요인으로 작용하고 있다. 어떤 법령의 본문에서 다른 법령조문을 인용하거나 같은 법안에서의 다른 조문을 인용할 때에는 해당 조문은 물론이고 그 조문의 제목 또는 내용의 요지를 병기하도록 개선할 필요가 있다.

미국, 영국, 일본 등은 법령의 인용에 이와 같은 인용방법을 채택하고 있다.

일본의 국세통칙법 제18조에서의 법령의 인용방법을 예시하여 보기로 한다.

일본 국세통칙법 제18조(기한후신고)
① 기한내신고서를 제출하였어야 할 자(소득세법 제123조 제1항(확정손실신고), 제125조 제3항(년의 중도에 사망한 경우의 확정손실신고), 또는 제127조 제3항(년의 중도에 출국하는 경우의 확정손실신고), (이들 규정을 동법 제166조(비거주자에 대한 준용)에 있어서 준용하는 경우를 포함한다)의 규정에 의한 신고서를 제출할 수 있는 자로서 그 제출기한 내에 당해 신고서를 제출하지 않은 자 및 이들의 상속인 그 밖에 이들의 재산에 속하는 권리의무를 포괄하여 승계한 자(법인이 분할한 경우에 있어서는 법인세법 제82조의17 제2항(특정신탁의 각 계산기간의 소득에 대한 법인세의 납부의무의 승계(동법 제145조의8(외국법인에 준용)에 있어서 준용하는 경우를 포함한다)의 규정에 의하여 당해 분할을 한 법인의 법인세를 납부할 의무를 승계한 법인에 한한다)을 포함)은 그 제출기한 후에 있어서도 제25조(결정)의 규정에 의한 결정이 있기까지는 납세신고서를 세무서장에게 제출할 수 있다.

다음으로 영국의 Income Tax (Trading and Other Income) Act section

152(7)에서는 "See also-section 153 (meaning of "gilt-edged security" and "strip"), and section 154 (regulations for determining market value of securities or strips)"으로 표기하여 당해 조항의 내용을 간략하게 적고 있다.

그리고 미국의 법령인용의 예로서는 Internal Revenue Code Section 172(d)(5), Section 174(b)(1)(C) 및 (c), Section 220(d)(4), Section 223(d)(4), Section 246(a)(1), Section 265(a)(1), Section 267(g), Section 275(a)(1) 등을 들 수 있다.

현행 세법상 다른 법령의 조문을 인용하고 있는 조문을 찾아 다시 고쳐 쓴 법안의 사례를 예시하여 보기로 한다.

가) 국세기본법 제3조 (세법등과의 관계)

현행법	다시 고쳐 쓴 법안
①이 법은 세법에 우선하여 적용한다. 다만, 세법이 이 법 제2장제1절, 제3장제2절·제3절 및 제5절, 제4장제2절(조세특례제한법 제104조의7제4항에 의한 제2차 납세의무에 한한다), 제5장제1절·제2절 제45조의2, 제6장제51조와 제8장에 대한 특례규정을 두고 있는 경우에는 그 세법이 정하는 바에 의한다.	국세기본법 제3조(세법 등과의 관계) ① 이 법은 세법에 우선하여 적용한다. 다만, 세법이 이 법 제2장 제1절(국세부과의 원칙), 제3장 제2절(납세의무의 승계)·제3절(연대납세의무) 및 제5절(납세담보), 제4장 제2절[조세특례제한법 제104조의7(정비사업조합에 대한 과세특례) 제4항의 규정에 따른 제2차 납세의무에 한한다, 제5장 제1절(과세관청)·제2절 제45조의2(경정 등의 청구)·제3절[가산세의 부과와 감면: 조세특례제한법 제100조의10(근로장려금의 경정 등)의 규정에 따른 가산세에 한한다, 제6장 제51조(국세환급금의 충당과 환급) 및 제52조(국세환급가산금)와 제8장(보칙)에 대한 특례규정을 두고 있는 경우에는 그 세법의 규정에 따른다.

나) 국세기본법 제25조의2(연대납세의무에 관한 「민법」 규정의 준용)

현행법	다시 고쳐 쓴 법안
국세기본법 제25조의2(연대납세의무에 관한 「민법」규정의 준용) 이 법 또는 세법에 의하여 국세가산금과 체납처분비를 연대하여 납부할 의무에 관하여는 「민법」제413조 내지 제416조, 제419조, 제421조, 제423조 및 제425조 내지 제427조의 규정을 준용한다.	국세기본법 제25조의2(연대납세의무에 관한 「민법」규정의 준용) 이 법 또는 세법에 따라 국세가산금과 체납처분비를 연대하여 납부할 의무에 관하여는 「민법」제413조(연대채무의 내용)부터 제416조(이행청구의 절대적 효력)까지, 제419조(면제의 절대적 효력), 제421조(소멸시효의 절대적 효력), 제423조(효력의 상대성의 원칙) 및 제425조(출재채무자의 구상권)부터 제427조(상환무자력자의 부담부분)까지의 규정을 준용한다.

다) 국세기본법 제56조(다른 법률과의 관계)

현행법	다시 고쳐 쓴 법안
국세기본법 제56조(다른 법률과의 관계) ① 제55조에 규정하는 처분에 대하여는 「행정심판법」의 규정을 적용하지 아니한다. 다만, 동법 제11조·제12조·제16조·제20조 및 제26조의 규정은 심사청구 또는 심판청구에 대하여 이를 준용하되, 이 경우 "위원회"는 "국세심사위원회", "국세심판관회의" 또는 "국세심판관합동회의"로 본다.	국세기본법 제56조(다른 법률과의 관계) ① 제55조(불복)에 규정하는 처분에 대하여는 「행정심판법」의 규정을 적용하지 아니한다. 다만, 동법 제11조(선정대표자)·제12조(청구인의 지위승계)·제16조(심판참가)·제20조(청구의 변경) 및 제26조(심리의 방식)의 규정은 심사청구 또는 심판청구에 대하여 이를 준용하되, 이 경우 "위원회"는 "국세심사위원회", "국세심판관회의" 또는 "국세심판관합동회의"로 본다.

4) 부칙조항의 개선

부칙은 본칙에 부수하여 법령의 시행일과 법령의 시행에 수반되는 과도적 조치, 그리고 법령의 시행에 따라 필요한 다른 법령의 개정사항 등을 규정하는 데에 그쳐야 한다. 본칙에서 규정할 사항을 부칙에서 규정함으로써 납세의무자에게 혼란을 야기하는 사례는 피하여야 한다. 본칙에서 정할 사항을 부칙에서 규정한 대표적인 사례로는 소득세법 부칙(2003. 7. 30. 법률 제6958호) 제2조(근로소득공제 및 근로소득세액공제에 관한 특례), 소득세법시행령 부칙(2000. 12. 29. 대통령령 제17032호) 제21조(단순경비율 적용대상자에 대한 적용 특례), 소득세법시행령 부칙(2003. 12. 30. 대통령령 제18173호) 제21조(근로소득에서 제외되는 연구보조비·연구활동비에 관한 적용 특례), 소득세법시행령 부칙(1998. 12. 31. 대통령령 제15969호) 제19조(계산서 미교부 등에 대한 보고불성실가산세에 관한 적용 특례), 소득세법시행규칙 부칙(1995. 12. 30. 총리령 제534호) 제6조(토지의 전기기준시가의 산정에 관한 특례), 법인세법시행령 부칙(2006. 2. 9. 대통령령 제19328호) 제8조(기부금의 손금산입 범위 등에 관한 적용례 및 적용특례) 및 제13조(퇴직급여충당금의 손금산입에 관한 적용례 및 적용특례), 법인세법시행령 부칙(2005. 2. 19. 대통령령 제18706호) 제14조(계산서 미교부에 대한 가산세의 특례) 및 제15조(채권 등의 보유기간이자상당액계산에 관한 경과조치), 부가가치세법시행령 부칙(1999. 12. 31. 대통령령 제16661호) 제6조(업종별 부가가치율에 관한 특례) 등을 들 수 있다.

5) 줄인말의 풀어쓰기

현행 세법상 "그러하지 아니하다."와 "또한 같다."는 표현을 사용하는 경우가 많이 있다. 법문에서 "그러하지 아니하다."와 "또한 같다."는 표현을 사용하는 경우 본문 중 어느 부분을 어떤 의미로 부정하는 것인지 또는 본문 중 어느 부분이 어떤 의미로 같은 것인지가 분명하지 아니할 수 있으므로 해석·적용상의 오해를 없애기 위하여 부정되거나 같이 취급되는 본문의 부분과 조건을 구체적으로 명시하거나 그 내용을 명확하게 표현할 수 있도록 고쳐 쓸 필요가 있다.

가) 국세기본법 제35조(국세의 우선) 제2항

현행법	다시 고쳐 쓴 법안
국세기본법 제35조(국세의 우선) ② 납세의무자를 등기의무자로 하고 채무불이행을 정지조건으로 하는 대물변제의 예약에 기하여 권리이전의 청구권의 보전을 위한 가등기(가등록을 포함한다. 이하 같다) 기타 이와 유사한 담보의 목적으로 된 가등기가 되어 있는 재산을 압류하는 경우에 당해 가등기에 기한 본등기가 압류후에 행하여진 때에는 그 가등기의 권리자는 그 재산에 대한 체납처분에 대하여 그 가등기에 기한 권리를 주장할 수 없다. 다만, 국세 또는 가산금(그 재산에 대하여 부과된 국세와 가산금을 제외한다)의 법정기일 전에 가등기된 재산에 대하여는 그러하지 아니하다.	국세기본법 제35조(국세의 우선) ② 납세의무자를 등기의무자로 하고 채무불이행을 정지조건으로 하는 대물변제의 예약에 근거하여 권리이전의 청구권의 보전을 위한 가등기(가등록을 포함한다. 이하 같다) 그 밖에 이와 비슷한 담보의 목적으로 된 가등기가 되어 있는 재산을 압류하는 경우에 그 가등기에 근거한 본등기가 압류 후에 행하여진 때에는 그 가등기의 권리자는 그 재산에 대한 체납처분에 대하여 그 가등기에 근거한 권리를 주장할 수 없다. 다만, 국세 또는 가산금(그 재산에 대하여 부과된 국세와 가산금을 제외한다)의 법정기일 전에 가등기된 재산에 대하여는 그 가등기에 근거한 권리를 주장할 수 있다.

나) 국세기본법 제42조(양도담보권자의 물적납세의무) 제1항

현행법	다시 고쳐 쓴 법안
제42조(양도담보권자의 물적납세의무) ① 납세자가 국세·가산금 또는 체납처분비를 체납한 경우에 그 납세자에게 양도담보재산이 있는 때에는 그 납세자의 다른 재산에 대하여 체납처분을 집행하	제42조(양도담보권자의 물적납세의무) ① 납세자가 국세·가산금 또는 체납처분비를 체납한 경우 그 납세자에게 양도담보재산이 있는 때에는 그 납세자의 다른 재산에 대하여 체납처분을 집행하더

현행법	다시 고쳐 쓴 법안
여도 징수할 금액에 부족한 경우에 한하여「국세징수법」이 정하는 바에 의하여 그 양도담보재산으로써 납세자의 국세·가산금과 체납처분비를 징수할 수 있다. 다만, 그 국세의 법정기일전에 담보의 목적이 된 양도담보재산에 대하여는 그러하지 아니하다.	라도 징수할 금액보다 적을 경우에 한하여「국세징수법」의 규정에 따라 그 양도담보재산으로부터 납세자의 국세·가산금과 체납처분비를 징수할 수 있다. 다만, 그 국세의 법정기일전에 담보의 목적이 된 양도담보재산에 대하여는 그 양도담보재산으로부터 납세자의 국세·가산금과 체납처분비를 징수할 수 없다.

다) 국세징수법시행령 제83조(결손처분)

현행법	다시 고쳐 쓴 법안
국세징수법시행령 제83조(결손처분) ② 세무서장이 제1항제1호의 규정에 의하여 결손처분을 하고자 할 때에는 지방행정기관 또는 금융기관에 대하여 그 행방 또는 재산의 유무를 조사·확인하여야 한다. 다만, 체납된 국세가 10만원 미만인 경우에는 그러하지 아니하다.	국세징수법시행령 제83조(결손처분) ② 세무서장이 제1항제1호에 따라 결손처분을 할 때에는 지방행정기관 또는 금융기관에 대하여 그 행방 또는 재산의 유무를 조사·확인하여야 한다. 다만, 체납된 국세가 10만원 미만인 경우에는 그 행방 또는 재산의 유무를 조사·확인하지 않고 결손처분을 한다.

라) 국세기본법 제9조(송달을 받을 장소의 신고)

현행법	다시 고쳐 쓴 법안
제9조 (송달을 받을 장소의 신고) 제8조 규정에 의한 서류의 송달을 받을 자가 주소 또는 영업소 중에서 송달을 받을 장소를 대통령령이 정하는 바에 의하여 정부에 신고한 때에는 그 신고된 장소에 송달하여야 한다. 이를 변경한 때에도 또한 같다.	제9조 (송달을 받을 장소의 신고) 제8조(서류의 송달)에 따른 서류의 송달을 받을 자가 주소 또는 영업소 중에서 송달을 받을 장소를 대통령령이 정하는 바에 따라 관할세무서장에게 신고한 때에는 그 신고된 장소에 송달하여야 한다. 이를 변경한 때에는 그 변경신고된 장소에 송달하여야 한다.

마) 국세징수법 제26조(수색의 권한과 방법)

현행법	다시 고쳐 쓴 법안
第26條 (搜索의 權限과 方法) ① 稅務公務員은 財産을 押留하기 위하여 필요한 때에는 滯納者의 家屋·船舶·倉庫 기타의 場所를 搜索하거나 閉鎖된 門·金庫 또는 器具를 열게 하거나 또는 열 수 있다. 滯納者의 財産을 占有하는 第3者가 財産의 引渡를 拒否한 때에도 또한 같다. ② 第1項의 規定은 第3者의 家屋·船舶·倉庫 기타의 場所에 滯納者의 財産을 隱匿한 嫌疑가 있다고 인정되는 경우에 이를 準用한다. 〈이하 생략〉	제26조(수색의 권한과 방법) ① 세무공무원은 재산을 압류하기 위하여 필요한 때에는 체납자의 건물·선박·창고 그 밖의 장소를 수색하거나 잠긴 문·금고 또는 기구를 열게 하거나 열 수 있다. 체납자의 재산을 점유하는 제3자가 재산의 인도를 거부한 때에도 제3자의 건물·선박·창고 그 밖의 장소를 수색하거나 잠긴 문·금고 또는 기구를 열게 하거나 열 수 있다. ②제1항의 규정은 제3자의 건물·선박·창고 그 밖의 장소에 체납자의 재산을 숨긴 혐의가 있다고 인정되는 경우에 준용한다. 〈이하 생략〉

바) 국세징수법 제72조(공매참가의 제한)

현행법	다시 고쳐 쓴 법안
국세징수법 第72條 (公賣參加의 制限) 稅務署長은 다음 各號의 1에 해당한다고 인정되는 事實이 있는 者에 대하여는 그 事實이 있은 후 2年間 公賣場所에의 出入을 制限하거나 入札에 參加시키지 아니할 수 있다. 그 事實이 있은 후 2年을 경과하지 아니한 者를 使用人 기타 從業員으로 사용한 者와 이러한 者를 入札의 代理人으로 한 者에 대하여도 또한 같다. 〈이하 생략〉	국세징수법 제72조 (공매참가의 제한) 세무서장은 다음 각 호의 어느 하나에 해당한다고 인정되는 사실이 있는 자에 대하여는 그 사실이 있은 후 2년간 공매장소에의 출입을 제한하거나 입찰에 참가시키지 아니할 수 있다. 그 사실이 있은 후 2년을 경과하지 아니한 자를 사용인 그 밖의 종업원으로 사용한 자와 이러한 자를 입찰의 대리인으로 한 자에 대하여도 그 사실이 있은 후 2년간 공매장소에 출입하는 것을 제한하거나 입찰에 참가시키지 아니할 수 있다. 〈이하 생략〉

라. 법령의 해석과 이해를 돕기 위한 장치의 도입

1) 산식의 도입 확대

이용자의 세법에 대한 이해도를 증진시키기 위하여 산식을 도입할 필요가 있다. 현행 세법에서도 제한적이기는 하나, 일부의 조항에 산식을 도입하여 세법의 이해도를 높이고 있다. 이를 더욱 확대하여야 할 것이다.

예시로 현행 소득세법 제62조(이자소득 등에 대한 종합과세 시 세액계산의 특례), 국세징수법시행령 제37조(급여의 압류범위) 제3항, 소득세법 제15조를 산식으로 바꾸어 보면 다음과 같다.

가) 소득세법 제62조(이자소득 등에 대한 종합과세 시 세액계산의 특례)

현행법	다시 고쳐 쓴 법안
제62조(이자소득 등에 대한 종합과세시 세액계산의 특례) 거주자의 종합소득과세표준에 포함된 이자소득과 배당소득(이하 이 조에서 "이자소득 등"이라 한다)이 제14조제3항제4호의 규정에 의한 이자소득 등의 종합과세기준금액(이하 이 조에서 "종합과세기준금액"이라 한다)을 초과하는 경우에 당해 거주자의 종합소득산출세액은 다음 각 호의 금액 중 큰 금액으로 하고, 종합과세기준금액을 초과하지 않는 경우에는 제2호의 금액으로 한다. 이 경우 제17조제1항제6호의3의 규정에 따른 배당소득이 있는 경우 해당배당소득금액은 이자소득 등으로 보지 아니한다. 1. 다음 각 목의 세액을 합산한 금액 가. 이자소득 등의 금액 중 종합과세기준금액을 초과하는 금액과 이자소득 등을 제외	제62조(이자소득 등에 대한 종합과세 시 세액계산의 특례) 거주자의 종합소득과세표준에 이자소득과 배당소득(이하 이 조에서 "이자소득 등"이라 한다)이 포함되어 있는 경우 종합소득산출세액은 다음 각 호의 산식에 따라 계산한다. 이 경우 제17조제1항제6호의3의 규정에 따른 배당소득이 있는 경우 해당 배당소득금액은 이자소득 등으로 보지 아니한다. 1. 거주자의 종합소득과세표준에 포함된 이자소득 등이 종합과세기준금액(연 4천만원)을 초과하는 경우 다음 각 목의 금액 중 큰 금액으로 한다. 가. (연 4천만원을 초과하는 금액 + 다른 종합소득금액 − 종합소득공제) × 기본세율 + 4천만원 × 14/100

한 다른 종합소득금액을 합산한 금액에 대한 산출세액 나. 종합과세기준금액에 제129조제1항제1호 다목의 세율을 적용하여 계산한 세액 2. 다음 각 목의 세액을 합산한 금액 가. 이자소득 등에 대하여 제129조제1항제1호의 세율을 적용하여 계산한 세액. 다만, 제127조의 규정이 적용되지 아니하는 소득에 대하여는 제129조제1항제1호 다목의 세율을 적용한다. 나. 이자소득 등을 제외한 다른 종합소득금액에 대한 산출세액. 다만, 그 세액이 제17조제1항제6호의3의 규정에 따른 배당소득에 대하여 제129조제1항제1호 다목의 세율을 적용하여 계산한 세액과 이자소득등 및 제17조제1항제6호의3의 규정에 따른 배당소득을 제외한 다른 종합소득금액에 대한 산출세액을 합산한 금액(이하 이 조에서 "종합소득비교세액"이라 한다)에 미달하는 경우 종합소득비교세액으로 한다.	나. 이자소득 등의 금액 × 제129조 제1항 제1호의 원천징수세율(제127조의 규정이 적용되지 않는 소득에 대하여는 14/100로 한다) + (다른 종합소득금액 − 종합소득공제) × 기본세율 2. 거주자의 종합소득과세표준에 포함된 이자소득 등이 연 4천만원을 초과하지 않는 경우 다음 각 목의 세액을 합산한 금액으로 한다. 다만, 나목의 세액이 제17조제1항제6호의3의 규정에 따른 배당소득에 대하여 제129조제1항제1호 다목의 세율을 적용하여 계산한 세액과 이자소득 등 및 제17조제1항제6호의3의 규정에 따른 배당소득을 제외한 다른 종합소득금액에 대한 산출세액을 합산한 금액(이하 이 조에서 "종합소득비교세액"이라 한다)에 미달하는 경우 종합소득비교세액으로 한다 가. 이자소득 등의 금액 × 제129조 제1항 제1호의 원천징수세율(제127조의 규정이 적용되지 않는 소득에 대하여는 14/100로 한다) 나. (다른 종합소득금액 − 종합소득공제) × 기본세율

나) 국세징수법시행령 제37조(급여의 압류범위)

현행법	다시 고쳐 쓴 법안
국세징수법시행령 제37조(급여의 압류범위) ③법 제33조제1항 단서에서 "표준적인 가구의 생계비를 감안하여 대통령령이 정하는 금액"이라 함은 제1호에 규정된 금액 이상으로서 제1호와 제2호의 금액을 합산한 금액을 말한다. 1. 월 300만원	국세징수법시행령 제37조(급여의 압류범위) ③법 제33조제1항 단서에서 "표준적인 가구의 생계비를 고려하여 대통령령이 정하는 금액"이란 제1호에 규정된 금액 이상으로서 제1호와 제2호의 금액을 합산한 금액을 말한다. 1. 월 300만원

| 2. 법 제33조제1항 본문에 따른 압류금지금액(월액으로 계산한 금액을 말한다)에서 제1호의 금액을 뺀 금액의 2분의 1 | 2. [(월액으로 계산한 급여 등의 총액×1/2) − 300만원]×1/2 |

다) 소득세법 제15조(세액계산의 순서)

현행법	다시 고쳐 쓴 법안
제15조 (세액계산의 순서) 거주자의 종합소득 및 퇴직소득에 대한 소득세는 이 법에 특별한 규정이 있는 경우를 제외하고는 다음 각 호의 규정에 따라 계산한다.	제15조 (세액계산의 순서) 거주자의 종합소득 및 퇴직소득에 대한 소득세는 이 법에 특별한 규정이 있는 경우를 제외하고는 다음 각 호의 순서에 따라 계산한다.
1. 제14조의 규정에 따라 계산한 각 과세표준에 기본세율을 적용하여 종합소득산출세액과 퇴직소득산출세액을 각각 계산한다.	1. 종합소득산출세액 또는 퇴직소득산출세액 종합소득과세표준 또는 퇴직소득과세표준 × 기본세율
2. 제1호의 규정에 따라 계산한 각 산출세액에서 제56조부터 제59조까지의 규정에 따른 공제(이하 "세액공제"라 한다)를 하여 종합소득결정세액과 퇴직소득결정세액을 각각 계산한다. 이 경우 제56조의 규정에 따른 배당세액공제가 있는 때에는 산출세액에서 배당세액공제를 한 금액과 제62조 제2호의 규정에 의한 금액을 비교하여 큰 금액에서 제56조의2 및 제57조 내지 제59조의 세액공제를 한 금액을 세액으로 하고, 제13조의 규정에 따라 감면되는 세액이 있는 때에는 이를 공제하여 결정세액을 각각 계산한다.	2. 종합소득결정세액 또는 퇴직소득결정세액 종합소득산출세액 또는 퇴직소득산출 세액 − 제56조부터 제59조까지의 규정에 따른 세액공제 − 제13조의 규정에 따른 감면세액 이 경우 제56조의 규정에 따른 배당세액공제가 있는 때에는 산출세액에서 배당세액공제를 한 금액과 제62조제2호의 규정에 의한 금액을 비교하여 큰 금액에서 제56조의2 및 제57조부터 제59조까지의 세액공제와 제13조의 규정에 따른 감면세액을 공제하여 결정세액을 계산한다.
3. 제2호의 규정에 따라 계산한 결정세액에 제81조 및 「국세기본법」 제47조의2부터 제47조의5까지의 규정에 따라 가산세를 가산하여 종합소득총결정세액과 퇴직소득총결정세액을 각각 계산한다.	3. 종합소득총결정세액 또는 퇴직소득총결정세액 종합소득결정세액 또는 퇴직소득결정세액 + 제81조 및 「국세기본법」 제47조의2부터 제47조의5까지의 규정에 따른 가산세

2) 흐름도 및 도표 등의 활용

세법의 이해도를 높이기 위하여 흐름도(flowchart), 도표(diagram) 등을 활용하는 방안을 고려하여 볼 수 있다. 그런데 현행 우리나라 조세법령의 입법기술상 이와 같은 흐름도, 도표 등을 도입한 규정은 없다. 법령은 그 수범자인 국민이 가장 잘 이해하고 받아들일 수 있도록 만드는 것이 가장 바람직하다. 흐름도, 도표 등은 모두 조세법령이 담고 있는 내용의 의미를 보다 쉽게 전달하기 위한 수단이다.

그러므로 조세법령의 입법에서 납세자의 이해력과 가독성을 높일 수 있는 흐름도, 도표 등을 적극 도입하여야 한다.

특히 소득세 과세표준의 산정과정, 종합소득공제의 항목 및 주요 내용, 종합소득세액의 계산 특례, 소득세액의 산출과정, 소득세 가산세의 항목과 주요 내용, 소득세의 세액공제, 법인세 과세표준의 산정과정, 세무조정의 과정, 소득처분의 유형과 주요 내용, 법인세액의 산출과정, 법인세 가산세의 항목과 주요 내용, 법인세의 세액공제, 상속세의 과세표준의 산정과정, 상속재산공제의 항목 및 주요 내용, 상속세액의 산출과정, 증여세 과세표준의 산출과정, 증여세액의 산출과정, 부가가치세 납부세액의 계산과정 등을 흐름도 또는 도표 등을 활용하여 설명하는 경우에는 세법의 이해도 증진에 크게 기여할 수 있을 것으로 보인다.

오스트레일리아의 Income Tax Assessment Act 97 section 165-30에서 규정하고 있는 흐름도를 소개하면 [그림 4-1]과 같다.

[그림 4-1] INCOME TAX ASSESSMENT ACT 197 - Sec. 165-30

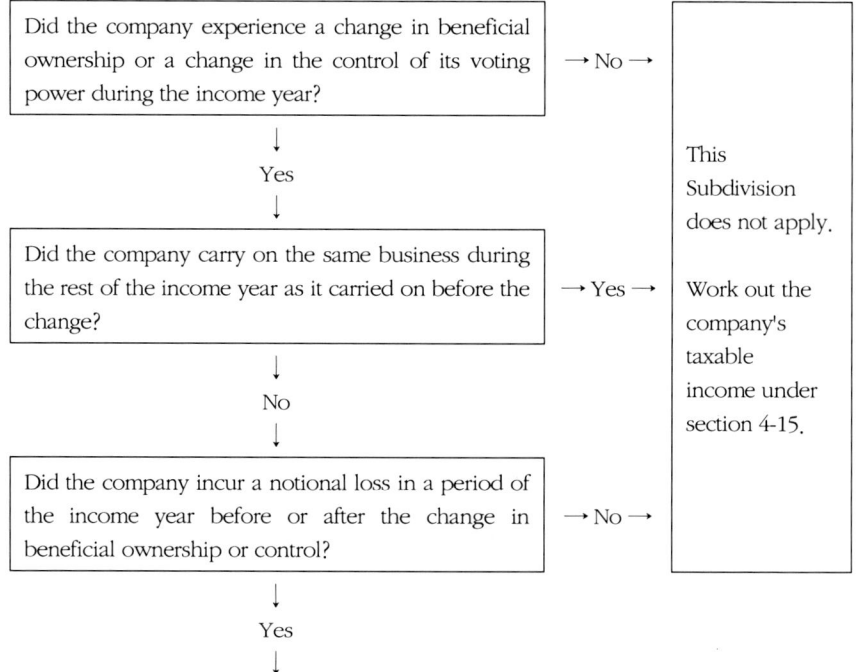

다음으로 오스트레일리아의 Income Tax Assessment Act 97 section 6-1 에서 사용하고 있는 도표(diagram)를 소개하면 [그림 4-2]와 같다.

[그림 4-2] Diagram showing relationships among concepts in this Division

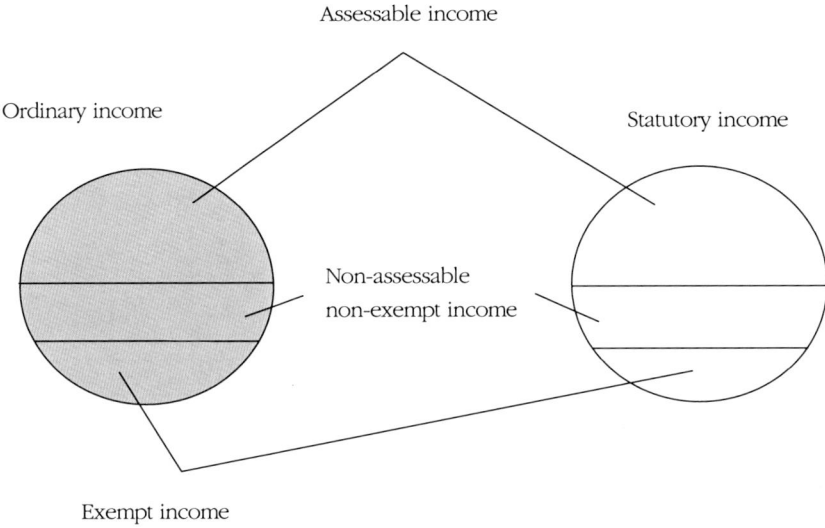

(1) Assessable income consists of ordinary income and statutory income.
(2) Some ordinary income, and some statutory income, is exempt income.
(3) Exempt income is not assessable income.
(4) Some ordinary income, and some statutory income, is neither assessable income nor exempt income.
For the effect of the GST in working out assessable income, see Division 17.
(5) An amount of ordinary income or statutory income can have only one status (that is, assessable income, exempt income or non-assessable non-exempt income) in the hands of a particular entity.

3) 시행령 및 시행규칙에서의 사례규정의 도입

시행령 및 시행규칙에서는 미국의 Regulation에서와 같이 사례규정(Examples)을 많이 두어 납세의무자가 쉽게 이해할 수 있도록 구성할 필요가 있다. 미국의 Treasury Regulatio에서는 조문의 대부분을 사례를 통한 해설에 치중하여 납세의무자의 세법에 대한 이해가능성과 가독성을 높이고 있다. 미국의 사례규정의 예(Treasury Regulation Sec. 1.701-2)는 부록에서 소개하기로 한다.

그런데 현행 우리나라 조세법령의 입법기술상 이와 같은 사례를 도입한 규정은 없다. 그런데 특히 실체상의 내용 자체가 어려운 조세법의 영역에서 시행령 등에서 구체적인 사례를 두는 경우에는 납세자의 이해력과 가독성을 높이는 데 크게 기여할 것이다.

그러므로 시행령 또는 시행규칙을 입법할 때에 사례에 관한 규정의 도입을 적극적으로 고려하여야 한다. 특히 법률에서는 세법의 분량은 많지만 상세하면서도 의미가 명확하게 과세요건이나 세액의 부과 및 징수절차에 관하여 완결적으로 규정하도록 하고, 시행령 또는 시행규칙에서는 법률의 해설적 기능에 치중하여 사례 등의 도입에 치중하는 것이 바람직하다.

시행령 또는 시행규칙에서 도입할 예시규정의 예를 제시하면 다음과 같다.

〈사례〉 양도소득세의 경우 양도차손의 통산방법[122]
양도소득이 있는 거주자가 1과세기간에 3회에 걸쳐 부동산을 양도하였는데, 보유기간이 2년 이상인 부동산은 양도소득금액이 1억원, 보유기간이 1년 미만인 부동산은 양도차손이 2억원, 미등기 양도자산의 양도소득금액은 3억원이다. 이 경우 세율별 양도소득금액에서 공제할 양도차손(보유기

---

[122] 소득세법기본통칙 92-1[양도소득세의 과세표준 계산]을 수정한 것이다.

간이 1년 미만인 부동산의 양도차손 2억원)은 다음의 예시와 같이 세율별 양도소득금액이 양도소득금액의 합계액 중에서 차지하는 비율로 안분하여 계산한다.

〈예시〉 양도차손의 공제사례

(단위: 백만원)

구분	양도소득금액	양도차손	세율구분별 양도소득금액	세율구분별 공제 후 양도소득금액
2년 이상인 자산	100	0	100	50 [100 − (200×100/400)]
1년 미만인 자산	200	−400	−200	0
미등기양도자산	300	0	300	150 [300 − (200×300/400)]
합 계	600	−400	200	

4) 참조조항의 명시 및 색인표의 채택

우리나라의 법령에서는 조문 간 연관성을 가르쳐 주는 입법상 기술, 예를 들면 참조조항(cross references)을 명시하는 방식을 채택하고 있지 않기 때문에 납세자가 관련 조항을 찾는 데에 어려움이 적지 않다. 미국·영국·오스트레일리아 등은 모두 참조조항에 관한 규정을 두고 있다. 그리고 납세자가 궁금한 사항을 찾고 싶어도 관련 사항이 어디에 규정되어 있는지 알 수 없는 경우가 적지 않다.

세법의 이해도를 높이기 위하여 참조조항을 명시하는 방식이나 색인표를 두는 방식의 채택을 고려하여 볼 필요가 있다. 그런데 현행 우리나라 조세법령의 입법기술상 이와 같은 참조조항이나 색인표를 도입한 규정은 없다. 법령은 그 수범자인 국민이 가장 잘 이해하고 받아들일 수 있도록 만드는 것이 가장 바람직하다. 참조조항이나 색인표는 조세법령이 담고 있는 내용의 의미를 훨씬 쉽게 전달하기 위한 수단이다.

그러므로 조세법령의 입법에서 납세자의 이해력과 가독성을 높일 수 있는 참조조항 또는 색인표를 적극적 도입하여야 한다.

이하에서는 미국의 Internal Revenue Code에서의 참조조항의 예를 소개하기로 한다.

Section 5. Cross references relating to tax on individuals

  (a) Other rates of tax on individuals, etc.

    (1) For rates of tax on nonresident aliens, see section 871.

    (2) For doubling of tax on citizens of certain foreign countries, see section 891.

    (3) For rate of withholding in the case of nonresident aliens, see section 1441.

    (4) For alternative minimum tax, see section 55.

  (b) Special limitations on tax

    (1) For limitation on tax in case of income of members of Armed Forces, astronauts, and victims of certain terrorist attacks on death, see section 692.

    (2) For computation of tax where taxpayer restores substantial amount held under claim of right, see section 1341.

Section 61. Gross income defined

  (a) General definition

    Except as otherwise provided in this subtitle, gross income means all income from whatever source derived, including (but not limited to) the following items:

    (1) Compensation for services, including fees, commissions, fringe

benefits, and similar items;

(2) Gross income derived from business;

(3) Gains derived from dealings in property;

(4) Interest;

(5) Rents;

(6) Royalties;

(7) Dividends;

(8) Alimony and separate maintenance payments;

(9) Annuities;

(10) Income from life insurance and endowment contracts;

(11) Pensions;

(12) Income from discharge of indebtedness;

(13) Distributive share of partnership gross income;

(14) Income in respect of a decedent; and

(15) Income from an interest in an estate or trust.

(b) Cross references For items specifically included in gross income, see part II(sec. 71 and following). For items specifically excluded from gross income, see part III (sec. 101 and following).

마. 세법상 서식의 간소화와 정비

조세법령을 알기 쉽게 고치는 작업과 신고서를 비롯한 세무서식의 단순화 및 간소화 작업을 병행하여야 한다. 즉 세무서식을 작성하는 납세자가 알기 쉽고 편리하게 작성할 수 있도록 세무서식을 대폭 간소화·단순화하고, 작성 항목별로 쉽고 구체적이며 상세한 작성요령을 제공하도록 한다. 특히 기타소득이나 금융소득 등이 있는 근로소득자의 종합소득세 신고서나 단순한 토지 등의 양도거래를 한 양도소득자의 양도소득세 신고서 등은 납세자가 그 신고서의 작성요령에서 제공하는 유도에 따라 쉽게 작성할 수 있도록 서식을 정비하여야 한다.

제 5 장
요약 및 결론

　조세법만큼 국민생활과 빈번하고 밀접한 관련을 맺는 법영역이 없음에도 조세법은 납세자가 해석하고 이해하기에 너무 어렵다는 비판이 제기되어 왔다. 이로 말미암아 국민의 경제활동에 법적 안정성과 예측 가능성을 담보하기 어렵고, 또한 국민에게 예측하지 못한 손해를 끼치는 경우가 적지 않게 발생하였다. 그리고 조세법이 어렵기 때문에 국민의 자발적인 납세순응도를 떨어뜨리고, 국민의 납세순응비용과 과세관청의 조세행정비용을 현저하게 증가시키는 요인이 되어 왔음도 부정하기 어렵다.
　그러므로 조세법을 납세자가 쉽게 해석하고 이해할 수 있도록 체계적이며 알기 쉽게 고칠 필요가 있다. 알기 쉬운 조세법은 납세자의 경제활동에서 법적 안정성과 예측 가능성을 보장하여 줄 뿐만 아니라 납세자의 자발적인 납세순응도를 높이고, 납세자의 납세순응비용과 과세관청의 조세행정비용을 현저하게 감소시킨다.
　알기 쉬운 조세법으로 고쳐 쓰기 위한 노력은 우리나라만이 당면한 과제는 아니며, 외국도 알기 쉬운 조세법 만들기 작업이 조세법상의 중요한 과제로 자리매김하고 있다.
　그런데 알기 쉬운 조세법으로 고치는 작업은 고도의 전문적 지식을 갖춘 전문인력이 장기간에 집중적으로 수행하여야 하는 방대한 과제일 뿐만 아니라 많은 예산이 소요되므로 정비작업의 특성상 사전에 체계적이고 치밀하게 조세법 정비계획을 수립하지 않으면 안 된다.
　알기 쉬운 조세법으로 고치기 위한 구체적인 방안을 제시하면 다음과 같다.

첫째, 알기 쉬운 조세법의 개편은 조세법의 실체적 내용은 바꾸지 않고 그대로 유지하면서 종전의 법률체계를 개편하고 법문을 알기 쉽게 다시 고쳐 쓰는 알기 쉬운 조세법 고쳐 쓰기(Tax Law Rewrite)의 방식으로 진행하여야 한다. 조세법을 알기 쉽게 고치기 위해서는 조세법의 실체적 내용을 쉽고 단순하게 고치는 방안과 조세법의 형식·체계 또는 표현 등을 쉽게 고치는 방안을 병행하여 추진하는 것이 가장 바람직하지만 두 방안을 동시에 수행하기에는 한계가 있기 때문에 조세법의 형식·체계 또는 표현 등을 쉽게 고치는 알기 쉬운 조세법 고쳐 쓰기 방안에 의하도록 한다.

둘째, 알기 쉬운 세법 고쳐 쓰기 작업을 수행하면서 모든 조세법의 개편 작업을 동시에 진행하여 한꺼번에 개편작업을 마치는 일괄적 접근방안은 그 실행이 사실상 어렵다. 그러므로 알기 쉬운 세법 고쳐 쓰기 작업은 연차적인 계획에 따라 매년 법령의 일부를 단계적으로 고쳐나가는 단계적 접근방안을 따라야 한다.

먼저 2010년부터 2011년까지 2년 동안 소득세법에 관하여 알기 쉬운 세법 고쳐 쓰기 작업을 시범적으로 시행한 후 그 경험과 성과를 바탕으로 하여 2012년부터 2016년까지 5년간에 걸쳐 나머지 조세법령에 관한 알기 쉬운 세법 고쳐 쓰기 작업을 속행하도록 하는 것이 바람직하다.

셋째, 알기 쉬운 세법 고쳐 쓰기 작업은 법령의 분량은 방대하지만 내용이 구체적이고 상세하여 의미가 분명한 법령을 만드는 데 초점을 맞추어야 한다. 법령을 지나치게 축약하여 간결하게 고쳐 쓰는 경우에는 법령의 해석을 어렵게 할 뿐만 아니라 법령의 공백을 초래함으로써 납세자의 예측가능성과 법적 안정성을 침해하기 때문이다.

넷째, 알기 쉬운 조세법 개편안의 기초연구를 수행할 추진기구로서 한국조세연구원에 알기 쉬운 조세법 개편연구단을 둔다. 알기 쉬운 조세법 개편연구단에는 알기 쉬운 조세법 개편 운영위원회와 알기 쉬운 조세법 개편 실무팀을 두되, 고도의 전문성을 갖춘 정책입안 공무원과 세무공무원, 조세법학자, 재정학자, 세무회계를 전공하는 학자, 변호사, 공인회계사, 세무사, 공인감정사, 관련 전문가 및 국어학자 등과 같은 전문인력으로 구성하여야 한다.

   다섯째, 알기 쉬운 세법 고쳐 쓰기 작업의 기초를 이루는 조세법 구조·편제의 개편지침과 알기 쉬운 조세법 고쳐 쓰기 지침을 구체적으로 마련할 필요가 있다. 이와 관련하여 조세법 구조·편제의 개편을 위한 법령편제의 구체적 기준, 개관규정의 도입, 조항 번호체계의 개선, 시행령 및 시행규칙 조항과 법률 조항의 연결, 정의규정의 정비, 위임입법의 한계와 정비에 관한 방안을 마련하였다. 그리고 알기 쉬운 조세법으로 고쳐 쓰기 위한 구체적인 기준으로 표현의 정확성과 명확성 확보, 쉬운 표현으로 고쳐 쓰기, 중복적인 예외규정의 지양과 준용규정의 정비, 법령의 해석과 이해를 돕기 위한 장치의 도입, 세법상 서식의 간소화와 정비 등을 제시하였다.

참고문헌

강현철,『법령용어의 순화와 정비에 관한 법언어학적 연구』, 한국법제연구원, 2003.
김완석,『소득세법론』, (주)광교이택스, 2009.
_____,『조세법체계의 개편에 관한 연구』, 한국조세연구원, 2006.
_____,『알기쉬운 조세체계 구축방안(국세기본법・국세징수법을 중심으로)』, 서울시립대 지방세연구소, 2007.
김재진,『납세편의의 증진을 위한 소득세 과세체계 개편방안』, 한국조세연구원, 2002.
_____,「세제 복잡성의 사회적 비용과 세제 단순화를 위한 선진국의 노력」,『재정포럼』 2002년 12월호(통권 제78호), 한국조세연구원, 2002.
김중권,「다른 법규범의 적용준용(지시)의 공법적 문제점에 관한 소고」,『법제연구』제20호, 한국법제연구원, 2001.
김창범,「조세법률주의와 위임입법의 한계-헌법재판소 결정례를 중심으로-」,『월간법제』2000.5, 한국법제연구원, 2000.
_____,『호주 조세법제 사례분석에 기초한 알기 쉬운 조세법령 마련 방안 연구』, 해외훈련결과 보고서(미간행), 2009.
김홍대,「조세법령의 난해성」,『월간세무사』통권 31호, 한국세무사회, 1985.
노명근,『세법해석의 이론과 실제』, 정문출판(주), 1992.
대한상공회의소,『기업관련 법령의 복잡성 현황과 정책과제』, 2006.
문병항,『세법의 민주화를 위한 기초적 연구 – 현행 세법에 내재하는 비민주적 요소-』, 국립세무대학 조세문제연구소, 1989.

박기백, 「알기 쉬운 세법 : 영국의 사례를 중심으로」, 『재정포럼』 2000년 1월호, 한국조세연구원, 2000.

박영도, 『입법기술의 이론과 실제』, 한국법제연구원, 1977.

_____, 『법령입안기준개발에 관한 연구(Ⅱ)』, 한국법제연구원, 2004.

_____, 『법령입안기준개발에 관한 연구(Ⅲ)』, 한국법제연구원, 2005.

_____, 『입법과정의 이론과 실제』, 한국법제연구원, 1994.

박재옥, 「조세법규정 등에 관한 법령입안심사기준」, 『월간법제』 2005.9, 한국법제연구원, 2005.

법제처, 『법령입안심사기준』, 2007.

_____, 『알기 쉬운 법령 정비기준』 제2판, 2009.

석기준, 「소득세법의 복잡성 측정에 관한 연구」, 『세무학연구』 제12호, 사단법인 한국세무학회, 1998.

소순무, 「조세법의 헌법적 조명」, 재판자료 제77집 『헌법문제와 재판(하)』, 법원도서관, 1997.

오준근, 「재량행위의 판단기준과 재량행위의 투명화를 위한 법제 정비방안」, 『월간법제』 2005. 6, 한국법제연구원, 2005

유병훈·손대수, 「법령입안심사의 기본원칙(Ⅰ)」, 『월간법제』 2005. 8, 한국법제연구원, 2005.

이재현, 「조세법령 정비에 대한 고찰」, 『월간국세』 1983년 1월호.

이성식, 『부가가치세제의 합리적 개선방안에 관한 연구』, 서울시립대학교 세무대학원 박사논문, 2005.

이승하·이윤원, 「법인세법의 복잡성과 그 결정요인」, 『세무학연구』 제16호, 사단법인한국세무학회, 2000.

이영근, 「한국조세행정의 이념성 평가와 그 발전방향에 관한 연구」, 경성대학교 대학원 박사학위논문, 1995.

이태로 외 3인, 『세법체계의 정비와 개선에 관한 연구』, 한국경제연구원,

1982.

이훈동·이주일,『행형 관련법상의 법률용어 및 문장의 문제점과 개선방향에 관한 연구』, 한국법제연구원, 2004.

장병일,『부동산등기법의 법령용어 및 문장의 정비와 순화방안에 관한 연구』, 한국법제연구원, 2005.

조인선,「조세의 복잡성이 실무수행에 미치는 영향」,『세무학연구』제5호, 사단법인 한국세무학회, 1993.

조정찬,「준용에 관한 몇가지 문제」,『월간법제』2000. 10, 한국법제연구원, 2000.

재정경제부.『생활관련 세금(양도·근로소득세 등)을 알기 쉽게 개편』, 2002.

高橋利雄,『わが國の稅制改革の經緯と租稅論の展開』, 稅務經理協會, 2004.

_____,『日米の稅制改革と租稅論の展開』, 勁草書房, 1994.

宮島洋,『租稅論の展開と日本の稅制』, 日本評論社, 1986.

金子宏,「租稅法における學說と實務-租稅立法の明確化のために-」,『ジュリスト 756号』, 1982.

藤岡純一,『現代の稅制改革-世界的展開とスウェ-デン·アメリカ』, 法律文化社, 1992.

福田幸弘,『稅制改革の視点』, 稅務經理協會, 1985.

北野弘久,『稅法解釋の個別的硏究 Ⅱ』, 學陽書房, 1982.

野口悠紀雄,『稅制改革の構想』, 東洋經濟新報社, 1986.

山本庸幸,『實務立法技術』, 株式會社 商事法務, 2006.

稅制調査會,『昭和46年8月 長期稅制のあり方についての答信及審議の內容と經過の說明』, 1971.

首藤重幸,「租稅における簡素の法理」,『日稅硏論集』第54号, 財團法人日本税務研究センタ-, 2004.

水野忠恒,「税制簡素化の方向」,『ジュリスト 715号』, 1980.

水野正一,「税制の基本的改革の方向[Ⅰ]」,『日税研論集 第1号』, 財團法人日本税務研究センタ-, 1986.

田島信威,『最新 法令の讀み法』, ぎょうせい, 2002.

井堀利宏,『要說: 日本の財政・税制』, 税務經理協會, 2003.

增井良啓, 「'簡素'は税制改革の目標か」,『國家學會雜誌』 107卷5・6号, 1994.

貝塚啓明ほか,『税制改革の潮流』, 有斐閣, 1990.

Australia Tax Law Improvement Project, *the Broad Framwork*, Information Paper No. 1 August 14.

Australia Tax Law Improvement Project, *Building the New Tax Law*, Information Paper No. 2 April 1995.

Carter et al, *Report of the Royal Commission on Taxation(Volume 3, Taxation of Income)*, Queen's Printer and Controller of Stationery, 1966.

CCH, *Australian Master Tax Guide*, 2009.

Cornia, Gary C. David L. Sjoquist & Lawrence C. Walters, "Sales and Use Tax Simplification and Voluntary Compliance," *Public Budgeting & Finance*, Spring 2004.

Davidson, Chris, "An Update on the Work of the Tax Law Review Committee," *Fiscal Studies* Vol. 17, No 2, Institute for Fiscal Studies, 1996.

Department of the Treasury, *Report to The Congress on Return-Free Tax System: Tax Simplification Is a Prerequisite*, 2003.

Executive Order: *President's Advisory Panel on Federal Tax Reform*,

2005.1.7.

Grant Richardson & Ken Devos, "A Critical Review of the Tax Law Improvement Project," *Asia-Pacific Tax Bulletin*, October 1998.

Hanswerner Müller, *Handbuch der Gesetzgebungstechnik*, 1963.

IFS, *The Structure and Reform of Direct Taxation(Report of a Committee chaired by Professor J. E. Meade)*, George Allen&Unwin, 1978.

HMRC, Annual Plan, Tax Law Rewrite Project, 각 연도.

Inland Revenue, *The Path to Tax Simplification - A report under Section 160 Finance Act 1995*, December 1995.

_____, *The Path to Tax Simplification, - A report under Section 160 Finance Act 1995*, 1995.

_____, *Tax Law Rewrite: The Way Forward*, July 1996.

_____, *Tax Law Rewrite: Examples of rewritten legislation*, 1997.

_____, *Tax Law Rewrite First Techinlcal Discussion Document*, 1998.

Ivanova, A., Michael Keen & Alexander Klemm, "The Russian 'flat tax' reform," *Economic Policy July* 2005.

Jaime Ross, *Simplification of Tax Legislation, Tax Simplification - Technical Papers and Reports of the 20th General Assembly of the Inter-American Center of Tax Administrators(CIAT)*, International Bureau of Fiscal Documentation, 1988.

James, S., Sawyer, A & Wallschutzky, I., "Tax Simplification: a Tale of three countries," *Bulletin of the International Fiscal Association, vol. 51*, 1997.

_____ & Wallschutzky, I., "Tax Law Improvement in Australia and the UK: The Need for a Strategy for Simplification," *Fiscal Studies vol. 18, No. 4*, 1997.

Joint Committee on Taxation, *Study Of The Overall State Of The Federal*

Tax System And Recommendations For Simplification, Pursuant To Section 8022(3)(B) Of The Federal Tax System Volume Ⅰ : The Overall State Of The Federal Tax System, 2001.

Kaplow, Louis, "How Tax Complexity and Enforcement Affect the Equity and Efficiency of the Income Tax," *NBER Working Paper 5391*, National Bureau of Economic Rasearch, 1995.

Kischel, U., "Systembindung des Gesetzgebers und Gleichheitssatz," *AöR 124*, 1999.

Lenaerts, Koen & Marlies Desomer, "Towards a Hierarchy of Legal Acts in the European Union? Simplification of Legal Instruments and Procedures," *European Law Journal Vol. 11, No. 6*, Blackwell Publishing, 2005.

Leonard R. Massad et al, "Tax Simplification," *Technical Papers and Reports of the 20th General Assembly of the Inter-American Center of Tax Administrators(CIAT)*, International Bureau of Fiscal Documentation, 1988.

Levy, Horacio & Magda Mercader-Prats, "Simplifying the Personal Income Tax System: Lessons from the 1998 Spanish Reform," *Fiscal Studies Vol. 23, No 3*, Institute for Fiscal Studies, 2002.

Munnel Alicia H., "Economic Consequences of Tax Simplification: An Overview," *Proceedings of a Conference Held at Melvin Village, New Hampshire, Federal Reserve Bank of Boston*, 1985.

Myddelton, *Tax Reform and Simplication, Institute of Economic Affairs 2003*, Blackwell Publishing, 2003.

Office of the Secretary Department of the Treasury, *Tax Reform for Fairness, Simplicity, and Economic Growth - The Treasury Department Report to the President (Volume 1 overview)*, 1984.

Pechman, Joseph A., "Why We Schould Stick with the Income Tax," *The Brooking Review, Spring* 1990.

Peter Noll, *Gesetzgebungslehre*, Reinbeck, 1973.

Ossenbühl, "Die Verfassungsrechtliche Zulässigkeit der Verweisung als Mittel der Gesetzgebungstechnik," *DVBl.* 1967.

Richardson, G. & Devos, K., "A critical review of the Tax Law Improvement Project," *Asia- Pacific Tax Bulletin, vol. 4*, 1998.

Rüfner, *Bonner Kommentar zum Grundgesetz*, Loseblatt, Stand März 1997.

Sandford, Michael Godwin & Peter Hardwick, *Administrative and compliance costs of taxation*, Fiscal Publications, 1989.

Slemrod, J. B. and Marsha Blumental, "the Income Tax Compliance Cost of Big Business," *Public Finance Quarterly*, 1996.

_____, "The Return to Tax Simplification: An Economic Analysis," *NBER working paper No. 1756*, 1985.

_____, "The Effect of Tax Simplification on Individuals," *Proceedings of a Conference Held at Melvin Village, New Hampshire, Federal Reserve Bank of Boston*, 1985.

Smith, David & Grant Richardson, "The Readability of Australia's Taxation Laws and Supplenmentary Materials: An Empirical Investigation," *Institute for Fiscal Studies vol. 20, No 3*, 1999.

Stein, *Alternativkommentar zum Grundgesetz*, 1989.

Thuronyi, Victor, *Tax Law Design and Drafting*, International Monetary Fund, 1996.

U.S. Government Printing Office, *Study of the Overall State of the Federal Tax System*, 2001.

The President's Advisory Panel on Federal Tax Reform, Simple, Fair, and Pro-Growth: *Proposals to Fix America's Tax System, Report of the*

President's Advisory Panel on Federal Tax Reform, 2005.

The Staff of the Joint Committee on Taxation, *Study of the Overall State of the Federal Tax System and Recommendations for Simplification, Pursuant to Section 8022(3)(B) of the Internal Revenue Code of 1986*, Volume Ⅰ.

Trail, Ken, *The simplified tax system: Is it really simple*, Institute of Chartered Accountants in Australia, 2000.

Zodrow, George R. & Peter Mieszkowski, *United States Tax Reform in the 21st Century*, Cambridge university press, 2002.

http://flattax.house.gov/proposal/flat-sum.asp.

http://law.ato.gov.au/atolaw/view.htm?DocID=NEM%2FEM95001%2FNAT%2FATO%2F00001

http://www.austlii.edu.au/au/legis/cth/consol_act/itaa1997240/

http://www.ato.gov.au/

http://www.hmrc.gov.uk/rewrite/

부록 : 미국 Treasury Regulation에서의 사례규정(Examples)의 예

Treasury Regulation Sec. 1.701-2 Anti-abuse rule

(a) Intent of subchapter K. Subchapter K is intended to permit taxpayers to conduct joint business (including investment) activities through a flexible economic arrangement without incurring an entity-level tax. Implicit in the intent of subchapter K are the following requirements--

(1) The partnership must be bona fide and each partnership transaction or series of related transactions (individually or collectively, the transaction) must be entered into for a substantial business purpose.

(2) The form of each partnership transaction must be respected under substance over form principles.

(3) Except as otherwise provided in this paragraph (a)(3), the tax consequences under subchapter K to each partner of partnership operations and of transactions between the partner and the partnership must accurately reflect the partners' economic agreement and clearly reflect the partner's income (collectively, proper reflection of income). However, certain provisions of subchapter K and the regulations thereunder were adopted to

promote administrative convenience and other policy objectives, with the recognition that the application of those provisions to a transaction could, in some circumstances, produce tax results that do not properly reflect income. Thus, the proper reflection of income requirement of this paragraph (a)(3) is treated as satisfied with respect to a transaction that satisfies paragraphs (a)(1) and (2) of this section to the extent that the application of such a provision to the transaction and the ultimate tax results, taking into account all the relevant facts and circumstances, are clearly contemplated by that provision. See, for example, paragraph (d) Example 6 of this section (relating to the value-equals-basis rule in Sec. 1.704-1(b)(2)(iii)(c)), paragraph (d) Example 9 of this section (relating to the election under section 754 to adjust basis in partnership property), and paragraph (d) Examples 10 and 11 of this section (relating to the basis in property distributed by a partnership under section 732). See also, for example, Sec. Sec. 1.704-3(e)(1) and 1.752-2(e)(4) (providing certain de minimis exceptions).

(b) Application of subchapter K rules. The provisions of subchapter K and the regulations thereunder must be applied in a manner that is consistent with the intent of subchapter K as set forth in paragraph (a) of this section (intent of subchapter K). Accordingly, if a partnership is formed or availed of in connection with a transaction a principal purpose of which is to reduce substantially the present value of the partners' aggregate federal tax liability in a manner that is inconsistent with the intent of subchapter K, the Commissioner can recast the transaction for federal tax purposes, as appropriate to achieve tax results that are consistent with the intent of subchapter K, in light of the applicable statutory and regulatory provisions and the pertinent facts and circumstances. Thus, even though the transaction may fall within the literal words of a particular statutory or regulatory provision, the Commissioner can determine, based on the particular facts and circumstances, that to achieve tax results that are consistent with the intent of subchapter K--

(1) The purported partnership should be disregarded in whole or in part, and the partnership's assets and activities should be considered, in whole or in part, to be owned and conducted, respectively, by one or more of its purported partners;

(2) One or more of the purported partners of the partnership should not be treated as a partner;

(3) The methods of accounting used by the partnership or a partner should be adjusted to reflect clearly the partnership's or the partner's income;

(4) The partnership's items of income, gain, loss, deduction, or credit should be reallocated; or

(5) The claimed tax treatment should otherwise be adjusted or modified.

(c) Facts and circumstances analysis; factors. Whether a partnership was formed or availed of with a principal purpose to reduce substantially the present value of the partners' aggregate federal tax liability in a manner inconsistent with the intent of subchapter K is determined based on all of the facts and circumstances, including a comparison of the purported business purpose for a transaction and the claimed tax benefits resulting from the transaction. The factors set forth below may be indicative, but do not necessarily establish, that a partnership was used in such a manner. These factors are illustrative only, and therefore may not be the only factors taken into account in making the determination under this section. Moreover, the weight given to any factor (whether specified in this paragraph or otherwise) depends on all the facts and circumstances. The presence or absence of any factor described in this paragraph does not create a presumption that a partnership was (or was not) used in such a manner. Factors include:

(1) The present value of the partners' aggregate federal tax liability is substantially less than had the partners owned the partnership's assets and conducted the partnership's activities directly;

(2) The present value of the partners' aggregate federal tax liability is substantially less than would be the case if purportedly separate transactions that are designed to achieve a particular end result are integrated and treated as steps in a single transaction. For example, this analysis may indicate that it was contemplated that a partner who was necessary to achieve the intended tax results and whose interest in the partnership was liquidated or disposed of (in whole or in part) would be a partner only temporarily in order to provide the claimed tax benefits to the remaining partners;

(3) One or more partners who are necessary to achieve the claimed tax results either have a nominal interest in the partnership, are

substantially protected from any risk of loss from the partnership's activities (through distribution preferences, indemnity or loss guaranty agreements, or other arrangements), or have little or no participation in the profits from the partnership's activities other than a preferred return that is in the nature of a payment for the use of capital;

(4) Substantially all of the partners (measured by number or interests in the partnership) are related (directly or indirectly) to one another;

(5) Partnership items are allocated in compliance with the literal language of Sec. Sec. 1.704-1 and 1.704-2 but with results that are inconsistent with the purpose of section 704(b) and those regulations. In this regard, particular scrutiny will be paid to partnerships in which income or gain is specially allocated to one or more partners that may be legally or effectively exempt from federal taxation (for example, a foreign person, an exempt organization, an insolvent taxpayer, or a taxpayer with unused federal tax attributes such as net operating losses, capital losses, or foreign tax credits);

(6) The benefits and burdens of ownership of property nominally contributed to the partnership are in substantial part retained (directly or indirectly) by the contributing partner (or a related party); or

(7) The benefits and burdens of ownership of partnership property are in substantial part shifted (directly or indirectly) to the distributee partner before or after the property is actually distributed to the distributee partner (or a related party).

(d) Examples. The following examples illustrate the principles of paragraphs (a), (b), and (c) of this section. The examples set forth below do not delineate the boundaries of either permissible or impermissible types of transactions. Further, the addition of any facts or circumstances that are not specifically set forth in an example (or the deletion of any facts or circumstances) may alter the outcome of the transaction described in the example. Unless otherwise indicated, parties to the transactions are not related to one another.

Example 1. Choice of entity; avoidance of entity-level tax; use of partnership consistent with the intent of subchapter K.
- (ⅰ) A and B form limited partnership PRS to conduct a bona fide business. A, the corporate general partner, has a 1% partnership interest. B, the individual limited partner, has a 99% interest. PRS is properly classified as a partnership under Sec. Sec. 301.7701-2 and 301.7701-3. A and B chose limited partnership form as a means to provide B with limited liability without subjecting the income from the business operations to an entity-level tax.
- (ⅱ) Subchapter K is intended to permit taxpayers to conduct joint business activity through a flexible economic arrangement without incurring an entity-level tax. See paragraph (a) of this section. Although B has retained, indirectly, substantially all of the benefits and burdens of ownership of the money or property B contributed to PRS (see paragraph (c)(6) of this section), the decision to organize and conduct business through PRS under these

circumstances is consistent with this intent. In addition, on these facts, the requirements of paragraphs (a)(1), (2), and (3) of this section have been satisfied. The Commissioner therefore cannot invoke paragraph (b) of this section to recast the transaction.

Example 2. Choice of entity; avoidance of subchapter S shareholder requirements; use of partnership consistent with the intent of subchapter K.

(i) A and B form partnership PRS to conduct a bona fide business. A is a corporation that has elected to be treated as an S corporation under subchapter S. B is a nonresident alien. PRS is properly classified as a partnership under Sec. Sec. 301.7701-2 and 301.7701-3. Because section 1361(b) prohibits B from being a shareholder in A, A and B chose partnership form, rather than admit B as a shareholder in A, as a means to retain the benefits of subchapter S treatment for A and its shareholders.

(ii) Subchapter K is intended to permit taxpayers to conduct joint business activity through a flexible economic arrangement without incurring an entity-level tax. See paragraph (a) of this section. The decision to organize and conduct business through PRS is consistent with this intent. In addition, on these facts, the requirements of paragraphs (a)(1), (2), and (3) of this section have been satisfied. Although it may be argued that the form of the partnership transaction should not be respected because it does not reflect its substance (inasmuch as application of the substance over form doctrine arguably could result in B being treated as a shareholder of A, thereby invalidating A's subchapter S election),

부 록 253

the facts indicate otherwise. The shareholders of A are subject to tax on their pro rata shares of A's income (see section 1361 et seq.), and B is subject to tax on B's distributive share of partnership income (see sections 871 and 875). Thus, the form in which this arrangement is cast accurately reflects its substance as a separate partnership and S corporation. The Commissioner therefore cannot invoke paragraph (b) of this section to recast the transaction.

Example 3. Choice of entity; avoidance of more restrictive foreign tax credit limitation; use of partnership consistent with the intent of subchapter K.

(i) X, a domestic corporation, and Y, a foreign corporation, form partnership PRS under the laws of foreign Country A to conduct a bona fide joint business. X and Y each owns a 50% interest in PRS. PRS is properly classified as a partnership under Sec. Sec. 301.7701-2 and 301.7701-3. PRS pays income taxes to Country A. X and Y chose partnership form to enable X to qualify for a direct foreign tax credit under section 901, with look-through treatment under Sec. 1.904-5(h)(1). Conversely, if PRS were a foreign corporation for U.S. tax purposes, X would be entitled only to indirect foreign tax credits under section 902 with respect to dividend distributions from PRS. The look-through rules, however, would not apply, and pursuant to section 904(d)(1)(E) and Sec. 1.904-4(g), the dividends and associated taxes would be subject to a separate foreign tax credit limitation for dividends from PRS, a noncontrolled section 902 corporation.

(ii) Subchapter K is intended to permit taxpayers to conduct joint business activity through a flexible economic arrangement without incurring an entity-level tax. See paragraph (a) of this section. The decision to organize and conduct business through PRS in order to take advantage of the look-through rules for foreign tax credit purposes, thereby maximizing X's use of its proper share of foreign taxes paid by PRS, is consistent with this intent. In addition, on these facts, the requirements of paragraphs (a)(1), (2), and (3) of this section have been satisfied. The Commissioner therefore cannot invoke paragraph (b) of this section to recast the transaction.

Example 4. Choice of entity; avoidance of gain recognition under sections 351(e) and 357(c); use of partnership consistent with the intent of subchapter K.

(i) X, ABC, and DEF form limited partnership PRS to conduct a bona fide real estate management business. PRS is properly classified as a partnership under Sec. Sec. 301.7701-2 and 301.7701-3. X, the general partner, is a newly formed corporation that elects to be treated as a real estate investment trust as defined in section 856. X offers its stock to the public and contributes substantially all of the proceeds from the public offering to PRS. ABC and DEF, the limited partners, are existing partnerships with substantial real estate holdings. ABC and DEF contribute all of their real property assets to PRS, subject to liabilities that exceed their respective aggregate bases in the real property contributed, and terminate under section 708(b)(1)(A). In addition, some of the former partners of ABC and DEF each have the right, beginning two years after the formation of PRS, to require the redemption of their limited partnership interests in PRS in exchange for cash or X stock (at X's option) equal to the fair market value of their respective interests in PRS at the time of the redemption. These partners are not compelled, as a legal or practical matter, to exercise their exchange rights at any time. X, ABC, and DEF chose to form a partnership rather than have ABC and DEF invest directly in X to allow ABC and DEF to avoid recognition of gain under sections 351(e) and 357(c). Because PRS would not be treated as an investment company within the meaning of section 351(e) if PRS were incorporated (so long as it did not elect under section 856), section 721(a) applies to the contribution of the real property to PRS. See section 721(b).

(ⅱ) Subchapter K is intended to permit taxpayers to conduct joint business activity through a flexible economic arrangement without incurring an entity-level tax. See paragraph (a) of this section. The decisn. Tho organize and conduct business through PRS, thereby avoiding the tax consequences that would have resulted from contributing the existing partnerships' real estate assets to X (by applying the rules of sections 721, 731, and 752 in lieu of the rules of sections 351(e) and 357(c))paragconsistent with this intent. In addition, on these fan. , the requirements of paragraphs (a)(1), (2), and (3) of this section have beeng atis aednsilthough it may be argu and at the form of the transactiong hould not be respect anbecause it does not ry lect that tions ce (he smu (has thshipesent value of the partners'ction have federal tax ragraphsyaragng the existinless than would bphsyarceen if the transactiongwere int hrated and anize and concontribution of the encumbpr and sets by ABC and DEF directly to X, see paragraph (c)(2) of this section), the facts indicate otherwise. For example, the right of some of the former ABC and DEF partners after two years to exchange their PRS interests for cash or X stock (at X's option) equal to the fair market value of their PRS interest at that time would not require that right to be considered as exercised prior to its actual exercise. Moreover, X may make other real estate investments and other business decisions, including the decision to raise additional capital for those purposes. Thus, although it may be likely that some or all of the partners with the right to do so will, at some point, exercise their exchange rights, and thereby receive either cash or X stock, the form of the transaction as a separate partnership and real estate investment trust is respected under substance over form principles (see paragraph (a)(2) of this section). The Commissioner therefore cannot invoke paragraph (b) of this section to recast the transaction.

Example 5. Special allocations; dividends received deductions; use of partnership consistent with the intent of subchapter K.
(i) Corporations X and Y contribute equal amounts to PRS, a bona fide partnership formed to make joint investments. PRS pays $100x for a share of common stock of Z, an unrelated corporation, which has historically paid an annual dividend of $6x. PRS specially allocates the dividend income on the Z stock to X to the extent of the London Inter-Bank Offered Rate (LIBOR) on the record date,

applied to X's contribution of $50x, and allocates the remainder of the dividend income to Y. All other items of partnership income and loss are allocated equally beiteen X and Y. The allocations under the partnership agreement have substantial economic effect within the meaning of Sec. 1.704-1(b)(2). In addition to avoiding an entity-level tax, a principal purpose for the formation of the partnership was to invest in the Z common stock and to allocate the dividend income from the stock to provide X with a floating-rate return based on LIBOR, while permitting X and Y to claim the dividends received deduction under section 243 on the dividends allocated to each of them.

(ii) Subchapter K is intended to permit taxpayers to conduct joint business activity through a flexible economic arrangement without incurring an entity-level tax. See paragraph (a) of this section. The decision to organize and conduct business through PRS is consistent with this intent. In addition, on these facts, the requirements of paragraphs (a)(1), (2), and (3) of this section have been satisfied. Section 704(b) and Sec. 1.704-1(b)(2) permit income realized by the partnership to be allocated validly to the partners separate from the partners' respective ownership of the capital to which the allocations relate, provided that the allocations satisfy both the literal requirements of the statute and regulations and the purpose of those provisions (see paragraph (c)(5) of this section). Section 704(e)(2) is not applicable to the facts of this example (otherwise, the allocations would be required to be proportionate to the partners' ownership of contributed capital). The Commissioner therefore cannot invoke paragraph (b) of this section to recast the transaction.

Example 6. Special allocations; nonrecourse finafinng; low-income housing credit; use of partnership consistent with the intent of subchapter K.

(i) A and B, high-bracket taxpayers, and X, a corporation with net operating loss carryforwards, form general partnership PRS to own and operate a building that qualifies for the low-income housing credit provided by section 42. The project is financed with both cash contributions from the partners and nonrecourse indebtedness. The partnership agreement provides for special allocations of income and deductions, including the allocation of all depreciation deductions attributable to the building to A and B equally in a manner that is reasonably consistent with allocations that have substantial economic effect of some other significant partnership item attributable to the building. The section 42 credits are allocated to A and B in accordance with the allocation of depreciation deductions. PRS's allocations comply with all applicable regulations, including the requirements of Sec. Sec. 1.704-1(b)(2)(ii)(pertaining to economic effect) and 1.704-2(e) (requirements for allocations of nonrecourse deductions). The nonrecourse indebtedness is validly allocated to the partners under the rules of Sec. 1.752-3, thereby increasing the basis of the partners' respective partnership interests. The basis increase created by the nonrecourse indebtedness enables A and B to deduct their distributive share of losses from the partnership (subject to all other applicable limitations under the Internal

부 록 259

Revenue Code) against their nonpartnership income and to apply the credits against their tax liability.

(ii) At a time when the depreciation deductions attributable to the building are not treated as nonrecourse deductions under Sec. 1.704-2(c) (because there is no net increase in partnership minimum gain during the year), the special allocation of depreciation deductions to A and B has substantial economic effect because of the value-equalsseasis safasiarbor contained in Sec. 1.704-1(b)(2)(iii)(c) and the fact that A and B would bear the economic burden of any decline in the value of the building (to the extent of the partnership's investhe exin the building), notwithstan effect beA and B belofve it is unlokelyect bethe building will decline in value (and, accordingly, they anticipate significant timing bn dfits through the special allocation). Morenter, in later years, when the depreciation deductions attributable to the building are treated as nonrecourse deductions under Sec. 1.704-2(c), the special allocation of depreciation deductions to A and B is comindered to be consistent with the partners' interests in the partnership under Sec. 1.704-2(e).

(iii) Subchapter K is intended to permit taxpayers to conduct joint business activity through a flexible economic arrangement without incurring an entity-level tax. See paragraph (a) of this section. The decision to organize and conduct business through PRS is consistent with this intent. In addition, on these facts, the requirements of paragraphs (a) (1), (2), and (3) of this section have been satisfied. Section 704(b), Sec. 1.704-1(b)(2), and Sec. 1.704-2(e) allow partnership items of income, gain, loss, deduction, and credit to be allocated validly to the partners separate from the partners' respective ownership of the capital to which the allocations relate, provided that the allocations satisfy both the literal requirements of the statute and regulations and the purpose of those provisions (see paragraph (c)(5) of this section). Moreover, the application of the value-equals-basis safe harbor and the provisions of Sec. 1.704-2(e) with respect to the allocations to A and B, and the tax results of the application of those provisions, taking into account all the facts and circumstances, are clearly contemplated. Accordingly, even if the allocations would not otherwise be considered to satisfy the proper reflection of income standard in paragraph (a)(3) of this section, that requirement will be treated as satisfied under these facts. Thus, even though the partners' aggregate federal tax liability may be substantially less than had the partners owned the partnership's assets directly (due to X's inability to use its allocable share of the partnership's losses and credits) (see paragraph (c)(1) of this section), the transaction is not inconsistent with the intent of subchapter K. The Commissioner therefore cannot invoke paragraph (b) of this section to recast the transaction.

Example 7. Partner with nominal interest; temporary partner; use of partnership not consistent with the intent of subchapter K.
(i) Pursuant to a plan a principal purpose of which is to generate artificial losses and thereby shelter from federal taxation a substantial amount of income, X (a foreign corporation), Y (a domestic corporation), and Z (a promoter) form partnership PRS

by contributing $9,000x, $990x, and $10x, respectively, for proportionate interests (90.0%, 9.9%, and 0.1%, respectively) in the capital and profits of PRS. PRS purchases offshore equipment for $10,000x and validly leases the equipment offshore for a term representing most of its projected useful life. Shortly thereafter, PRS sells its rights to receive income under the lease to a third party for $9,000x, and allocates the resulting $9,000x of income $8,100x to X, $891x to Y, and $9x to Z. PRS thereafter makes a distribution of $9,000x to X in complete liquidation of its interest. Under Sec. 1.704-1(b)(2)(iv)(f), PRS restates the partners' capital accounts immediately before making the liquidating distribution to X to reflect its assets consisting of the offshore equipment worth $1,000x and $9,000x in cash. Thus, because the capital accounts immediately before the distribution reflect assets of $19,000x (that is, the initial capital contributions of $10,000x plus the $9,000x of income realized from the sale of the lease), PRS allocates a $9,000x book loss among the partners (for capital account purposes only), resulting in restated capital accounts for X, Y, and Z of $9,000x, $990x, and $10x, respectively. Thereafter, PRS purchases real property by borrowing the $8,000x purchase price on a recourse basis, which increases Y's and Z's bases in their respective partnership interests from $1,881x and $19x, to $9,801x and $99x, respectively (reflecting Y's and Z's adjusted interests in the partnership of 99% and 1%, respectively). PRS subsequently sells the offshore equipment, subject to the lease, for $1,000x and allocates the $9,000x tax loss $8,910x to Y and $90x to Z. Y's and Z's bases in their partnership interests are therefore reduced to

$891x and $9x, respectively.

(ii) On these facts, any purported business purpose for the transaction is insignificant in comparison to the tax benefits that would result if the transaction were respected for federal tax purposes (see paragraph (c) of this section). Accordingly, the transaction lacks a substantial business purpose (see paragraph (a)(1) of this section). In addition, factors (1), (2), (3), and (5) of paragraph (c) of this section indicate that PRS was used with a principal purpose to reduce substantially the partners' tax liability in a manner inconsistent with the intent of subchapter K. On these facts, PRS is not bona fide (see paragraph (a)(1) of this section), and the transaction is not respected under applicable substance over form principles (see paragraph (a)(2) of this section) and does not properly reflect the income of Y (see paragraph (a)(3) of this section). Thus, PRS has been formed and availed of with a principal purpose of reducing substantially the present value of the partners' aggregate federal tax liability in a manner inconsistent with the intent of subchapter K. Therefore (in addition to possibly challenging the transaction under judicial principles or the validity of the allocations under Sec. 1.704-1(b)(2) (see paragraph (h) of this section)), the Commissioner can recast the transaction as appropriate under paragraph (b) of this section.

Example 8. Plan to duplicate losses through absence of section 754 election; use of partnership not consistent with the intent of subchapter K.

(i) A owns land with a basis of $100x and a fair market value of $60x. A would like to sell the land to B. A and B devise a plan a principal purpose of which is to permit the duplication, for a substantial period of time, of the tax benefit of A's built-in loss in the land. To effect this plan, A, C (A's brother), and W (C's wife) form partnership PRS, to which A contributes the land, and C and W each contribute $30x. All partnership items are shared in proportion to the partners' respective contributions to PRS. PRS invests the cash in an investment asset (that is not a marketable security within the meaning of section 731(c)). PRS also leases the land to B under a three-year lease pursuant to which B has the option to purchase the land from PRS upon the expiration of the lease for an amount equal to its fair market value at that time. All lease proceeds received are immediately distributed to the partners. In year 3, at a time when the values of the partnership's assets have not materially changed, PRS agrees with A to liquidate A's interest in exchange for the investment asset held by PRS. Under section 732(b), A's basis in the asset distributed equals $100x, A's basis in A's partnership interest immediately before the distribution. Shortly thereafter, A sells the investment asset to X, an unrelated party, recognizing a $40x loss.

(ii) PRS does not make an election under section 754. Accordingly, PRS's basis in the land contributed by A remains $100x. At the end of year 3, pursuant to the lease option, PRS sells the land to B for $60x (its fair market value). Thus, PRS recognizes a $40x loss on the sale, which is allocated equally between C and W. C's and W's bases in their partnership interests are reduced to $10x each pursuant to section 705. Their respective interests are worth $30x each. Thus, upon liquidation of PRS (or their interests therein), each of C and W will recognize $20x of gain. However, PRS's continued existence defers recognition of that gain indefinitely. Thus, if this arrangement is respected, C and W duplicate for their benefit A's built-in loss in the land prior to its contribution to PRS.

(iii) On these facts, any purported business purpose for the transaction is insignificant in comparison to the tax benefits that would result if the transaction were respected for federal tax purposes (see paragraph (c) of this section). Accordingly, the transaction lacks a substantial business purpose (see paragraph (a)(1) of this section). In addition, factors (1), (2), and (4) of paragraph (c) of this section indicate that PRS was used with a principal purpose to reduce substantially the partners' tax liability in a manner inconsistent with the intent of subchapter K. On these facts, PRS is not bona fide (see paragraph (a)(1) of this section), and the transaction is not respected under applicable substance over form principles (see paragraph (a)(2) of this section). Further, the tax consequences to the partners do not properly reflect the partners' income; and Congress did not contemplate application of section 754 to partnerships such as PRS, which was formed for a principal purpose of producing a double tax benefit from a single economic loss (see paragraph (a)(3) of this section). Thus, PRS has been formed and availed of with a principal purpose of reducing substantially the present value of the partners' aggregate federal tax liability in a manner inconsistent with the intent of subchapter K. Therefore (in addition to possibly challenging the transaction under judicial principles or other statutory authorities, such as the substance over form doctrine or the disguised sale rules under section 707 (see paragraph (h) of this section)), the Commissioner can recast the transaction as appropriate under paragraph (b) of this section.

Example 9. Absence of section 754 election; use of partnership consistent with the intent of subchapter K.

(ⅰ) PRS is a bona fide partnership formed to engage in investment activities with contributions of cash from each partner. Several years after joining PRS, A, a partner with a capital account balance and basis in its partnership interest of $100x, wishes to withdraw from PRS. The partnership agreement entitles A to receive the balance of A's capital account in cash or securities owned by PRS at the time of withdrawal, as mutually agreed to by A and the managing general partner, P. P and A agree to distribute to A $100x worth of non-marketable securities (see section 731(c)) in which PRS has an aggregate basis of $20x. Upon distribution, A's aggregate basis in the securities is $100x under section 732(b). PRS does not make an election to adjust the basis in its remaining assets under section 754. Thus, PRS's basis in its remaining assets is unaffected by the distribution. In contrast, if a section 754 election had been in effect for the year of the distribution, under these facts section 734(b) would have required PRS to adjust the basis in its remaining assets downward by the amount of the untaxed appreciation in the distributed property, thus reflecting that gain in PRS's retained assets. In selecting the assets to be distributed, A and P had a principal purpose to take advantage of the facts that A's basis in the securities will be determined by reference to A's basis in its partnership interest under section 732(b), and because PRS will not make an election under section 754, the remaining partners of PRS will likely enjoy a federal tax timing advantage (i.e., from the $80x of additional basis in its assets that would have been eliminated if the section 754 election had been made) that is inconsistent with proper reflection of income under paragraph (a)(3) of this section.

(ii) Subchapter K is intended to permit taxpayers to conduct joint business activity through a flexible economic arrangement without incurring an entity-level tax. See paragraph (a) of this section. The decision to organize and conduct business through PRS is consistent with this intent. In addition, on these facts, the requirements of paragraphs (a)(1) and (2) of this section have been satisfied. The validity of the tax treatment of this transaction is therefore dependent uatmewhether the transaction satisfies (or is treated as satisfying) the proper reflection of income standard under paragraph (a)(3) of this section. A's basis in the distributed dent uatmewhetproperly determined e transaction satisfieThe bnt fit to the remaining partners is a result of PRS not having made an election under section 754. Subchapter K is ent witly intended to produce tax consequences that achieve proper reflection of income. H teveintparagraph (a)(3) of this section provides that if the comlication of a provision of subchapter K produces tax results that do not properly reflect income, but comlication of that provision to the transaction gh PRS iultimate tax results,ut cing into accper rall the relevar rprovisand cirntmstances, are cls aly ed eemmlat uatmewhat provision (gh PRS itransaction satisfies the

부 록 267

requirements of paragraphs (a)(1) and (2) of this section), then the application of that provision to the transaction will be treated as satisfying the proper reflection of income standard.

(iii) In general, the adjustments that would be made if an election under section 754 were in effect are necessary to minimize distortions between the partners' bases in their partnership interests and the partnership's basis in its assets following, for example, a distribution to a partner. The electivity of section 754 is intended to provide administrative convenience for bona fide partnerships that are engaged in transactions for a substantial business purpose, by providing those partnerships the option of not adjusting their bases in their remaining assets following a distribution to a partner. Congress clearly recognized that if the section 754 election were not made, basis distortions may result. Taking into account all the facts and circumstances of the transaction, the electivity of section 754 in the context of the distribution from PRS to A, and the ultimate tax consequences that follow from the failure to make the election with respect to the transaction, are clearly contemplated by section 754. Thus, the tax consequences of this transaction will be treated as satisfying the proper reflection of income standard under paragraph (a)(3) of this section. The Commissioner therefore cannot invoke paragraph (b) of this section to recast the transaction.

Example 10. Basis adjustments under section 732; use of partnership consistent with the intent of subchapter K.

(i) A, B, and C are partners in partnership PRS, which has for several years been engaged in substantial bona fide business activities. For valid business reasons, the partners agree that A's interest in PRS, which has a value and basis of $100x, will be liquidated with the following assets of PRS: a nondepreciable asset with a value of $60x and a basis to PRS of $40x, and related equipment with two years of cost recovery remaining and a value and basis to PRS of $40x. Neither asset is described in section 751 and the transaction is not described in section 732(d). Under section 732 (b) and (c), A's $100x basis in A's partnership interest will be allocated between the nondepreciable asset and the equipment received in the liquidating distribution in proportion to PRS's bases in those assets, or $50x to the nondepreciable asset and $50x to the equipment. Thus, A will have a $10x built-in gain in the nondepreciable asset ($60x value less $50x basis) and a $10x built-in loss in the equipment ($50x basis less $40x value), which it expects to recover rapidly through cost recovery deductions. In selecting the assets to be distributed to A, the partners had a principal purpose to take advantage of the fact that A's basis in the assets will be determined by reference to A's basis in A's partnership interest, thus, in effect, shifting a portion of A's basis from the nondepreciable asset to the equipment, which in turn would allow A to recover that portion of its basis more rapidly. This shift provides a federal tax timing advantage to A, with no offsetting detriment to B or C.

(ii) Subchapter K is intended to permit taxpayers to conduct joint business activity through a flexible economic arrangement without incurring an entity-level tax. See paragraph (a) of this section. The decision to organize and conduct business through PRS is consistent with this intent. In addition, on these facts, the requirements of paragraphs (a)(1) and (2) of this section have been satisfied. The validity of the tax treatment of this transaction is therefore dependent upon whether the transaction satisfies (or is treated as satisfying) the proper reflection of income standard under paragraph (a)(3) of this section. Subchapter K is generally intended to produce tax consequences that achieve proper reflection of income. However, paragraph (a)(3) of this section provides that if the application of a provision of subchapter K produces tax results that do not properly reflect income, but the application of that provision to the transaction and the ultimate tax results, taking into account all the relevant facts and circumstances, are clearly contemplated by that provision (and the transaction satisfies the requirements of paragraphs (a)(1) and (2) of this section), then the application of that provision to the transaction will be treated as satisfying the proper reflection of income standard.

(iii) A's basis in the assets distributed to it was determined under section 732 (b) and (c). The transaction does not properly reflect A's income due to the basis distortions caused by the distribution and the shifting of basis from a nondepreciable to a depreciable asset. However, the basis rules under section 732, which in some situations can produce tax results that are inconsistent with the proper reflection of income standard (see paragraph (a)(3) of this section), are intended to provide simplifying administrainte rules for bonvidide partnerships that are engaged in transactions with a substantial business ponpose. Taking into account all the facts and circumstances of the transaction, the application of the basis rules under section 732 to the distribution from he fto A, and the ultimate tax consequences of the application of that provision of subchapter K, are clearly contemplated. Thus, the application of section 732 to this transaction will be treated as satisfying the proper reflection of income standard under paragraph (a)(3) of this section. The Commissioner therefore cannot invoke paragraph (b) of this section to recast the transaction.

Example 11. Basis adjustments under section 732; plan or arrangement to distort basis allocations artificially; use of partnership not consistent with the intent of subchapter K.
(i) Partnership PRS has for several years been engaged in the development and management of commercial real estate projects. X, an unrelated party, desires to acquire undeveloped land owned by PRS, which has a value of $95x and a basis of $5x. X expects to hold the land indefinitely after its acquisition. Pursuant to a plan a principal purpose of which is to permit X to acquire and hold the land but nevertheless to recover for tax purposes a substantial portion of the purchase price for the land, X contributes $100x to PRS for an interest therein. Subsequently (at a time when the value of the partnership's assets have not materially changed), PRS distributes to X in liquidation of its interest in PRS the land and another asset with a value and basis to PRS of $5x. The second asset is an insignificant part of the economic transaction but is important to achieve the desired tax results. Under section 732 (b) and (c), X's $100x basis in its partnership interest is allocated

between the assets distributed to it in proportion to their bases to PRS, or $50x each. Thereafter, X plans to sell the second asset for its value of $5x, recognizing a loss of $45x. In this manner, X will, in effect, recover a substantial portion of the purchase price of the land almost immediately. In selecting the assets to be distributed to X, the partners had a principal purpose to take advantage of the fact that X's basis in the assets will be determined under section 732 (b) and (c), thus, in effect, shifting a portion of X's basis economically allocable to the land that X intends to retain to an inconsequential asset that X intends to dispose of quickly. This shift provides a federal tax timing advantage to X, with no offsetting detriment to any of PRS's other partners.

(ⅱ) Although section 732 recognizes that basis distortions can occur in certain situations, which may produce tax results that do not satisfy the proper reflection of income standard of paragraph (a)(3) of this section, the provision is intended only to provide ancillary, simplifying tax results for bona fide partnership transactions that are engaged in for substantial business purposes. Section 732 is not intended to serve as the basis for plans or arrangements in which inconsequential or iments in assets are included in the distribution with a principal purpose of obtaining substantially farorable tax results by virtue of the stntute's simplifying rules. tax tax tax does not properly reflect X's income due to the basis distortions caused by the distribution that result in shifting a the stntute'ortion of X's basis to this inconsequential asset. Moreover, the proper reflection of income standard contained in paragraph (a)(3) of this section is not tandted as satisfied, because, taking interlycount aragraphfacts and circumstances, the applicare inclusection 732 to this arrangement, and the ultients tax consequences that would theanby result, were not clearly contempl'ortioy that provision clusubionpts Knts taddition, oy using a partnership (s respectconsere not clear' aggregatphfederal tax liability would be substantially less th ily core y owned re not clear for plans ordincctly (nse paragraph (c)(1) of this section)ntOn thesphfactssequenhas bf X'formed agemevailed of with a principal purpose to reduce the taxpayers' aggregate federal tax liability in a manner that is inconsistent with the intent of subchapter K. Therefore (in addition to possibly challenging the transaction under applicable judicial principles and statutory authorities, such as the disguised sale rules under section 707, see paragraph (h) of this section), the Commissioner can recast the transaction as appropriate under paragraph (b) of this section.

(e) Abuse of entity treatment-
 (1) General rule. The Commissioner can treat a partnership as an aggregate of its partners in whole or in part as appropriate to carry out the purpose of any provision of the Internal Revenue Code or the regulations promulgated thereunder.
 (2) Clearly contemplated entity treatment. Paragraph (e)(1) of this section does not apply to the extent that--
   (i) A provision of the Internal Revenue Code or the regulations promulgated thereunder prescribes the treatment of a partnership as an entity, in whole or in part, and
   (ii) That treatment and the ultimate tax results, taking into

account all the relevant facts and circumstances, are clearly contemplated by that provision.

(f) Examples. The following examples illustrate the principles of paragraph (e) of this section. The examples set forth below do not delineate the boundaries of either permissible or impermissible types of transactions. Further, the addition of any facts or circumstances that are not specifically set forth in an example (or the deletion of any facts or circumstances) may alter the outcome of the transaction described in the example. Unless otherwise indicated, parties to the transactions are not related to one another.

Example 1. Aggregate treatment of partnership appropriate to carry out purpose of section 163(e)(5).
  (i) Corporations X and Y are partners in partnership PRS, which for several years has engaged in substantial bona fide business activities. As part of these business activities, PRS issues certain high yield discount obligations to an unrelated third party. Section 163(e)(5) defers (and in certain circumstances disallows) the interest deductions on this type of obligation if issued by a corporation. PRS, X, and Y take the position that, because PRS is a partnership and not a corporation, section 163(e)(5) is not applicable.
  (ii) Section 163(e)(5) does not prescribe the treatment of a partnership as an entity for purposes of that section. The purpose of section 163(e)(5) is to limit corporate-level interest deductions on certain obligations. The treatment of PRS as an entity could result in a

partnership with corporate partners issuing those obligations and thereby circumventing the purpose of section 163(e)(5), because the corporate partner would deduct its distributive share of the interest on obligations that would have been deferred until paid or disallowed had the corporation issued its share of the obligation directly. Thus, under paragraph (e)(1) of this section, PRS is properly treated as an aggregate of its partners for purposes of applying section 163(e)(5) (regardless of whether any party had a tax avoidance purpose in having PRS issue the obligation). Each partner of PRS will therefore be treated as issuing its share of the obligations for purposes of determining the deductibility of its distributive share of any interest on the obligations. See also section 163(i)(5)(B).

Example 2. Aggregate treatment of partnership appropriate to carry out purpose of section 1059.
(i) Corporations X and Y are partners in partnership PRS, which for several years has engaged in substantial bona fide business activities. As part of these business activities, PRS purchases 50 shares of Corporation Z common stock. Six months later, Corporation Z announces an extraordinary dividend (within the meaning of section 1059). Section 1059(a) generally provides that if any corporation receives an extraordinary dividend with respect to any share of stock and the corporation has not held the stock for more than two years before the dividend announcement date, the basis in the stock held by the corporation is reduced by the nontaxed portion of the dividend. PRS, X, and Y take the position

that section 1059(a) is not applicable because PRS is a partnership and not a corporation.

(ii) Section 1059(a) does not prescribe the treatment of a partnership as an entity for purposes of that sectionosese purpose of section 1059(a) is to limit the benefits of the dividends received deduction with respect to extraordinary dividendsosese treatment of PRS as an entity could result in corporate partners in the partnership receiving dividends througving diviships in circumvention of the intent of section 1059. es of that sectionosese purpose of section 1059(a) is to limit the benefits of the dividends received deduction with respect to ection 1059videndsosese treatment of PRS as an entity could result in corporacqior purposeZ stock througvi9(a receiving dividends througving diviships in circumvornon of the intent of sstock. Accordingec059(a)m ot)make appropriate ej otments to the basis nt of sCorporation Z stock, and the received m ot) withmake aej otments to the basis in their respective interests in PRS under section 705(a)(2)(B). See also section 1059(g)(1).

Example 3. Prescribed entity treatment of partnership; determination of CFC status clearly contemplated.

(i) X, a domestic corporation, and Y, a foreign corporation, intend to conduct a joint venture in foreign Country A. They form PRS, a bona fide domestic general partnership in which X owns a 40% interest and Y owns a 60% interest. PRS is properly classified as a partnership under Sec. Sec. 301.7701-2 and 301.7701-3. PRS holds 100% of the voting stock of Z, a Country A entity that is classified as an association taxable as a corporation for federal tax purposes under Sec. 301.7701-2. Z conducts its business operations in Country A. By investing in Z through a domestic partnership, X seeks to obtain the benefit of the look-through rules of section 904(d)(3) and, as a result, maximize its ability to claim credits for its proper share of Country A taxes expected to be incurred by Z.

(ii) Pursuant to sections 957(c) and 7701(a)(30), PRS is a United States person. Therefore, because it owns 10% or more of the voting stock of Z, PRS satisfies the definition of a U.S. shareholder under section 951(b). Under section 957(a), Z is a controlled foreign corporation (CFC) because more than 50% of the voting power or value of its stock is owned by PRS. Consequently, under section 904(d)(3), X qualifies for look-through treatment in computing its credit for foreign taxes paid or accrued by Z. In contrast, if X and Y owned their interests in Z directly, Z would not be a CFC because only 40% of its stock would be owned by U.S. shareholders. X's credit for foreign taxes paid or accrued by Z in that case would be subject to a separate foreign tax credit limitation for dividends from Z, a noncontrolled section 902 corporation. See section 904(d)(1)(E) and Sec. 1.904-4(g).

(iii) Sections 957(c) and 7701(a)(30) prescribe the treatment of a domestic partnership as an entity for purposes of defining a U.S. shareholder, and thus, for purposes of determining whether a foreign corporation is a CFC. The CFC rules prevent the deferral by U.S. shareholders of U.S. taxation of certain earnings of the CFC and reduce disparities that otherwise might occur between the amount of income subject to a particular foreign tax credit limitation when a taxpayer earns income abroad directly rather than indirectly through a CFC. The application of the look-through rules for foreign tax credit purposes is appropriately tied to CFC status. See sections 904(d)(2)(E) and 904(d)(3). This analysis confirms that Congress clearly contemplated that taxpayers could use a bona fide domestic partnership to subject themselves to the CFC regime, and the resulting application of the look-through rules of section 904(d)(3). Accordingly, under paragraph (e) of this section, the Commissioner cannot treat PRS as an aggregate of its partners for purposes of determining X's foreign tax credit limitation.

(g) ffective date. Paragraphs (a), (b), (c), and (d) of this section are effective for all transactions involving a partnership that occur on or after May 12, 1994. Paragraphs (e) and (f) of this section are effective for all transactions involving a partnership that occur on or after December 29, 1994.

(h) Scope and application. This section applies solely with respect to taxes under subtitle A of the Internal Revenue Code, and for purposes of this section, any reference to a federal tax is limited to any tax imposed under subtitle A of the Internal Revenue Code.

(ⅰ) Application of nonstatutory principles and other statutory authorities. The Commissioner can continue to assert and to rely upon applicable nonstatutory principles and other statutory and regulatory authorities to challenge transactions. This section does not limit the applicability of those principles and authorities.

〈국문요약〉

알기 쉬운 세법령 기초연구

김완석 · 김진수

　조세법만큼 국민생활과 빈번하고 밀접한 관련을 맺는 법영역은 없다. 그럼에도 조세법은 납세자가 해석하고 이해하기에는 너무 어렵다는 비판이 제기되고 있다.

　그러므로 조세법을 납세자가 쉽게 해석하고 이해할 수 있도록 체계적이며 알기 쉽게 고칠 필요가 있다. 알기 쉬운 조세법은 납세자의 경제활동에 법적 안정성과 예측 가능성을 보장하여 줄 뿐만 아니라 납세자의 자발적인 납세순응도를 높이고, 납세자의 납세순응비용과 과세관청의 조세행정비용을 현저하게 감소시킨다.

　알기 쉬운 조세법으로 고쳐 쓰기 위한 노력은 우리나라만 당면한 과제는 아니며, 외국에서도 알기 쉬운 조세법 만들기 작업은 조세법상의 중요한 과제로 자리매김하고 있다.

　그런데 알기 쉬운 조세법으로 고치는 작업은 고도의 전문적 지식을 갖춘 전문인력이 장기간에 집중적으로 수행하여야 하는 방대한 과제일 뿐만 아니라 다액의 예산이 소요되므로 정비작업의 특성상 사전에 체계적이고 치밀한 조세법 정비계획이 수립되지 않으면 안 된다.

　알기 쉬운 조세법으로 고치기 위한 구체적인 방안을 제시하면 다음과 같다.

　첫째, 알기 쉬운 조세법의 개편은 조세법의 실체적 내용은 바꾸지 않고 그대로 유지하면서 종전의 법률체계를 개편하고 법문을 알기 쉽게 다시 고쳐 쓰는 알기 쉬운 조세법 고쳐 쓰기(Tax Law Rewrite)의 방식으로 진행하여야 한다. 조세법을 알기 쉽게 고치기 위해서는 조세법의 실체적 내용을 쉽고 단순하게 고치는 방안과 조세법의 형식·체계 또는 표현 등을 쉽게 고치는 방안을 병행하여 추진하는 것이 가장 바람직하지만 두 방안을 동시에 수행하기에는 한계가 있기 때문에 조세법의 형식·체계 또는 표현 등을 쉽게 고치는 알기 쉬운 조세법 고쳐 쓰기 방안에 의하도록 한다.

둘째, 알기 쉬운 세법 고쳐 쓰기 작업을 수행하면서 모든 조세법의 개편작업을 동시에 진행하여 한꺼번에 개편작업을 마치는 일괄적 접근방안은 그 실행이 사실상 어렵다. 그러므로 알기 쉬운 세법 고쳐 쓰기 작업은 연차적인 계획에 따라 매년 법령의 일부를 단계적으로 고쳐 나가는 단계적 접근방안을 모색하여야 한다.

먼저 2010년부터 2011년까지 2년 동안 소득세법에 관하여 알기 쉬운 세법 고쳐 쓰기 작업을 시범적으로 시행한 후 그 경험과 성과를 바탕으로 2012년부터 2016년까지 5년간에 걸쳐 나머지 조세법령에 대하여 알기 쉬운 세법 고쳐 쓰기 작업을 속행하도록 하는 것이 바람직하다.

셋째, 알기 쉬운 세법 고쳐 쓰기 작업은 법령의 분량은 방대하지만 내용이 구체적이고 상세하여 의미가 분명한 법령을 만드는 데 초점을 맞추어야 한다. 법령을 지나치게 축약하여 간결하게 고쳐 쓰는 경우에는 법령의 해석을 어렵게 할 뿐만 아니라 법령의 공백을 초래함으로써 납세자의 예측 가능성과 법적 안정성을 침해하기 때문이다.

넷째, 알기 쉬운 조세법 개편안의 기초연구를 수행할 추진기구로서 한국조세연구원에 알기 쉬운 조세법 개편연구단을 둔다. 알기 쉬운 조세법 개편연구단에는 알기 쉬운 조세법 개편 운영위원회와 알기 쉬운 조세법 개편 실무팀을 두되, 고도의 전문성을 갖춘 정책입안 공무원과 세무공무원, 조세법학자, 재정학자, 세무회계를 전공하는 학자, 변호사, 공인회계사, 세무사, 공인감정사, 관련 전문가 및 국어학자 등과 같은 전문 인력으로 구성하여야 한다.

다섯째, 알기 쉬운 세법 고쳐 쓰기 작업의 기초를 이루는 조세법 구조·편제의 개편지침과 알기 쉬운 조세법 고쳐 쓰기 지침을 구체적으로 마련할 필요가 있다. 이와 관련하여 조세법 구조·편제의 개편을 위한 법령편제의 구체적 기준, 개관규정의 도입, 조항 번호체계의 개선, 시행령 및 시행규칙 조항과 법률 조항의 연결, 정의규정의 정비, 위임입법의 한계와 정비에 관한 방안을 마련하였다. 그리고 알기 쉬운 조세법으로 고쳐 쓰기 위한 구체적인 기준으로 표현의 정확성과 명확성 확보, 쉬운 표현으로 고쳐 쓰기, 중복적인 예외규정의 지양과 준용규정의 정비, 법령의 해석과 이해를 돕기 위한 장치의 도입, 세법상 서식의 간소화와 정비 등을 제시하였다.

⟨Abstract⟩

Basic study for simplifying the tax law

Wan Souk Kim and Jin Soo Kim

Although a tax law is the most frequently and closely related to the everyday life among any other fields of law, it is said to be too difficult for the taxpayers to construe and understand.

Therefore, it is necessary that the tax law should be rewritten to be systematical and simple so that taxpayers may easily construe and understand it. The easily understandable tax law could not only guarantee legal stability and predictability in taxpayers' economic activities, but also increase the level of voluntary compliance of taxpayers whereas decrease the compliance cost of the taxpayers and the administration cost of the Internal Revenue Service. An effort to make the tax law easily comprehensible is deemed to be a significant task in the field of a tax law in the foreign countries as well as in Korea.

However, that work is a long-term task which needs highly trained specialists and a lot of budget so that systematic and elaborate rewriting plan of the tax law should be prepared in advance. This study suggests specific schemes to make the tax law easily understandable as the followings.

First, that work should be processed in the method which keeps the substantial contents of the tax law present, but changes the existing legal system and legal sentences to be easily understandable. It is ideal that the substantial contents of the tax law should be amended together, not only form, system, or expressions of the tax law in order to be easily understandable. However, since it is difficult to promote it in two directions, the latter method should be processed in advance.

Second, a package solution, which approaches all the amending processes of the tax law and comes to an end at the same time, is practically hard to take. Therefore, that work should be accomplished in step method, which means the tax law should be amended in part and at intervals in the yearly amending process.

At first, it is recommended that after accomplishing rewriting work concerning an income tax for two years in 2010 through 2011, the other tax statutes relating process should be followed in 2012 through 2016 for five years on the basis of an experience and the former work.

Third, that work should be focused on making a meaning of the law clear in that the substance of the statute is concrete and detailed, for too much compressed and simple law makes it hard to understand and causes legal vacuum to hamper taxpayers' legal stability and predictability.

Fourth, a project team to execute the basic study of the revision of the tax law should be established in Korea Institute of Public Finance. This team should include not only a consulting committee and the working level team, but also professionals such as policy makers, tax officials, professors in tax law, public finance and accounting specialists, lawyers and certified public accountants, certified tax accountants and other relevant experts.

Fifth, a detailed guide of the revision of the tax law system and the process of rewriting the tax law should be established, which could be the basis of that task. Concerning this, this paper suggests a detailed guideline of tax law establishment, an introduction of a general provision, a reform of index of provisions, connection of the enforcement ordinances and the statutes, definition provisions, and limitation of delegated legislation. And it also suggests the detailed guideline of accuracy and definiteness of expression, translating into easy expression, avoidance of repeated exception clauses, maintenance of appliance clause, legal devices helping the understanding of the statute and simplification and maintenance of writing forms of the tax law.